ネオ・ベーシック商法 1

商法入門／総則／商行為

道野真弘 編著

田邊宏康／柳　明昌／多木誠一郎／新津和典

Neo-Basic Textbook on Commercial Law Vol.1

北大路書房

▶凡例

1 法令の略語

（主なもののみ。他は通例に従う。ただし、複数の条文、複数の法令が出てくる場合は、法令名を省略することがある。また、法令名が重要な場合は、正式表記をする場合がある）

商　　　　　商法（平成30年改正商法）
　　例外：改正後商法　　平成30年改正商法を特に強調する場合
　　　　　改正前商法　　平成30年改正前商法
民　　　　　民法（平成29年改正民法）
　　例外：改正前民法　　平成29年改正前民法

商登　　　商業登記法
商規　　　商法施行規則
会社　　　会社法
会社規　　会社法施行規則
会社計算　会社計算規則

会社更生　会社更生法
破産　　　破産法
民事再生　民事再生法
民訴　　　民事訴訟法
金商　　　金融商品取引法
国際海運　国際海上物品運送法
倉庫業　　倉庫業法

保険　　　保険法
保険業　　保険業法

割賦　　　割賦販売法
特商　　　特定商取引に関する法律

独占禁止　私的独占の禁止及び公正取引の確保に関する法律
不正競争　不正競争防止法

▶ 〔表記例〕 （商12条1項・2項，会社8条1項・2項）

2 判例引用等の略語 （主なもののみ。他は通例に従う）

大　判	大審院判決
最大判	最高裁判所大法廷判決
最　判	最高裁判決〔小法廷〕
高　判	高等裁判所判決
地　判	地方裁判所判決
（決　決定）	

民　集	最高裁判所民事判例集
高民集	高等裁判所民事判例集
下民集	下級裁判所民事裁判例集
裁判所Web	裁判所ウェブサイト

判タ	判例タイムズ
判時	判例時報
金法	金融法務事情
金商	金融・商事判例

▶ 〔表記例〕 （最判昭49・3・22民集28巻2号368頁）
正式表記⇒最高裁判所〔小法廷〕昭和49年3月22日判決〔最高裁判所民事判例集28巻2号368頁〕

ネオ・ベーシック商法1──商法入門／総則／商行為　　目次

はしがき

01章　商法入門 ──────── 001
▶そもそも「商法」とは何なのか？

- ▶§0　商法を学ぶ前に ……………………………………………………… 001
- ▶§1　商法とはいったい何であるか？ ………………………………………… 001
- ▶§2　商法とその近接法分野 …………………………………………………… 003
  - ▶▶1　民法　　▶▶2　労働法　　▶▶3　経済法（独占禁止法など）
  - ▶▶4　手形法・小切手法　　▶▶5　会社法・保険法
- ▶§3　商法の法源 ………………………………………………………………… 006
  - ▶▶1　商事制定法　　▶▶2　商慣習法　　▶▶3　商事自治法
  - ▶▶4　普通取引約款　　▶▶5　商事条約
- ▶§4　商法典の位置づけ ………………………………………………………… 008
  - ▶▶1　法源の適用順序　　▶▶2　商法の特色
  - ▶▶3　商法総則の位置付けと内容
- ▶§5　商法の学び方 ……………………………………………………………… 010
  - ▶▶1　日本商法典の変遷過程をつかむ
  - ▶▶2　一般法と特別法の関係から商法をつかむ
  - ★EXAM CHECK　01　　012

02章　商　人 ──────── 014
▶商行為の主体になる者

- ▶§1　形式的意義の商法（商法典）の適用範囲 ……………………………… 014
  - ▶▶1　適用の有無を画する概念　　▶▶2　立法例とわが国の商法
  - ▶▶3　問題点
- ▶§2　商行為 ……………………………………………………………………… 016
  - ▶▶1　商行為の種類　　▶▶2　絶対的商行為　　▶▶3　営業的商行為
  - ▶▶4　附属的商行為
- ▶§3　商人 ………………………………………………………………………… 023
  - ▶▶1　固有の商人　　▶▶2　擬制商人

- §4 商人資格の得喪 ………………………………………………………… 025
  - ▶▶1 会社　▶▶2 個人商人
  - ★EXAM CHECK 02　027

03章 商　号 ─────────────────────────── 029
▶商号は何を表示するものか？

- §1 商号の意義 ………………………………………………………………… 029
  - ▶▶1 「名称」　▶▶2 「商人が」
  - ▶▶3 「その営業上自己を表示するために用いる」
- §2 商号の選定 ………………………………………………………………… 030
  - ▶▶1 会社の商号　▶▶2 会社でない者の商号
  - ▶▶3 営業主体を誤認させる商号
- §3 商号単一の原則 …………………………………………………………… 031
- §4 商号の登記 ………………………………………………………………… 032
- §5 商号権 ……………………………………………………………………… 032
- §6 商号の譲渡・相続 ………………………………………………………… 033
- §7 名板貸 ……………………………………………………………………… 034
  - ▶▶1 意義　▶▶2 名板貸人の責任の要件　▶▶3 名板貸人の責任
  - ★EXAM CHECK 03　036

04章 営　業 ─────────────────────────── 038
▶商法上の「営業」概念とは？

- §1 営業の意義 ………………………………………………………………… 038
  - ▶▶1 主観的意義の営業と客観的意義の営業
  - ▶▶2 客観的意義の営業
- §2 営業所 ……………………………………………………………………… 039
  - ▶▶1 営業所の意義　▶▶2 営業所の種類
- §3 営業譲渡 …………………………………………………………………… 041
  - ▶▶1 営業譲渡の意義　▶▶2 営業譲渡契約　▶▶3 営業譲渡の効果
  - ▶▶4 営業譲渡における第三者に対する関係
  - ▶▶5 詐害的営業譲渡
  - ★EXAM CHECK 04　049

はしがき

　本書は，はじめて商法を学ぼうとする方々を主たる対象とする入門書と位置づけるものである。「ネオ・ベーシック商法」というシリーズ名が示すとおり，これまで刊行されている多くの優れた書籍とは異なる特色をもたせたいと意気込んで執筆に取り組んだが，まず何よりも，初学者が，基本的初歩的な知識を網羅的に理解し，ごく平易な内容から応用的・先進的な内容までを一気に把握することができるものと自負している。

　もっとも，まずは斜め読み（短い期間で通読）できるページ数に収めたいとの意図もあり，文献や脚注は省略した。基本書は，巻末に参考文献一覧として掲載したので，より深く学ぶためには，そちらを参照したり，また，大学等で学ぶ機会がある場合は，講義等を聴講することも必要である。通読の後，行間をしっかりと読み取るために，二度・三度と読み返してもらえれば幸いである。また，各章末にトピックを設け，商取引が，現代社会でどのような形で行われているのかがイメージしやすい工夫をしている。さらに，EXAM CHECKを各章に用意してあるので，最初の通読では理解できなかったことも，二度・三度と読むうちにこれらを活用しつつ，理解を深めてもらいたい。

　商法が明治時代に施行されてから100年以上の時が経つが，その間，経済社会の移り変わりの中で，何度となく改正されてきた。改正の主たる部分は会社に関する規制ではあったが，商法総則・商行為に関する部分も，かなりの変遷がみられる。とりわけ，昨今の改正は，商法総則・商行為の規制にも大きな影響があった。まず第一に，会社法が商法から独立した結果，商法総則に類似する規定は会社法総則として会社法に置かれた。商法総則は，したがって会社には適用がなくなったが，本書では，会社法総則にも言及しつつ類似の制度として，解説している。

　さらには，いわゆる六法の中で最後まで現代語化されていなかった商行為の一部条文が現代語化されると同時に，内容的にも平成29年民法（債権法）改正とあわせて，現代社会にマッチするような大幅な改正が施された（平成30年商法改正）。法定利率や時効の改正が特に注目されているが，もしすでにこれま

で法学部などで商法総則・商行為を学んだことのある読者の方がおられるとすれば，これまでの知識は通用しないほどの大きな変更点が多々ある。

　本書では，現時点で施行予定のものも含めて改正法に依拠して叙述していることをあらかじめお断りしておきたい（改正の経緯との関連で現行法と改正法を併記していることがある）。

　執筆を担当いただいた方々は，それぞれ大学の第一線で教鞭をとり，多忙な研究・教育・大学業務の中，このような大改正期に，改正内容をあますところなく文章に組み入れていただいた。諸般の事情から当初予定より刊行は遅れたが，複雑な改正内容の吟味を十分にできる時間的余裕ができたと前向きに捉えたい。改正法施行も間近であり，本書の内容はより長く活用が可能となるはずである。

　細かな点で，内容の統一のため編者の私が加筆した部分も多少あるが，内容的にキラリと光るものがあるとすれば，それは各執筆者の労苦の賜物である。また，出版工房燧（ひうち）代表で北大路書房出版コーディネーターの秋山泰氏には，編集作業等，遅々として進まない私の作業をサポートしていただき，現時点での最善の形で出版にこぎつけることができた。末筆ながら，ここに謝意を表したい。

　本書が読者の皆さんの学習の一助となることを，執筆者一同，心から願っている。

2019年3月28日

執筆者を代表して

道野　真弘

05章 人的補助 ——— 051
▶商業使用人／代理商とは何か？

- **§1 企業補助者** ……… 051
  - ▶▶1 企業補助者の分類　▶▶2 商業使用人の意義
- **§2 支配人** ……… 052
  - ▶▶1 支配人の意義　▶▶2 支配人の選任・終任
  - ▶▶3 支配人の代理権　▶▶4 支配人の義務　▶▶5 表見支配人
- **§3 その他の商業支配人** ……… 063
  - ▶▶1 ある種類または特定の事項の委任を受けた使用人
  - ▶▶2 物品の販売等を目的とする店舗の使用人
- **§4 代理商** ……… 065
  - ▶▶1 代理商の意義　▶▶2 代理商と商人（本人）との関係
  - ▶▶3 代理商と第三者との関係　▶▶4 代理商関係の終了

★EXAM CHECK 05　071

06章 商業登記 ——— 073
▶開示により信用を担保する制度

- **§1 商業登記の機能** ……… 073
  - ▶▶1 総説　▶▶2 株式会社の登記事項
- **§2 商業登記の意義** ……… 074
  - ▶▶1 登記事項とその分類方法　▶▶2 登記手続
  - ▶▶3 登記の効力

★EXAM CHECK 06　081

07章 企業会計 ——— 083
▶企業会計の存在理由とは？

- **§1 総説** ……… 083
  - ▶▶1 意義　▶▶2 適用されるルール
- **§2 原則** ……… 084
  - ▶▶1 緒説　▶▶2 企業会計原則　▶▶3 その他の慣行
- **§3 商業帳簿の作成** ……… 086
  - ▶▶1 緒説　▶▶2 会計帳簿　▶▶3 貸借対照表

- §4 商業帳簿の保存・提出 …………………………………… 089
  - ▶▶1 保存　▶▶2 裁判所への提出
  - ★EXAM CHECK　07　　090

08章　商行為総論 ──────────── 092
▶商人のする行為としての商行為をする商人？

- §1 商行為の概念と種類 ………………………………… 092
  - ▶▶1 総説　▶▶2 絶対的商行為　▶▶3 営業的商行為
  - ▶▶4 附属的商行為　▶▶5 一方的商行為と双方的商行為
- §2 商行為の通則 ……………………………………… 096
  - ▶▶1 総説　▶▶2 商行為の代理と委任　▶▶3 商事契約の成立段階
  - ▶▶4 商事債権の担保　▶▶5 商行為の営利性
  - ▶▶6 債務履行の場所　▶▶7 商事留置権　▶▶8 消滅時効
  - ▶▶9 有価証券等
  - ★EXAM CHECK　08　　105

09章　商事売買 ──────────── 107
▶民法上の売買の特則

- §1 商事売買に関する商法上の規定の意義 ……………… 107
- §2 売主の供託権および競売権（自助売却権）………… 107
- §3 定期売買 ………………………………………… 108
- §4 買主の検査および通知義務 …………………………… 109
- §5 買主の保管および供託義務 …………………………… 110
  - ★EXAM CHECK　09　　111

10章　国際取引/電子取引 ──────── 113
▶複合的で新しい取引法の領域

- §1 国際取引 ………………………………………… 113
  - ▶▶1 緒説　▶▶2 当事者の合意　▶▶3 運送契約
  - ▶▶4 保険契約　▶▶5 代金の決済
- §2 電子取引 ………………………………………… 115

- ▶▶*1* 緒説　▶▶*2* 取引の成立　▶▶*3* 取引の決済
  ★EXAM CHECK　10　　119

11章　仲立営業 ──────────────── 121
▶仲介業の１つとしての仲立営業

- ▶§*1*　仲介業 ……………………………………………………… 121
  - ▶▶*1*　必要となる背景　▶▶*2*　仲介の形態と商法の定め
- ▶§*2*　仲立営業 …………………………………………………… 123
  - ▶▶*1*　意義　▶▶*2*　仲立契約
- ▶§*3*　仲立人の義務 ……………………………………………… 124
  - ▶▶*1*　見本保管義務　▶▶*2*　結約書の作成・交付義務
  - ▶▶*3*　仲立人日記帳の作成義務　▶▶*4*　当事者の氏名等の黙秘義務
  - ▶▶*5*　介入義務
- ▶§*4*　仲立人の権利・権限 ……………………………………… 127
  - ▶▶*1*　報酬請求権　▶▶*2*　費用償還請求権　▶▶*3*　給付受領権限
  ★EXAM CHECK　11　　129

12章　問屋営業 ──────────────── 131
▶いわゆる問屋（とんや）のことではない

- ▶§*1*　総説 ……………………………………………………… 132
  - ▶▶*1*　意義等　▶▶*2*　商人性
  - ▶▶*3*　卸売商，仲立人，代理商との相違
- ▶§*2*　問屋と委託者との関係 …………………………………… 133
  - ▶▶*1*　問屋契約　▶▶*2*　代理に関する規定の準用
  - ▶▶*3*　問屋の義務・責任　▶▶*4*　問屋の権利
- ▶§*3*　問屋・委託者と相手方との関係 ………………………… 137
  - ▶▶*1*　総説　▶▶*2*　問題点
- ▶§*4*　問屋の債権者と委託者との関係──問屋の破産等 …… 138
  - ▶▶*1*　問題の所在　▶▶*2*　判例　▶▶*3*　学説　▶▶*4*　振替株式について
  ★EXAM CHECK　12　　140

13章 準問屋・運送取扱営業 ———————————— 142
▶問屋に類する商行為類型

- ▶§1 総説 ……………………………………………………………… 143
- ▶§2 運送取扱業 ……………………………………………………… 143
  - ▶▶1 緒説　▶▶2 運送取扱いの法律関係
  - ▶▶3 運送取扱人の義務・責任　▶▶4 運送取扱人の権利
  - ▶▶5 相次運送取扱い
- ▶§3 広告業 ………………………………………………………… 148
  - ▶▶1 緒説　▶▶2 広告主と広告業者との関係
  - ▶▶3 広告業者と媒体との関係
  - ★EXAM CHECK　13　　152

14章 運送営業 ———————————————————— 154
▶商取引を流通で支える業態——点と点を線でつなぐ

- ▶§1 総論 …………………………………………………………… 154
  - ▶▶1 運送法の体系　▶▶2 運送人の意義　▶▶3 各種運送の定義
- ▶§2 物品運送 ……………………………………………………… 156
  - ▶▶1 物品運送契約の意義と本質　▶▶2 荷送人の地位
  - ▶▶3 運送人の権利・義務　▶▶4 運送人の損害賠償責任
  - ▶▶5 荷受人の地位　▶▶6 複合運送と相次運送（通し運送）
- ▶§3 運送証券 ……………………………………………………… 168
  - ▶▶1 船荷証券，複合運送証券の特質　▶▶2 船荷証券の問題点
  - ▶▶3 保証渡し　▶▶4 元地回収（Surrender　B/L）
  - ▶▶5 海上運送状（Sea waybill）
- ▶§4 旅客運送 ……………………………………………………… 172
  - ▶▶1 旅客運送契約　▶▶2 乗車券の法的性質——金銭代用証券か，運送証券を表章する有価証券か？　▶▶3 旅客運送人の責任
  - ★EXAM CHECK　14　　175

15章 倉庫営業 ———————————————————— 177
▶流通面でも保管面でも商取引を支える

- ▶§1 倉庫営業の意義 ……………………………………………… 177

▶▶1 倉庫営業　▶▶2 倉庫営業者の意義

▶§2 倉庫寄託契約の意義と性質 …………………………………………… 179
▶§3 倉庫営業者の義務 ………………………………………………………… 180
▶▶1 保管義務　▶▶2 倉荷証券交付義務
▶▶3 点検・見本摘出等の要求に応じる義務
▶▶4 倉庫営業者の寄託物の返還義務
▶▶5 帳簿の備付け・記入の義務　▶▶6 倉庫営業者の損害賠償責任

▶§4 倉庫営業者の権利 ………………………………………………………… 183
▶▶1 保管料請求権　▶▶2 倉庫営業者の留置権・先取特権
▶▶3 供託権および競売権

▶§5 倉庫寄託中の物品の処分（譲渡・質入）を可能にする制度 ………… 185
▶▶1 倉荷証券　▶▶2 荷渡指図書

★EXAM CHECK 15　187

16章　場屋営業 ───────────────── 189
▶人が集まる場所を提供する業態

▶§1 場屋営業者の意義 ………………………………………………………… 189
▶§2 場屋営業者の責任 ………………………………………………………… 190
▶▶1 総説　▶▶2 客から寄託を受けた物品の場合
▶▶3 客から寄託の受けない物品の場合　▶▶4 高価品に関する特則
▶▶5 責任減免の特約　▶▶6 短期消滅時効

▶§3 「民泊」に関する規制 ………………………………………………… 195

★EXAM CHECK 16　197

参考文献ガイド ……………………………………………………………… 199
事項索引 ……………………………………………………………………… 200
判例索引 ……………………………………………………………………… 202

★Topic　目次

01　近年の民商法の改正動向（013）　02　協同組合と商法（028）　03　商号とビジネスの名称（037）　04　濫用的事業譲渡と「営業」（050）　05　「代理店」・「特約店」という名称と商法・会社法上の「代理商」（072）　06　公告方法の登記（082）　07　必要経費とは？（091）　08　商法（商行為）における保険と海商（106）　09　商法526条と土地の売買（112）　10　電子債権，電子署名などICTの活用（120）　11　宅地建物取引業者（宅建業者）と仲立ち（130）　12　山一證券の破綻（141）　13　利用運送とサード・パーティ・ロジスティクス（153）　14　運送営業と運送取扱営業の違い（176）　15　スペースの有効活用──アマゾン（Amazon）の空飛ぶ倉庫と水平倉庫（188）　16　商法（会社法）に見る「歴史」（198）

▶執筆者紹介・執筆担当　（敬称略）　＊印は編著者

＊道野　真弘（みちの・まさひろ）　　近畿大学法学部教授
　　　　　　　　　　　　　　　　　　　01章，06章，08章，10章
　　　　　　　　　　　　　　　　　　　トピック01, 06, 08, 10, 14, 16

　田邊　宏康（たなべ・ひろやす）　　専修大学法学部教授
　　　　　　　　　　　　　　　　　　　07章，12章，13章
　　　　　　　　　　　　　　　　　　　トピック07, 12, 13

　柳　　明昌（やなぎ・あきまさ）　　慶應義塾大学法学部教授
　　　　　　　　　　　　　　　　　　　14章，15章，16章
　　　　　　　　　　　　　　　　　　　トピック15

　多木誠一郎（たき・せいいちろう）　小樽商科大学商学部教授
　　　　　　　　　　　　　　　　　　　02章，05章，11章
　　　　　　　　　　　　　　　　　　　トピック02, 05, 11

　新津　和典（しんつ・かずのり）　　朝日大学法学部准教授
　　　　　　　　　　　　　　　　　　　03章，04章，09章
　　　　　　　　　　　　　　　　　　　トピック03, 04, 09

01章 — 商法入門
▶そもそも「商法」とは何なのか？

▶§0 — 商法を学ぶまえに

商法とは一体何なのか。AくんがBくんとの間で，自分の所有する昨年度使っていた中古のテキストを売る約束をした。これは法的には売買契約であるが，この文章を書いているまさに今，国会で可決され，改正法の施行が数年後に迫る民法（一部例外があるが2020年4月1日施行予定）がそのルールを定めている。現行民法には契約総則として521条から548条まで，売買契約については555条から585条まで，詳細な規定があり，それ以上に何か必要なのだろうか。

商法というと霊感商法だのデート商法だの，詐欺的なものばかりがニュースにあふれ，脳裏に先に浮かんでくる。しかし，それは本来の「商法」とは別物である（刑事犯罪として，主として刑法で学ぶ）。

商法とは一体何なのか。「そもそも論」ではあるが，勉学のためには，何を対象としているのかをまず理解する必要がある。この章では，商法の定義とその射程範囲について，解説する。

▶§1 — 商法とはいったい何であるか？

六法(法律条文集)を開けば，「商法」という名の法典が掲載されている。これを，形式的意義の商法という。しかし，商法はこれだけに限らない。形式的意義の商法の他にも，これに付随し，補足しまたは特定のケースに対応するいくつかの法令が存在する。それら（漠然としてはいるが）全体の法分野を，実質的意義の商法という。商法施行法，商法施行規則，商業登記法などのほか，次節で述べる近接法分野の中には，実質的意義の商法に含まれる法令もある。

形式的意義の商法という場合は，そういった名称の法律であるということで一応定義はできるものの，実質的意義の商法として把握しうる一連の法令を考えた場合，形式的には決まらない。とりわけ，民事法の一般法としての民法と

の異同（後述）は，重要である。詳細な規定を置く民法とは別に，商法として規制すべき目的は何か。

　端的に述べれば，商法は合法的に利益を上げる（俗な言い方をすれば真っ当に金儲けをする）ためのルールだということである。すなわち，民法が予定する一般的な取引（契約）は1回限りのものであったり，利益を出すことを念頭に置いていなかったりするが，商法が予定するものは，計画的継続的に利益を得ることを念頭に置いている。このことを主として，民法とは異なる商法というものをより理論的に示す場合，商法＝企業法であるという考え方（企業法説）と，商法が予定するのは一般的な法律事実のうち商的な色彩を帯びた事実であるとする考え方（商的色彩説）がある。後者の見解は以前は通説であり，おぼろげながらもわかりやすく思えるものの（友人同士の売買と，メーカーとスーパーの取引とを比較してみよう），商法の対象たる事実を積極的に定義づけしようとしていないとの批判もあり，その後前者の企業法説が唱えられるに至って，通説的地位を譲っている。

　そこで企業法説について説明すれば，企業に特有な法システムとしての企業法が存在し，商法はまさしく企業法であるとする。それで商法が定義できたかといえば，実はいくつかの課題が指摘される。

　まず，「企業」の定義である。一説には「私経済的自己責任負担主義の下に，継続的意図をもって計画的に経済行為を実行し，これによって国民経済に寄与するとともに，自己および構成員の存続発展のため収益を上げることを目的とする，一個の統一ある独立の経済的生活体」であり，「一定の計画に従い，継続的意図をもって資本的計算のもとに営利活動を行う法的に独立した経済単位」であるが，いずれにせよ学説による定義づけであり，法的な定義はなされていない。就職活動の際に「民間企業」という語が用いられることが多いが，会社は含まれるがその全てではないし，農協などの協同組合，また学校法人や宗教法人がその範疇に入るのかなど，その意味を正確に定義することのできる者はいないであろう。

　次に，ある程度絞り込んで企業概念を捉えたとしても，企業概念とは無関係の，絶対的商行為（商501条。後述するが，継続的意図は不要で1回限りでも商行為である）という概念がなぜあるのか。さらには，会社は別として（会社はその行為自体が商行為である。会社5条），商行為以外の行為をする者に商法の適用がないのはなぜか。また企業概念に合致しうる農林業等第1次産業経営者が商人に

含まれず，いわゆる弁護士等の士業，医師等の師業が商人ではないことの説明がつかないことなどが，批判としてあげられる。

　商法が一体何を規制対象とし，どういった法システムとして存在するのかという根本的な問題だけで，このように議論が錯綜する。すでに述べたように，企業に特有な法システムとして（実質的意義の）商法が存在するとしても，必ずしも断定的な結論が出たわけではない。

▶§2 ── 商法とその近接法分野

　そこで，商法とその近接法分野について，比較対照しつつ，それが実質的意義の商法に含まれるのか否か，少し検討してみよう。

▶▶1　民法

　民法とは，民事法分野の一般法（一般私法）であり，中核をなす法典である。一方商法は，企業に特有の法規制をするものであり，商事に関する特別法である。商法の規定は，民法の規定を補充変更したり（商事代理に関する商504条以下など），特殊化類型化したり（商業使用人，代理商，運送，倉庫等），民法にはない制度を設けたり（商業登記，商業帳簿等）する。

　民法と商法とは一般法と特別法の関係であり，商法の適用がある場合はそちらが優先し，商法で対応できないところについては民法が適用されることがある。ただし，会社法については会社という法人の組織形態を規制する体系的な完結した法分野であり，民法上の法人法と特別法，一般法の関係にないとする説もある（法人に関する民法の規定はわずかに5条でありそのうち2条は外国法人に関する規定である。また一般社団法人及び一般財団法人に関する法律は，会社法の規定を真似た規定ぶりである）。ともに広範囲にわたる法分野であることから，その距離感は一様ではない。

　民法と商法の距離感という意味では，その類似性は大きく，例えば商法の原則であったものが民法に取り入れられたり（契約自由の原則は元来商法の原則であった），民法的なものが商法に深く関与したり（原始産業を会社形態で経営するなど），民法の商化という現象が起こる。そこで，民商二法統一論も唱えられるところではあるが，民法と商法の適用対象には一定程度違いがあり，立法技術的に言っても，実質的意義の商法をすべて民法と合一化するようなことにはならないであろう。もっとも，民商法の時効や利息の違いによる問題もしばしば

発生し，形式的意義の商法のエッセンス部分が，民法に吸収される可能性はないとは言えない（事実，時効や利息については改正後の民法の規定がより重視されることとなる）。

▶▶2 労働法

企業の労働者は，企業主に従属して労務を提供する側面と，企業主を代理して第三者との取引等企業活動を行う側面とがある。例えば，就職活動が功を奏してA会社に就職したBくんは，A会社との間では雇用契約を締結したことになる。一方，就職後，A会社の経営する店舗で客に商品を売る仕事をしているとすれば，これはA会社を代理してBくんが客との間で取引をしていることになる。

前者は労働法の適用対象であるが，それは労働者の生活利益の擁護を目的とする。契約は対等な当事者を前提として自由に合意してよいが，雇用主が被用者より優位に立つことの方が多く，一定の労働者保護が必要と考えられるからである。

後者は商法の適用対象であり，取引の円滑と安全確保が求められる。同じ被用者（労働者）という立場からの視点であっても，このように両者は一応明確に区別されるが，労働者の経営参加が法的に認められている場合（ドイツ共同決定法等）や，会社解散による労働者解雇の場合などは両者が交錯することがある。

▶▶3 経済法（独占禁止法など）

両者とも企業に関する基本原理を定める。したがって一説には経済法は商法の体系という見解もなくはない。しかし，商法は企業をめぐる経済主体間（企業自体のほか出資者，経営者，取引の相手方，従業員など）の私的利益の調整という観点からの規制であり，経済法（特に独占禁止法（私的独占の禁止及び公正取引の確保に関する法律））は，国民経済的観点から，企業間ないし企業が形成する市場の公正な競争秩序を実現するための法規制である（独禁1条）。したがって，異なる法域であるとの見解が多数を占める。

消費者保護法も，消費者が商人との関係において契約の対等な当事者とは言えない面があり（情報の偏在化），消費者の生活を保護する趣旨である。そうであるなら，（労働者保護的見地に立つ）労働法と同様に，企業の視点からの利害調整というよりは，消費者の立場からの規制であり，基本的には商法とは異なる法分野である。

なお、金融商品取引法については、業界の公正な競争秩序実現という意味で経済法に含まれるが、一方では、投資家保護のための規制であり（金商1条）、投資家とは株主などの出資者を含むものであるから、企業関係者の利害調整という趣旨に基づき、一定程度実質的意義の商法（正確には会社法）に含まれると解される。

▶▶4 手形法・小切手法

およそ120年前に制定された商法には、手形に関する規定が置かれていたところ、ジュネーブ手形法統一条約締結に伴い、昭和7年、現行手形法が成立した。独立した法律として存在し、別分野を形成するという見解もあるが（企業にかかわらず誰が用いても商行為とされる。商501条4号）、手形・小切手の利用者の大部分が企業であり、企業決済手段として発達してきたことからすれば、実質的意義の商法に含まれるとする見解が有力である。同様の理由から、小切手法についても含まれるとの説が多い（手形の一種として商法に規定されていたものが、小切手法統一条約締結に伴って昭和8年、小切手法として独立した）。

▶▶5 会社法・保険法

会社法は、現行商法（明治32年制定）以前の旧商法（明治23年制定）の時代から商法の主要項目として規定が置かれており、意見の対立から旧商法の施行が延期された際も会社編は先行して施行されている。月日は流れ、2005（平成17）年に商法から独立したとはいえ、企業に関する法であり、実質的意義の商法に含まれることは異論がない。

詳論すれば商法は商事の一般法であり、会社法は会社に関する特別法であるが、会社法は極力準用規定をなくしたため、具体的には商法総則に類する内容の規定を会社法総則として置いており、両者の関係は限定的である（「準用」とは、ある法律が別の法律の類似する条文を引用すること）。

保険法もまた、商法に規定のあったところ、2008（平成20）年に独立したものである（2010（平成22）年施行）。保険業界を規制する法である保険業法などと合わせて、別の法分野を構成するとも言えるが、運用者が企業であり、保険契約は民法上の契約とは異なる団体法的性質も有するものであるから、実質的意義の商法に含まれると言ってよい。

▶§3 ── 商法の法源

　商法の法源とは，（実質的意義の）商法の存在形式ということになるが，半面では，商法の射程範囲に含まれる紛争，法的問題が発生したときに，解決の指針となる規範（ルール）は何か，という問題でもある。
　まずはじめに，判例はどうであろうか。商事に関するこれまでの判例を調査・分析することは，紛争解決におおいに役立つ。とはいえ，成文法主義の日本にとって，公刊される判例集に掲載されることはあるとしても，判例の蓄積により法が形成されるわけではない。ケースバイケースの事例であるから，必ずしも同様の結論が導かれるとも限らない。したがって，判例は事実上の拘束力を有するとはいえ，法源とまでは言えないとするのが，有力な見解である。
　法源に当たるものとしては，商事制定法，商事条約，商事自治法，商慣習法などが挙げられる。

▶▶1　商事制定法

　形式的意義の商法はもちろんのこと，商事特別法としての手形法，小切手法，会社法，保険法，金融商品取引法，不正競争防止法のほか，商業登記法，商法施行法，商法施行規則，会社法施行規則など多岐にわたるものが，商法における法源である（前6者等を商法の特別法令，後4者等を商法の付属法令ということがある）。繰り返しになるが，成文法主義に立つ日本にとって，制定法は最重要の法源であり，これを基準に法解釈するのが大原則である。

▶▶2　商慣習法

　制定法に明記されてはいないが，日々反復大量に行われる商取引の世界において，多くの関係者が一定のルール性を認識しているようなものを商慣習といい，とりわけ，それがあたかも制定法と同じように捉えられると，これを商慣習法と表現し，法源視される。
　例としては，白地手形が挙げられるが，手形取引は原則として手形券面上の情報だけが唯一絶対であり，厳格な要式証券として記載すべき事項は全て記載しなければならないところ，受取人欄や金額欄を白地にして流通させるケースがあった。実務の必要性（手形を引き受けてくれる人や支払い金額が確定していない段階で引き受け先を探し，引き受け可能な金額を交渉しつつ流通させるなど）から，このような一部空欄の手形も白地手形として認められるようになり，その後手

形法上にも白地手形に関する条文が置かれている（手形10条）。

　法的確信のある商慣習＝商慣習法である場合は，裁判所もその存在を探知し，適用しなければならないが，そこまでに至らない事実たる商慣習もありうる。この事実たる商慣習と商慣習法はその線引きも難しく，法的にどのように捉えるべきか困難であるが，法源の適用順序に関連させて，後述する。

▶▶3　商事自治法

　商事関係につき，ある団体がその構成員に対して自主的に定める規則がある。典型的なものは会社の定款，証券取引所（金融商品取引所）の業務規程であり，これらが商事自治法として法源性を有することに異論はない。

　もっとも，商事自治法を法源と認める根拠として，制定法によって作成を義務付けられていること（会社定款は会社26条，証券取引所業務規程は金商117条）を求める見解からは，手形交換所の規則は法源性を認めない（法理念の支持を受ける事実の規範力を根拠とする見解からは，法律の根拠がなくとも，認められうる）。

▶▶4　普通取引約款

　大量反復的に行う商取引において，商人が，汎用的に用いられる普通取引約款を作成し，取引の相手方（一般的には，客・消費者）との契約をその内容に基づいて締結したものとする場合がある。例えば鉄道事業者による運送約款，保険会社による保険約款，銀行による銀行約款など，多くの業種で用いられている。

　普通取引約款は，商人側にとってだけでなく，取引の相手方にとっても便利な面もあり普及しているが，商人側で作成するものだけに，なぜ取引の相手方にも拘束力が生じるのか（法源視されるのか），その根拠について争いがある。

　判例（大判大4・12・24民録21輯2182頁）は，いわゆる当事者意思推定説（当事者が特に普通取引約款によらない旨の意思表示をしないで契約したのであれば，普通取引約款によるものと推定する）の立場であるが，これに対しては，普通取引約款に従う意思のなかったことが立証されれば約款に拘束されず，法的安定性を害するとの批判が強い。そこで学説においては，普通取引約款を一種の商事自治法と捉える説や，ある業界において約款によることが一般化されている場合は約款により契約が締結されるとの白地慣習法または事実たる白地慣習があると解する説（約款の条項そのものが商慣習法とは言えないが，約款を用いるというそのこと自体を商慣習法と捉える），また当事者の合意を根拠とするが，判例とは異なり，客観的状況から判断し，契約の本質的目的，企業者側からの働きかけ等か

ら形成される合理的な期待に合致する限りにおいて約款に合意するという内容のものと解する（合理的な期待に反する条項については拘束力は生じない）説がある。

　普通取引約款については，このように理由付けは様々とはいえ法源と捉えることに異論はないが，約款内容の健全性や取引の公正をどのように確保するのかという問題がある。所轄官庁による認可が要求される場合（例えば保険業法4条2項），消費者保護の観点からのチェック機能が期待されるが，そうでない場合については解釈論的に，不当な条項を無効としもしくは実質的に修正する考え方が示される（民548条の2参照）。

▶▶5　商事条約

　条約は，国内法化されてはじめて法としての効力を持つのが原則であるが，とりわけ航空分野では，条約がそのまま効力を生ぜしめることがある。例えばワルソー条約やモントリオール条約は締結国を結ぶ航空機の運航に直接適用される。このように自動執行力のある条約は，そのまま法源と言える。

▶§4　商法典の位置づけ

▶▶1　法源の適用順序

　前節で見た商法の法源をどの順序で適用するか。成文法主義に鑑み，まずは商事制定法が適用されるが，特別法は一般法に優先し，条約は国内法に優先するので，（自動的執行力のある）商事条約，商事特別法，商法典の順序となる。

　適用範囲の順序として特に問題となるのが，商慣習法である。商法では，商事に関して商法に規定がなくても，民法に優先して商慣習法が適用されることとなっており（商1条2項），成文法主義に反するかのようである。しかし，法の適用に関する通則法3条によれば，公序良俗に反しない慣習は，法令の規定により認められたものまたは法令に規定されていない事項に関するものに限って，法律と同一の効力を有するのであるから，基本的な法解釈としては，妥当であろう。

　もっとも，以下の2点については，なお問題が残る。第1に，商慣習法と商法との関係である。商事に関しては，経済事情により著しい変遷を余儀なくされる今日において，制定法の改正では追いつかないことも多いし，また商取引において合理的に形成された商慣習法の意義を認め，商慣習法は商法にも優先すると解することも可能である。しかし繰り返しになるが成文法主義との関連

から批判も強く，商法1条2項の規定を前提とすれば，あくまで民法に優先するにすぎない（批判を意識してか，商慣習法は商法の任意規定にのみ優先するとの見解もある）。

第2に，商慣習法と事実たる商慣習の異同である。商法1条2項には「商慣習」とあるが，これは法的確信に至る商慣習法の意味であると解されている。また，民法92条には「法令中の公の秩序に関しない規定と異なる慣習がある場合において，法律行為の当事者がその慣習による意思を有しているものと認められるときは，その慣習に従う」とあり，ここでいう「慣習」は事実たる商慣習を指すものと解されている。すなわち事実たる商慣習は，私的自治の認められる範囲において，法律行為の補充的解釈の基準となる。

▶▶2　商法の特色

これまでにも時折言及してきたことであるが，ここで改めて，商法の特色についてまとめておきたい。

企業取引法上の側面においては，第1に営利性であり，企業活動は利益を上げることが目的である。また第2に，企業取引は対等な企業間における合理的な判断をする経済人を念頭に置いていることから，契約自由を旨とする。第3に，企業取引は反復的・継続的に大量の取引を日々行うものであるから，簡易迅速になされることが必要となる。そのことと関連して，取引の相手方の個性を問題とする必要に乏しく，かつ普通取引約款のような定型的な取引も可能となる。第4に，取引の安全の見地から，商業登記制度を主として，企業取引に重要な情報を広く開示させることとしている（公示主義）。第5に，同じく取引の安全，取引の相手方保護の見地から，とりわけ外観と真実が一致しない場合には，客観的に認識可能な外観の優位性を認め，外観を信頼した第三者を保護する制度が置かれている（外観主義。例えば表見代表など）。第6に，相反するようではあるが，当事者にとって取引の安全に資するよう，企業者の責任を加重する側面と，責任を限定・分散する側面とがある。前者には例えば多数債務者の連帯責任（商511条），後者には例えば運送人の責任制限（商578条・580条），また，企業取引における損害保険制度などがある。

企業組織法上の側面においては，第1に，準則主義に見られるような企業形成の促進の方策を置いている。第2に，企業活動に必要な資金調達の手段を種々用意している。例えば株式会社の出資者は，細分化された比較的少額の株式と引き換えに出資し，またその有限責任により出資額以上の責任を求められ

ず，それが出資を容易にしている。第3に，企業活動に必要な労力の補充のため，商業使用人のほか企業補助者に関する定めを置く。第4に，一旦形成された企業を解体することは，蓄積された資産の解体につながり，また多数の会社債権者への悪影響，従業員の労働の場の破壊となるため，企業承継（事業譲渡，商号続用など）や会社更生等の制度により企業が維持される方策を置く。第5に，とりわけ多数の出資者や債権者等の関係者が存在する会社において，商業登記制度を通じて企業内容を開示せしめる（開示主義）。

▶▶▶3　商法総則の位置付けと内容

　商法第1編総則は，32条からなる。内容は，通則，商人，商業登記，商号・営業譲渡，商業帳簿，商業使用人，代理商，雑則であり，従来，商法の一部であった会社にも適用されるものであった。しかし，独立した会社法は，立法政策として，極力他の法律を準用せず，会社法のみで完結することとしたため，その第1編総則には通則，会社の商号，会社の使用人，会社の代理商，事業の譲渡をした場合の競業の禁止等の規定があり，会社はそちらの適用を受ける。したがって，商法総則の適用を受けるのは，会社以外の商人に限られる（商11条1項かっこ書）。

▶§5　商法の学び方

　商法の学び方といっても，法律学全般と大きく異なるところはない。とはいえ，一般私法あるいは民事法における，商行為に関する特別法であることから，その点に関して若干の特色はある。

▶▶▶1　日本商法典の変遷過程をつかむ

　前述のとおり，従来，「商法」という名の法律の中に，総則・商行為以外に，会社についての規定も置かれていた（なお，商行為の一種である保険についても商法に置かれていたが，現在は独立している）。すなわち，総則に規定されていることは，個人商人であれ，企業としての会社＝営利社団法人であれ，適用があるものであったところ，会社法として独立した結果，総則は会社法総則で会社に，商法総則は個人商人に，適用されることとなった。

　会社も二次元的に考えれば個人商人と同様であるが，本来は（個人商人とは異なり）三次元的に関係者が多く，内部的にも機関設計があり，通常は複数人が一つの会社を運営している。したがって，両者には様々な差異があり，ある

意味では総則が別に規定されることとなったのは不思議なことではない（立法技術的に，他の法律を準用するのではなく，当該法律で完結したいという意思が働いたのは言うまでもないが）。

とはいえ，商法総則には，会社法総則と類似する規定も多く，学習の際には両者を意識しながら学ぶと，会社を含む商人に適用のある「総則」を一気に理解することができる。

▶▶2　一般法と特別法の関係から商法をつかむ

また，民法（特に契約法分野）と商法の関係は一般法と特別法の関係であることから，密接な関連があったところ，平成29年改正によって，その関係はより深まったと言える。例えば，法定利率や時効については，これまで商行為が真っ当に金儲けをする商人のする行為であったことから，民法と差をつけられていた（前者について民事は年5％であるのに対し商事は年6％，後者については商事が民事より流動性の激しい世界であることから，短期の時効消滅が認められる傾向にあった）。ところが平成29年改正法では，これらは原則として民法の規定に従うこととなり，商法の規定は削除された。

ことほど左様に，民法の知識が，商法の学習にとって重要性を増したことは言うまでもない。これまでにおいても，善意・悪意，債権（者）・債務（者），債権・物権，法律行為，契約などの意味は民法でまず学んでいるはずであり，商法を学ぶにあたって，これら民法の知識を有していないことはかなりのハンデとなる。

会社を主とする法人についても，その大もとと言える規定は民法にわずかながらではあるが，ある。ただし，基本的な法人の理念を，民法ではあまり丁寧に扱う時間はなく，むしろ，会社法の学習が，法人の学習にとって重要である。民法から独立した一般法人法は，非営利法人であるけれども，準則主義として会社法を範にした規定ぶりである。

最後に，具体的な学習方法については，王道はないと言わざるを得ない。講義を聞き，テキストを読み，ノートにまとめる。法律用語は日本語とはいえ一般には用いないものも多いから，わからなければ辞典・事典で調べる。ある意味，語学の学習と似ているのではないだろうか。法律をよく理解している教員から話を聞き，法律学のテキストを読み，ノートに自分なりに理解してまとめる。語学の先生から話を聞き，語学のテキスト・辞典を読み，わかりやすく日本語訳するのと似てはいないだろうか。

法律学は全般的に大人の学問と言われることもある。社会経験の乏しい若い世代にはなかなかイメージしにくいことが多いからである。学習の際には，実際のケース（裁判例や経済ニュースなど）に触れ，具体的にどういったことが問題となるのか，どういった運用がなされているのか，常に意識することも必要であろう。

> **★EXAM CHECK 01★**
>
> **Q1** 商法の法源には商事制定法，商事自治法，商慣習法，（自動執行力のある）商事条約が含まれ，事実たる商慣習も法源である。○か×か。
>
> **Q2** 普通取引約款が当事者間の契約に拘束力を有するのは，判例によれば当事者の意思によるものとする。○か×か。
>
> **Q3** 普通取引約款は反復継続的に大量の取引を簡易迅速にこなすために必要不可欠であるが，判例の見解では約款の効力が否定されかねないため，学説によれば，約款によることがある業界において一般化している場合には，一種の商事自治法として法源となるとの見解や，白地慣習法であるとの見解などが示される。○か×か。
>
> **Q4** 商法総則の規定は，会社には適用されない。○か×か。

★Topic―01　近年の民商法の改正動向

　民法は，民事法関係の一般法であり，商法は民事法関係における商事に関する特別法であることは，本文でも述べたところである。これらは，欧米に追いつけ追い越せと，「坂の上の雲」を見上げるがごとく，列強の仲間入りをしようと邁進していた日本にあって，そのルール作りが急務であるところ，重要な法律としてまず制定を目指した6つの法のうちの2つである。

　復習までに述べておけば，6つの法とは，憲法・民法・刑法・商法・民事訴訟法・刑事訴訟法であり，これらを総称して六法と呼び（行政法を加えて「七法」と呼ぶことがある），そこから派生して法令集を六法と呼ぶ。

　さて，法務省のサイトでは，民法改正（2017（平成29）年5月26日「民法の一部を改正する法律」（同年法律第44号）公布）について（http://www.moj.go.jp/MINJI/minji06_001070000.html)，以下のように説明する。「民法のうち債権関係の規定（契約等）は，明治29年（1896年）に民法が制定された後，約120年間ほとんど改正がされていませんでした。今回の改正は，民法のうち債権関係の規定について，取引社会を支える最も基本的な法的基礎である契約に関する規定を中心に，社会・経済の変化への対応を図るための見直しを行うとともに，民法を国民一般にわかりやすいものとする観点から実務で通用している基本的なルールを適切に明文化することとしたものです」。

　120年前には，当然，飛行機もなければスマートフォンもない。これまでにも改正はあったものの，取引社会の環境変化に対応するための抜本的改正が新たに必要となった。一例としてわかりやすいのは法定利率であり，金融機関における利息が，借りる方でも2，3％の時代に，6％はあまりにも大きい。基本的に約定（双方の合意）でこれより低い利率を決めることもあってほぼ意味をなしていなかった。

　一般法としての民法が大きく変わったので，これに合わせて商法も変えなければならない。改正手続としては，「民法の一部を改正する法律の施行に伴う関係法律の整備等に関する法律」によって商法の改正が行われた（平成29年6月2日公布〔法律第45号〕）。

　また，先にも述べたように飛行機もない時代に作られた商法の運送等にかかる規定も，現代にマッチするよう改正された（「商法及び国際海上物品運送法の一部を改正する法律」平成30年5月18日公布〔法律第29号〕）。

　民法と，民法に合わせて改正された商法は，一部を除き2020（令和2）年4月1日施行予定であり，商法の運送等にかかる改正商法は2019（平成31）年4月1日より施行されている。

【道野真弘】

02章— 商　人
▶商行為の主体になる者

　本章では，取引およびその主体に商法あるいは民法のどちらの法律が適用されるのかを決定する概念である「商行為」・「商人」を取り上げる。
　この2つの概念は別個独立のものではなく，両者が密接に絡み合っていて複雑である。すなわち商行為概念を基礎にして商人を定義するのを基本とするが，反対に商人概念を基礎にして定義する商行為もある。まずはこの2つの概念の複雑な関係を理解することから始めよう。

▶§1— 形式的意義の商法（商法典）の適用範囲

▶▶1　適用の有無を画する概念
　通説である商法企業法説によると，実質的意義における商法は「企業」を対象にする。このように言ったところで実質的意義の商法の中心である形式的意義の商法（商法典。本章でたんに「商法」という場合には，形式的意義の商法を意味する）で企業という文言は，定義されているどころか，使われさえしていない。
　それでは商法の適用対象は何か。商法が適用されるのか否かは，何をもって画されているのか。商法という特別法あるいは一般法である民法の適用を分けるのは何か。大雑把にいうと商法第1編（総則）は商人に適用され，商法第5編（商行為）は商行為に適用される。「商行為」と「商人」という2つの概念によって，商法の適用の有無が決まるのである。

▶▶2　立法例とわが国の商法
【1】2つの考え方
　商法の適用範囲を画する概念である商人・商行為はどのように定義されるのか。商人あるいは商行為のいずれを先に定義するのかによって，古今東西の立法例は大きく次の2つに区分しうる。
　1つは，行為の客観的性質から商行為をまず先に定義し，その上で商行為を

営業としてする者を商人と定義する考え方である。商行為法主義または客観主義という。もう1つは，商人を先に定義し，その上で商人のする行為を商行為と定義する考え方である。商人法主義または主観主義という。

わが国の商法は，上記2つのいずれの立法例の考え方も純粋には採用していない。下記【2】の通り商行為法主義を基本としながら，商人法主義も加味している。折衷主義という。

【2】 商法の立場

商法はまず基本となる商行為として絶対的商行為（商501条）と営業的商行為（502条）を定義する。その上で自己の名をもって商行為をすることを業とする者を商人とする（4条1項）。商行為法主義からみて本来的な商人であり，固有の商人という。

これとは別に商行為とは無関係に，言い換えると商行為法主義にはよらずに商人を定義する。商行為をすることを業としない者であっても，設備・経営形態に着目して，商人とみなしている（4条2項）。商行為をすることを業とせず，本来的には商人ではない者を商人とみなす（擬制する）ため擬制商人という。

固有の商人あるいは擬制商人であるのかにかかわらず，商人がその営業のためにする行為を商行為とする（503条1項）。附属的商行為という。商人法主義によっている。

【3】 会社についての特別の定め

商法で定める商行為とは別に会社法では，会社がその事業としてする行為およびその事業のためにする行為を商行為とする（会社5条）。事業としてする行為とは会社の事業目的である行為を意味する。事業目的である行為が商行為であるため会社は，自己の名をもって商行為をすることを業とする者という固有の商人に該当する（商4条1項）。

会社が事業のためにする行為も商行為とされている。事業のためにする行為は，商法が定める営業のためにする行為（503条1項）と同じく，附属的商行為を意味すると一般に解されている。会社法に附属的商行為について定めがあるにもかかわらず，他方では会社も商人であるため素直に考えると商法503条も会社に適用されることになる。附属的商行為について規定が重複するが，これをどのように調整するのかが次のような形で問題になる。営業のためにする行為を商行為とする商法503条1項の内容は会社法5条に盛り込まれているが，商人の行為は，その営業のためにするものと推定するとする商法503条2項に

相当する規定が会社法にはない。同項の規定は会社にも適用されるのだろうか。

この点について伝統的通説は、会社の行為はすべて事業としてする行為およびその事業のためにする行為であり、商法503条2項の適用の余地はないと解する。これに対して判例は、会社の行為には事業としてする行為にもその事業のためにする行為にも該当しない行為があることを前提にして、商法503条2項の規定の適用を肯定する（最判平20・2・22民集62巻2号576頁）。つまり会社の行為はその事業のためにするもの（附属的商行為）と推定され、これを争う者において事業のためにするものでないことの主張・立証責任を負うと解するのである。

▶▶3　問題点

商法の適用範囲を画するための規整については、次のような問題点を指摘しうる。

第一に、複雑である。商行為法主義を基本にしつつ、それに商人法主義を加味しているためである。2つの概念の間を、いわば行ったり来たりして各概念が定められている。

第二に、絶対的商行為・営業的商行為の範囲が狭すぎる。商行為概念を基礎にして商人を定めているため、ひいては商人とされる範囲も狭くなる。経済の発展にしたがって種々の行為を営業とする企業が新たに生まれるが、これらの企業やその行う行為を商法の適用範囲に包摂できない。

第三に、商法＝企業法説の考え方と整合的ではない。企業ではなく誰がしても商行為となる絶対的商行為という概念を設け、当該行為に商法を適用すると、商法を企業関係に特有な法規の総体とはもはやいえないからである。

▶§2─　商行為

▶▶1　商行為の種類

【1】　絶対的商行為・営業的商行為・附属的商行為

商法は、行為の性質に基づき、絶対的商行為（商501条）・営業的商行為（502条）・附属的商行為（503条）の3つの種類を設けている。

このうち前二者は、商人を定義するための基礎になるため、基本的商行為といわれる。これに対して附属的商行為は、商人概念から導き出される概念である。

【2】 一方的商行為・双方的商行為

　商行為は取引行為であり，そこには少なくとも二当事者が存在する。当事者の一方にとって商行為となる行為が一方的商行為であり，双方にとって商行為となる行為が双方的商行為である。前者の例としては，八百屋さんのような小売商と私たち一般消費者との間の取引である。後者の例としては，小売商と仕入先である卸売商との間の取引である。

　一方的商行為についても商法が適用される（商3条1項）。当事者双方に商法を適用して，当事者の一方には民法，他方には商法を適用することによって生じる法律効果の不統一を避けようとする趣旨である。同様の趣旨により，当事者の一方が複数いる場合にその1人のために商行為となる行為については，全員に商法が適用される（同条2項）。

　一般的にはこのようにいえるが商法の規定の中には，例えば当事者の特定の一方にとって商行為である場合のみに適用される規定（511条），商人間の双方的商行為である場合のみに適用される規定もある（521条）。一方的商行為であれば当事者双方に商法が適用されるとは必ずしもいえないのである。商法が適用されるのか否かは，条文ごとに吟味する必要がある。

▶▶2　絶対的商行為

　誰がしても，当然に商行為となる行為である。反復継続せずに1回限り行っても商行為となる。行為そのものが有する強度の営利性という客観的性質ゆえに商行為とされる。商法には下記4種類の行為が具体的に列挙されているが（商501条），限定列挙と解されている。なぜなら商法の適用範囲を画するという商行為概念の機能に着目して，適用範囲を明確にするためである。

【1】 投機購買とその実行行為（商501条1号）

　まず安く買ってから，それを高く売ることである。①利益を得て譲渡する意思で（投機意思），動産・不動産・有価証券を他人から有償取得する行為（投機購買）および②取得したものを実際に譲渡する行為（実行行為）をいう。小売商・卸売商の行為が典型である。

　取得する行為も譲渡する行為も有償でなければならない。農業者のように原始取得したものを譲渡する行為は含まれない。

　取得したものをそのまま譲渡する必要はなく，その間に製造・加工をした上で譲渡してもよい（大判昭4・9・28民集8巻769頁）。製造業（メーカー）の行為である。

　投機意思は取得する時点であることを要し，それで足りる。実行行為の段階

で投機意思を喪失し，無償譲渡または自家消費しても取得行為は投機購買に該当するが，無償譲渡・自家消費は実行行為には該当しない。反対に自家用のために有償取得したものを相場高騰を見て有償譲渡しても，有償取得・譲渡行為ともに投機購買とその実行行為に該当しない。取引の安全を図るために，投機意思は相手方が認識可能でなければならない。

【2】 投機売却とその実行行為（商501条2号）

まず高く売っておいて，後からそれを安く買い入れて履行にあてることである。先物取引である。①将来他から安く取得したもので履行する意思で（投機意思），あらかじめ動産・有価証券を有償で供給する契約をすること（投機売却）および②投機売却の目的物を他から有償取得する行為（実行行為）をいう。

目的物に不動産は含まれない（商501条1号対照）。個性のある不動産を先物として高く売却して，後から安く仕入れることは不確実だからである。

供給（譲渡）する行為も取得する行為も有償でなければならない（同条1号と同じ）。投機意思は供給契約締結時点であれば足りる。その後自己所有のものを供給しても，投機売却に該当する。原始取得・無償譲渡によって取得予定のもので履行する意思で有償供給契約をしても，投機売却に該当しない。投機意思は相手方が認識可能でなければならない（同条1号と同じ）。

【3】 取引所においてする取引（商501条3号）

取引所とは，代替性のある動産・有価証券について，一定時期に一定の場所で一定の方式で大量・集団的に売買がなされる場所である。代表的なものとして，金融商品取引所・商品取引所がある。取引所で取引をすることができるのは，会員・取引参加者のみである（例えば金商111条1項）。

取引所における取引が絶対的商行為とされているのは，その取引が有する技術性・専門性・定型性・大量性という資本主義的性格ゆえである。

【4】 手形その他の商業証券に関する行為（商501条4号）

商業証券とは，広く商取引の対象となる有価証券を意味する。①小切手や例示されている手形をはじめとする支払証券，②倉荷証券・船荷証券・複合運送証券のような物品証券，③株券・社債券のような投資証券が広く含まれる。

「関する行為」とは，通説によると証券上になされる行為のみを意味する。手形であれば，手形行為すなわち振出し・裏書き・引受け・保証等である。判例は，白地小切手の補充権授与行為は本来の小切手（手形）行為ではないが，「手形に関する行為」に準ずるものと解している（最判昭36・11・24民集15巻10号

2536頁)。

　これに対して証券の交換・消費貸借・寄託・担保設定のような証券を目的とする行為は，「関する行為」に該当しない（反対，大判昭6・7・1民集10巻498頁）。例えば証券の売買であれば商法501条1号に該当し，同条4号を待たずともすでに商行為とされうるからである。

　商業証券に関する行為が絶対的商行為とされているのは，同行為を行う者が誰であるのかにかかわらず商法の規定を適用することが，資本主義的性格（→【3】）を有する商業証券に関する行為に相応しいからである。

▶▶3　営業的商行為

　営業としてするときにはじめて商行為となる行為である。絶対的商行為と比べて，行為そのものは営利性が弱いためである。商法には下記13種類の行為が具体的に列挙されているが（商502条），絶対的商行為の場合と同じ理由で限定列挙と解されている。

　営業としてするとは，営利の目的で同種の行為を反復的・継続的にすることを意味する。固有の商人の要件である「業とする=営業とする」と同じ意味である（→§3▶▶1）。

　ただしもっぱら賃金を得る目的で物を製造し，または労務に従事する者の行為は，形式的には13種類の行為のいずれかに該当しても，営業的商行為から除外される（502条但書）。ごく小規模な賃仕事・手内職にまで商法を適用するのは相応しくないためである。

【1】　投機貸借とその実行行為（商502条1号）

　①他に賃貸する意思で（投機意思），動産・不動産を他人から有償で取得または賃借する行為（投機貸借）および②有償で取得または賃借した動産・不動産を賃貸する行為（実行行為）をいう。例えばレンタルDVD業・レンタカー業・不動産賃貸業・リース業である。

　物の所有権ではなく物の利用権が投機の対象になっている点で，投機購買と異なる。それゆえ先行行為は，取得に限らず賃借でもよい（商501条1号対照）。

　商法501条1号と比較すると，目的物として有価証券が明定されていない。目的物に有価証券は含まないとするのが通説である。

　投機意思は有償取得・賃借する時点であることを要し，それで足りる（同条1号と同じ）。

【2】 他人のためにする製造・加工に関する行為（商502条2号）

　他人の計算で，製造または加工を有償で引き受けることである。製造とは，材料に手を加えて全く異なる種類の物にすることである。加工とは，物の種類に変更が生じない程度に手を加えることである。例えば精米（大判昭18・7・12民集22巻539頁），染色（大判大5・6・7民録22輯1145頁）である。

　自己の計算で買い入れた材料に製造または加工してできた物を売却することは，投機売却とその実行行為に該当する（商501条1号）。

【3】 電気・ガスの供給に関する行為（商502条3号）

　電気またはガスを継続的に供給することを引き受けることである。同じくライフラインといわれる水の供給は挙げられていないが，合理的な理由を見いだせない。水道事業者による水の供給行為は商行為に該当しない。もっとも水道事業者が会社であれば，商行為に該当する（会社5条）。

【4】 運送に関する行為（商502条4号）

　物または人を一定の場所から他の場所に移動させることを引き受けることである。運送の目的物が物であれば物品運送，人であれば旅客運送である。運送の場所が陸上であれば陸上運送，海上であれば海上運送，空中であれば航空運送である。

【5】 作業・労務の請負（商502条5号）

　作業の請負は，鉄道建設・道路建設・家屋建築・船舶建造などのような工事を請け負うことである。土建業・建設業・造船業である。

　労務の請負は，労働者の供給を請け負うことである。労働者派遣業である。自ら労務の提供をすることは該当しない。

【6】 出版・印刷・撮影に関する行為（商502条6号）

　出版に関する行為は，文書・図画（とが）を複製して販売または頒布することを引き受けることである。出版社・新聞社の行為である。印刷に関する行為は，文書・図画の複製を引き受けることである。印刷業者の行為である。撮影に関する行為は，撮影を引き受けることである。カメラマンの行為である。

【7】 場屋取引（商502条7号）

　多数の人が来集するのに適した物的・人的設備を設け，客の需要に応じて設備を利用させる取引である。商法が例示する旅館・飲食店・浴場（商596条1項）の行為をはじめとして，ホテル・遊園地・パチンコ屋・映画館の行為である。

　理髪業も場屋取引に該当するとするのが多数説である。しかし判例は，場屋

取引における客自身による設備の利用を強調し，客自身による設備の利用がない理髪業は場屋取引に該当しないとする（大判昭12・11・26民集16巻1681頁）。

【8】 両替その他の銀行取引（商502条8号）

金銭または有価証券の転換を媒介する取引である。不特定多数の者から金銭・有価証券を受け入れ（受信），それを需要者に融通する（与信），これら双方を行う者の行為でなければならない。受信がなく，自己の資金のみで与信を行う者（貸金業者・質屋営業者）の行為は該当しない（最判昭50・6・27判時785号100頁）。

【9】 保険（商502条9号）

保険者が保険契約者から対価を得て保険を引き受けることである。営業として引き受けるときのみ商行為とされるため，株式会社が行う営利保険のみが該当する。

営利の目的がない相互保険は該当しない。もっとも相互保険業を行う相互会社にも商法・会社法の規定が大幅に準用されており（保険業21条），営利保険あるいは相互保険であるのかで法律関係に大差はない。

国・地方公共団体等が保険者である社会保険も，営利の目的がないため該当しない。

【10】 寄託の引受け（商502条10号）

他人のために物の保管を引き受けることである。例えば倉庫業・駐車場経営である。

【11】 仲立ち・取次ぎに関する行為（商502条11号）

仲立ちに関する行為は，他人間の法律行為の媒介を引き受けることである。媒介される法律行為が，当事者にとって商行為であることを本号は要求していない。

媒介される法律行為が（少なくとも委託者・相手方のいずれか一方にとって）商行為であるものとして，（商法上の）仲立人（商543条）・媒介代理商（27条）が行う行為がある。例えば旅行業者がホテルと宿泊希望者の間に入って，宿泊契約が成立するように尽力することを引き受けることである。媒介される法律行為が（当事者双方にとって）商行為以外のものとして，例えば結婚の仲介（仲人業），非商人間の不動産売買の周旋がある。媒介する者を民事仲立人という。

取次ぎに関する行為は，自己の名をもって他人（委託者）の計算において法律行為をすることを引き受けることである。法律上は自己が権利義務の主体になるが，その経済上の効果は他人に帰属する。

取次ぎに関する行為を業とする者は，取次ぎの対象によって次の3種類に区分される。1つは問屋である（551条）。物品の販売または買入れの取次ぎを業とする者である。2つは運送取扱人である（559条）。物品運送の取次ぎを業とする者である。3つは準問屋である（558条）。上記2つ以外の法律行為，例えば広告・出版の取次ぎを業とする者である。

【12】 商行為の代理の引受け（商502条12号）

本人にとって商行為である行為の代理を引き受けることである。仲立ち・取次ぎと異なり，代理の目的である行為は本人にとって商行為である行為に限られる。例えば締約代理商（商27条）の行為である。

【13】 信託の引受け（商502条13号）

信託を引き受けることである。信託とは，特定の者（受託者）が一定の目的にしたがい財産の管理または処分およびその他の当該目的の達成のために必要な行為をすべきものとすることである（信託2条1項）。

▶▶4 附属的商行為

【1】 一般

商人が営業のためにする行為も商行為とされる。附属的商行為という（商503条1項）。営業目的である基本的商行為以外にも，営業を助ける種々の行為を商人は行う。例えば商人が運転資金とするために銀行からお金を借りたり，小売商が販売店舗を賃借したり，商人が商品を遠隔地の買主に送付するために運送に付したりする行為である。これらの営業のためにする行為は営業目的である基本的商行為と深く結びついているため，商法を適用するのが適切である。それゆえ商行為とされる。

営業の助けになる行為は多岐にわたるため，基本的商行為とは異なり一般的・包括的な定めになっている。

【2】 推定規定

商人の行為は営業のためにするものと推定される（商503条2項）。つまり商人の行為は附属的商行為であるとの推定がなされる。商人のある行為が附属的商行為であることを否定しようとする者は，その行為が営業のためになされたものではないことを証明しなければならない。商人による雇用は営業のためにする行為と推定され，この点について反証がないため附属的商行為であるとした判例がある（最判昭30・9・29民集9巻10号1484頁）。

個人商人の場合には，営業のための行為以外にも私生活における行為がある

ため，商人の行為が営業のためになされたのか否かが必ずしも明らかでない。例えば商人が文房具を購入した場合，営業用あるいは私生活で使うものか売主にはわからないこともある。そこで取引の安全を図るため推定規定が置かれているのである。

会社について推定規定の適用の余地があるのか否かについて争いがある（→§1▶▶2【3】）。

▶§3— 商人

商法は4条で商人を定義している。固有の商人と擬制商人である。同条1項は，営業目的である行為の種類を基礎にして商人概念を定める。ごく小規模の者も商人として商法の適用を受けることになりうる。ごく小規模の商人にまで商法を全面的に適用すると，同人には負担が大きい。他方他の商人にも不都合が生じる。例えば商号に関する規定を適用して商号権を認めると，他の商人が商号を利用する妨げになりうる。そこで商人のうち，営業の用に供する財産につき最終の営業年度の貸借対照表に計上した額が50万円を超えないものを小商人と定義し，商法の規定の一部を適用しないことにしている（商7条，商施規3条）。

▶▶1 固有の商人

固有の商人とは，自己の名をもって商行為をすることを業とする者である（商4条1項。→§1▶▶2【2】）。自己の名をもってとは，その行為から生じる権利義務の帰属主体になるという意味である。自己の計算においてすることは要求されていないため，行為による経済的損益の帰属が自己あるいは他人に属するのかは問わない。商行為とは，基本的商行為を意味する。

業とするとは，営業とすることである。①営利の目的で，②同種の行為を反復的・継続的にすることを意味する。上記②には集団性・計画性を要するといってもよい。たまたまある商行為を行ったのでは足りない。はじめてその行為をするときには反復性・継続性はないが，反復的・継続的に行うことが予定（計画）されていれば，はじめて（つまり第1回目に）するときでもよい。

上記①は，広い意味の営利の目的を意味する。対外的取引によって収益（収入）と費用（支出）の差額（利益ないし剰余）を得ることを目的とすることである。結果として利益が上がらなくてもよい（赤字であっても営利の目的があることにな

る)。より柔軟に，資本的計算方法のもとで少なくとも収支相償（収支とんとん）が予定されていれば足る。会社の概念要素の1つとして挙げられる狭い意味の営利の目的とは異なる。狭い意味の営利の目的は，広い意味の営利の目的を前提にして，得た利益を構成員に分配することを目的にする。これに対して広い意味の営利の目的は，得た利益の使途は問われないのである。

営利の目的の有無は行為者の主観ではなく，行為者のあるべき理念型をもとにして判断される。例えば医師・弁護士は主観的には利益を得ることを目的にしている場合が一般的であろうが，職業の理念型（例えば医師について「医は仁術」という言葉が表す理念型）に照らして営利の目的は認められない。

判例は一貫して，協同組合（協同組織金融機関）には営利の目的がないとする（最判昭48・10・5判時726号92頁，最判昭63・10・18民集42巻8号575頁，最判平18・6・23判時1943号146頁）。しかし平成27年農業協同組合法改正によって，高い収益性の実現が同法上の組合には要求されており（農協7条3項），同組合について営利の目的を依然として否定できるのかは疑問である（→★Topic-02参照）。

▶▶2　擬制商人

基本的商行為に該当しない行為を業としていても，その者は固有の商人ではない。このうち設備・経営形態に着目して，一定の者を商人と擬制している。商行為概念を基礎にしない商人である（商4条2項。→§1▶▶2【2】）。限定列挙された商行為概念を基礎にして商人を定めることには限界があり，それに対処するためのものである。商法企業法説と親和的であるが，商人として擬制される種類は次の2種類のみである。それゆえ経済の発展に伴って生じる新たな企業を商法の適用範囲に包摂できないという商行為法主義の弱点（→§1▶▶3）の解消には遠く及ばない。

1つは，店舗販売業者である。店舗その他これに類似する設備によって物品を販売することを業とする者である。投機購買とその実行行為は商行為に該当するが（501条1号），原始産業を営み，そこで原始取得したものを販売しても，いずれの商行為にも該当しない。例えば自分で生産した農畜産物や収穫した水産物を販売しても商行為ではなく，その者は商人ではない。商行為のうち投機購買とその実行行為に該当しないのは，他から有償取得していないからである。このような結果は，他から農畜産物・水産物を有償取得して販売すれば商行為に該当し，その者が商人であることと不均衡である。加えて取引の相手方は，有償取得行為＝商行為あるいは原始取得行為＝非商行為であるのかを見分け

ことは容易ではなく，取引に民法あるいは商法のいずれが適用されるのかを判別できないこともある。そこで店舗その他これに類似する設備という企業的設備に着目して，店舗販売業者を商人と擬制したのである。農業者が自分で生産した野菜を担ぎで売って歩いている場合には商人でないが，店舗を設けて販売すれば商人である。

もう1つは，鉱業を営む者である。鉱業も原始産業であり，鉱物を販売しても商行為ではない。しかし鉱業を営むには一般には莫大な資本と大規模な装置という企業的設備を要し，商法を適用するのに相応しい。そこで鉱業を営む者を商人と擬制したのである。

▶§4— 商人資格の得喪

▶▶1 会社

会社は生まれながらの商人であり，商人資格を離れて存在しない。すなわち会社は設立の時に商人資格を取得し（会社49条・579条），清算結了の時に喪失する（会社476条・645条）。

▶▶2 個人商人

会社の場合と異なり個人商人の場合には，商人資格とは別に一般的な自然人（私生活の主体）として存在する。存在（出生〜死亡）以外の基準によって，商人資格の得喪時期を決定する。

【1】 商人資格の取得

❶　総論　固有の商人の場合には，営業として基本的商行為をすれば商人資格が認められる。反復的・継続的に行うことが予定されていれば，第1回目の基本的商行為の時に商人資格を取得しうる（→§3▶▶1）。擬制商人の場合には，上記基本的商行為を，店舗その他これに類似する設備における物品の販売または鉱物の販売に置き換えればよい。

営業を始めようとする者は，営業目的である基本的商行為を始める前に，営業のために種々の行為（開業準備行為）を行う。例えば店舗取得・営業資金の借入れ・開店広告・使用人の雇用である。開業準備行為は「営業のためにする行為（商503条1項）」であるが，素直に考えると次の通り附属的商行為に該当するのか疑問が生じる。基本的商行為をして商人資格を既に取得した者の行為がはじめて，附属的商行為となりうるからである。基本的商行為を既にしてい

ること，つまり商人であることは附属的商行為と認められるための前提である。

　この点について学説は時間的な先後関係を重視していない。開業準備行為は，後の営業のためにする行為であることが明らかであるため，開業準備行為の段階で商人資格を認めることを前提にして，附属的商行為に該当するとする。つまり基本的商行為と開業準備行為との間に関連性（いわば本丸と周辺の行為という結びつき）があれば，時間的な先後関係は問わない。

❷　具体的な取得時期　　開業準備行為の段階で商人資格を認めるとして，より具体的にどの時点で行為者は商人資格を取得するのか。この点について判例・学説は意見が分かれている。第3説が多数説であるが，第4説も有力である。

　第1説は，表白行為説である。営業目的である基本的商行為を1回以上していることは要しないが，開業準備行為をしただけでは足らず，営業意思を外部に発表した時点である（大判大14・2・10民集4巻56頁）。営業意思の発表は，店舗の開設・開店広告といった特別の表白行為によってなされる。取引の相手方にとっても営業意思が明白になった時点で商人資格を認めるため，相手方に不測の損害を与えない点が長所である。しかし特別の表白行為がされない限り商人資格が認められず，商法適用時点が遅くなるという弱点がある。

　第2説は，営業意思主観的実現説である。営業意思が開業準備行為によって主観的に実現された時点である。特別の表白行為を要しない。大審院は第1説から本説に改説した（大判昭6・4・24民集10巻289頁）。第3説に立っていると解する余地がある旨も指摘されているが，最判昭33・6・19民集12巻10号1575頁も本説に立っている。本説は，行為者の主観という相手方にとって必ずしも明白ではないことを基準にして商人資格の有無を判断するため，相手方の予想に反して商法が適用されるおそれがある。

　第3説は，営業意思客観的認識可能説である。営業意思が開業準備行為によって主観的に実現されたのみでは足りない。営業意思を相手方が認識し，または客観的に認識可能となった時点である。最判昭47・2・24民集26巻1号172頁は基本的に本説に立っている。

　第4説は，段階説（相対説）である。上記3つの説とは異なり，一時点で商人資格を完全に取得するのではないとする。誰が誰に対して主張するのかによって商人資格の取得を段階的に分けて認定する。第1段階は，営業意思が開業準備行為によって主観的に実現された段階である。相手方のみ商人資格の取得とその開業準備行為が附属的商行為であることを主張できる。第2段階は，営

業意思が特定の相手方に認識されたか，または認識可能になった段階である。第1段階で相手方のみ主張できたことを，行為者もまた主張できるが，行為者は相手方の認識について立証責任を負う。第3段階は，営業意思が一般に認識可能になった段階である。行為者の行為について附属的商行為の推定が生じる（商503条2項）。商人資格の存否は本来事実問題である。しかし第4説は法的根拠なく，主張の可否という対抗問題に置き換えてしまっているという趣旨の批判がなされている。

【2】 商人資格の喪失

営業を廃止した時，すなわち①営業目的である基本的商行為を終了した時（固有の商人）または②店舗その他これに類似する設備を廃止した時（擬制商人）ではなく，営業廃止の後始末としてなされる残務処理の終了時に商人資格を喪失する。残務処理も附属的商行為である（大阪高判昭53・11・30判タ378号148頁）。

★EXAM CHECK 02★

Q 次の各文章の正誤を答えなさい。
①商法501条・502条に掲げられている基本的商行為は例示列挙である。
②協同組合は商人である。
③質屋営業をする個人は商人である。

★Topic—02　協同組合と商法

　本文に記したように最高裁は協同組合(・協同組織金融機関)の商人資格を三度否定しており(→02章§3▶▶1)，近い将来このような判断が変更されるとは考えづらい。
　伝統的通説も最高裁と同じく，①協同組合の種類にかかわらずあらゆる協同組合について，②協同組合の行うあらゆる取引において一律に商人資格を否定する。協同組合は事業・家計の助成を図ることを目的としており，その業務は営利を目的とするものではない点に根拠を求めている。
　しかしながら判例・伝統的通説と異なり，商人資格を部分的に肯定する学説もある。まず上記①についてである。協同組合のうち——例えば企業組合・漁業生産組合・農事組合法人のような——生産（協同）組合では，組合員が事業主体としての独立性を喪失して労務提供者となり，生産組合自体が——それ以外の一般的な協同組合では組合員が行っている——商業・サービス業・漁業・農業を行っている。外形的にみて基本的商行為に該当する行為を生産組合が行っているときは営業として行っていると解し，商人資格を肯定する学説もある（異説1）。生産組合とそれ以外の一般的な協同組合では，協同する範囲が全体あるいは部分的かという量的差異はあるものの，質的差異はないという位置付けもなしうる。このように考えると生産組合のみに商人資格を肯定するということに疑問も生じうる。
　次いで上記②についてである。協同組合の商人資格を一般的には否定する。その上で協同組合が助成目的を達成するために，手段として付随的に営利行為をしている場合には，その限りで商人資格を肯定する学説もある（異説2）。同じ1つの協同組合の行為が，事業目的である行為あるいは付随的な営利行為であるのか，常に明確に区別できるのかという疑問も投げかけられている。
　今一度固有の商人の定義に戻って考えると，協同組合が商人に該当するのか否かは，「業とする」を構成する要素である広い意味の営利の目的が協同組合に認められるのか否かにかかっている。判例・伝統的通説が商人資格を否定する根拠として挙げる，協同組合は非営利である，あるいは（その裏返しとして）助成を目的としているというのは，狭い意味の営利がないことを意味する。このことから広い意味の営利の目的がないことは論理必然的には出てこない。それどころか協同組合の運営原則として広く認められている実費手数料主義は，まさしく——広い意味の営利の目的の範囲内である——収支相償を意味する。このように考えると，協同組合に広い意味の営利の目的が認められ，ひいては商人資格を肯定する余地はある。しかし協同組合の商人資格を肯定するのであれば，商法12条が協同組合にも適用されるはずである。同条に比肩する会社法8条の規定を準用する旨を敢えて定めているのは(中協6条3項，信金6条3項，労金8条3項)，現行法上協同組合は商人ではないことを前提にしていると考えるのが素直な解釈であるともいえる。
　わが国の協同組合法の娘法とも位置付けうる韓国の協同組合法でも，協同組合の商人資格について同様の争いがある。このような状況で2011年に制定された協同組合基本法上の（一般）協同組合について，——（一般）協同組合は商人ではないことを前提にして——，商法総則・商行為に関する規定を準用する旨が定められた（同法14条）。わが国でも立法による解決も考慮に値するのではなかろうか。

【多木誠一郎】

03章— 商　号
▶商号は何を表示するものか？

▶§1— 商号の意義

　商号とは，商人がその営業上自己を表示するために用いる名称をいう。商法は，商人（会社および外国会社を除く）は，その氏，氏名その他の名称をもってその商号とすることができると規定する（商11条1項）。会社または外国会社の場合には，その名称が商号である（会社6条1項・5条）。

▶▶1　「名称」

　商号は名称であるから，文字をもって表示することができ，かつ，呼称（発音）できるものでなければならない。図形，模様，記号などは，商号とはなり得ない。これらは，商人が自己の取り扱う商品等を他人の同種商品と区別するために用いる文字・記号等である商標，または，商人がその営業そのものを表示するために用いる記号である営業標とはなり得る。しかし，商標または営業標は，商号とは明確に区別されなければならない。日本文字（漢字，ひらがな，カナ）だけでなく，ローマ字など一定の符号も用いることができる（商登規50条1項）。

▶▶2　「商人が」

　商号は，商人の名称であって，営業の名称ではない（通説）。

　商号は，商人が用いる名称であって，商人でない者（たとえば，相互会社や協同組合など）が用いる名称は，商号ではない。

　小商人も，その氏，氏名その他の名称をもってその商号とすることができるが，小商人以外の商人の場合にはその商号の登記をすることができるのに対し（11条2項），小商人はその商号を登記することができない（7条）。

▶▶3　「その営業上自己を表示するために用いる」

　商号は，営業上用いられる名称であって，自然人が一般生活において用いる氏名や，営業外の生活で用いる芸名・雅号とは区別される。個人商人は，自然人であるから営業生活以外にも一般生活等が考えられる。このように個人商人の場合には，商号のほかに，一般生活において自己を表示するために用いる氏

名等が認められるが，これに対して会社（外国会社を含む）の場合には，商号以外には名称はない（会社6条1項・5条参照）。

商号は営業上の名称であるから，商号の成立には営業の存在を必要とする。ただし，必ずしも営業の開始までは必要ではなく，営業の準備行為があれば足りるとされる（大判大11・12・8民集1巻714頁）。

▶§2— 商号の選定

商号の選定に関しては，一般公衆の利益と商人の利益とをどのように調整するかによって，3つの立法主義がある。第一は，商人の氏名または営業の実際と商号の一致を要求する商号真実主義である。商人と取引する一般公衆は，商号を手がかりとして企業主体や企業内容を識別するのが通常であり，これらの一致は一般公衆の利益保護にとって望ましい。第二は，商号の選定をまったく自由にする商号自由主義である。商号は，ほんらいは商人の名称にすぎないものの，その名称のもとに長期間営業を行っているうちに営業そのものを表すようになり，得意先関係や老舗としての信用と名声が商号に結び付くため，営業主体から独立してその商号それ自体に社会的・経済的信用が認められ，商号には経済的・財産的価値が認められる。商号真実主義のもとでは，営業が相続され，または，譲渡されて営業主が変更された場合であっても，商号の相続や譲渡が認められず商号の続用が認められないことになり，妥当でない。このように商人の利益保護にとって商号選定の自由は望ましい。第三は，折衷主義である。新たに商号を選定する場合には，商号と商人の氏名または営業の実際の一致を要求するが，既存の営業の譲渡や相続の場合には，かかる不一致を認めて商号の続用を認めるものである。

わが国の商法は，商人はその氏，氏名その他の名称をもってその商号とすることができるとしており（11条1項），商号自由主義を採用したとされる。ただし，現行法は，一般公衆の利益を保護するために次のような例外を設ける。

▶▶1　会社の商号

会社は，株式会社，合名会社，合資会社または合同会社の種類に従い，それぞれその商号中に株式会社，合名会社，合資会社または合同会社という文字を用いなければならない（会社6条2項）。また，会社は，その商号中に，他の種類の会社であると誤認されるおそれのある文字を用いてはならない（同条3項）。

取引する者は，取引の相手方が会社であるか否か，また会社はその種類によって社員の責任が異なるので社員の責任がどのような会社であるのかについて，重大な利益を有し，会社である旨や特定の種類の会社である旨を商号中に明示することが第三者保護の観点から求められるからである。

▶▶**2　会社でない者の商号**

逆に，会社でない者は，その名称または商号中に，会社であると誤認されるおそれのある文字を用いてはならない（会社7条）。一般公衆が会社でない者を会社であると誤認することを防止するためである。

▶▶**3　営業主体を誤認させる商号**

何人も，不正の目的をもって，他の商人または他の会社であると誤認されるおそれのある名称または商号を使用してはならない（12条1項，会社8条1項）。この規定に違反する名称または商号の使用によって営業上の利益を侵害され，または侵害されるおそれがある商人または会社は，その営業上の利益を侵害する者または侵害するおそれがある者に対し，その侵害の停止または予防を請求することができる（12条2項，会社8条2項）。この規定の趣旨は，当該商人の保護と一般公衆の保護の双方にあるとされる。なお，かかる停止請求権は，その商号を登記しているか否かにかかわらず与えられる。

「不正の目的」の解釈を巡って学説上争いがあるが，ある名称を自己の商号として使用することにより，自己の営業をその名称によって表示される他人の営業であるかのように，一般人を誤認させようとする意図をいうとして狭く解釈するのが通説である。これに対して，特別な理由もなく，他人の名称を自己の商号として使用する者は不正の目的があると推定されるとする有力説もある。かかる有力説は，通説のように狭く解釈する場合，それによって利益を害されるおそれのある者からの使用停止請求権の範囲が狭められることになり，その他人の保護に欠けることになるとして通説を批判する。

▶§3── 商号単一の原則

商号単一の原則とは，商法上明文の規定はないが，通説によれば，個人商人の場合，1個の営業について用いることができる商号は1個に限定されることをいう。個人商人が数個の営業をなす場合には，各営業につきそれぞれ別個の商号を用いることができるが（商登28条2項1号・2号・43条1項3号参照），しか

し，1個の営業について数個の商号を用いることを認めると，一般公衆を誤認に導くおそれがあり，また，他人の商号選定の自由が制限される（12条1項参照）。なお，必ずしも各営業につきそれぞれ別個の商号を用いる必要はなく，1個の商号で数個の営業を行うこともできる。

これに対して，会社は，たとえ数個の業種を行う場合であっても，商号は常に1個に限られる。会社の商号はその会社の名称であり（会社6条1項），会社の名称は自然人の氏名と同様にその会社の（法）人格を表し，会社の人格は1つの会社につき1個であるからである。

▶§4— 商号の登記

個人商人はその商号の登記をすることができ（11条2項），登記するか否かは当事者の自由に委ねられる。これに対して会社の場合には，設立登記の際に商号を必ず登記しなければならない（株式会社につき会社911条3項2号，合名会社につき会社912条2号，合資会社につき会社913条2号，合同会社につき会社914条2号）。なお，小商人はその商号の登記をすることができない（7条）。

商号の登記は，その商号が他人の既に登記した商号と同一であり，かつ，その営業所（会社の場合には，本店）の所在場所が当該他人の商号の登記に係る営業所の所在場所と同一であるときは，することができない（商登27条）。同一の所在場所（所在地ではなく，所番地）に同一の商号が複数存在すると，誰の営業かを識別することができないからである。なお，所番地が異なれば，同じ市町村内であっても同一の商号を複数登記することができる（同条は「所在場所」としており，「所在地」とはしていない）。

▶§5— 商号権

商号権とは，商人がその商号について有する権利をいう。商号権の法的性質を巡って，もっぱら財産権にすぎないのか，財産権的性質だけでなく人格権的性質をも併有するのか学説上争いがある。すなわち，商号権は商人がその商号について有する権利であり，商号は商人がその営業上自己を表示するために用いる名称であるから，自然人の氏名権と同様に人格権的性質をも併有するかが論点となる。これを肯定する見解は，商号権の侵害に対して，損害賠償請求権

のほか信用を回復するための措置が法律上用意されていること（不正競争）等を根拠とする。なお，商号が財産権であることについては，商号権が譲渡され得ることから（15条1項）明らかである（商号が財産的価値を有することにつき，前述§2も参照）。

　商号権には，商号使用権と商号専用権がある。商号使用権は，商人がその商号について，他人により妨害を受けることなく商号を使用することができる権利をいう。商号の使用は，契約など法律行為においてだけでなく，宣伝など事実行為においても可能である。その商号の使用を違法に妨害された場合には，不法行為に基づく損害賠償を請求することができる（民709条）。商号専用権は，通説によれば，他人が同一または類似の商号を使用して不正な競争を行うときその商号使用を排斥することができる権利である。この意味での商号専用権は不正競争防止法によって保護される。すなわち，同法は，「不正競争」の1つとして，周知性のある商号（他人の商号として需要者の間に広く認識されている商号）と同一もしくは類似の商号を使用し，他人の営業と混同を生じさせる行為を定義し（不正競争2条1項1号），このような不正競争によって営業上の利益を侵害され，または侵害されるおそれがある者は，その営業上の利益を侵害する者または侵害するおそれがある者に対し，その侵害の停止または予防を請求することができるなどと規定する（同法3条・4条・14条・21条）。また，著名性のある商号についても同様である（同法2条1項2号）。もっとも，現行商法は，商号を独占的に使用することができる，すなわち，他人による同じ商号の使用を常に排斥することができる権利までは認めていない。不正の目的がない限り，他人が同一の商号を使用し，また登記することすらも認められるのである（商12条参照）。これに対して，不正の目的をもって，他の商人または会社であると誤認されるおそれのある名称または商号の使用を禁止等する商法12条や会社法8条も（上記§2▶▶3参照），商号権を保護するものと捉える見解も有力である。なお，商号使用権も商号専用権も，（現行法上は）登記の有無とは関係なく付与される。

▶§6── 商号の譲渡・相続

　商号は相続の対象となる（商登30条3項・32条参照）。また商号は，譲渡することができる。ただし，商法は，商人の商号は，営業とともにする場合または

営業を廃止する場合に限り，譲渡することができるとする（15条1項）。これは，商号はほんらい営業主である商人を表示するために用いる名称であるものの，社会的・経済的には営業それ自体の名称としての機能を有するから（一般公衆は商号によってその営業主が誰であるかよりもむしろ，その営業それ自体を連想する），営業が継続しているのにその営業から独立して商号だけが譲渡されると，営業主の同一性について一般公衆を誤認に導くおそれがある。そこで商法は，商号の譲渡を，営業とともにする場合，または，営業を廃止する場合に限定した。

商号の譲渡は当事者間の意思表示のみによってその効力を生じるが，これを第三者に対抗するためには登記が必要である（15条2項）。なお，第三者の善意・悪意は問われない。

▶§7── 名板貸

▶▶1 意義

名板貸とは，ある者（名板貸人）が自己の商号を使用して営業または事業を行うことを他人（名板借人）に許諾することをいう（14条，会社9条）。名板貸人は，名板貸人が当該営業を行うものと誤認して名板借人と取引をした者に対し，名板借人と連帯して，当該取引によって生じた債務を弁済する責任を負う（14条，会社9条）。名板貸においては，名板借人が名板貸人の商号を用いて営業をなすものの，営業をなすのは名板借人であって名板貸人ではない。したがって，営業から生じる権利・義務はすべて，名板貸人ではなく名板借人に帰属する。しかし，取引の相手方は，名板貸人が営業主であり名板貸人に権利・義務が帰属すると誤認することが多い。このような外観を信頼した取引の相手方を保護するために，取引の安全の観点から，名板貸人も名板借人と連帯して責任を負うとした。本条による責任の根拠は，権利外観または禁反言に求められる。

▶▶2 名板貸人の責任の要件

【1】 外観の存在（名板貸人の商号の使用）

名板貸人の責任が生じるためには，名板貸人の商号を使用することが必要である。名板貸人は，商人（会社・外国会社を含む）でなければならない。ただし，名板貸人が商人でない場合にも，本条が外観信頼保護規定であることから，類推適用の余地が指摘される。使用許諾の対象は商号に限定される（氏や氏名はその対象ではない）。ただし，同一の商号だけでなく，付加語を加えたり，簡略

化した場合であっても，名板貸人の責任は認められる。

【2】帰責事由（名板貸人による商号使用の許諾，および，営業または事業を行うことの許諾）

　名板貸人の責任が生じるためには，名板貸人が自己の商号を使用することを名板借人に許諾することが必要である。この許諾によって外観の作出に帰責事由があると評価される。商号使用の許諾は，明示である必要はなく，黙示であってもよい。

　また，「営業又は事業を行うこと」についても許諾が必要である。このことから，名板貸人だけでなく（前述【1】参照），名板借人も商人でなければならないと解釈する見解が有力である。これに対して通説は，本責任の根拠が権利外観に求められることから，名板借人が商人でなくても，その者による取引行為について名板貸人がその取引主体であるという外観が生じる限り，外観を信頼した第三者を保護する必要がある，または，名板借人が商人である場合に限定する積極的理由は乏しいとして，名板借人が商人でない場合にも本条を類推適用すべきであるとする。

【3】外観への信頼（取引の相手方の誤認）

　名板貸人の責任が生じるためには，取引の相手方が，名板貸人が当該営業を行うものと誤認することが必要である。したがって，取引の相手方が，悪意の場合，すなわち，営業主体が名板貸人ではなく名板借人であると知っている場合には，名板貸人が責任を負うことはない。ただし，この誤認が過失または重過失による場合にまで名板貸人が責任を負うかについては，条文上明らかではなく，学説上争いがある。判例・通説は，誤認が過失による場合であっても取引の相手方は保護されるが，重過失は悪意と同視すべきであるとして名板貸人の責任を否定する（最判昭41・1・27民集20巻1号111頁）。かかる判例・通説は，特に，相手方の要保護性を外観への信頼性や帰責性との相関関係から判断し，実質的な衡平性を図る解釈であり，本条が権利外観保護規定であることと整合する。

▶▶3　名板貸人の責任

　名板貸人は名板借人がなした取引によって生じた債務につき，名板貸人と連帯して弁済の責任を負う。「取引によって生じた債務」には，当該取引によって直接に生じた債務だけでなく，当該取引に関連して生じた債務（名板借人の債務不履行による損害賠償債務，契約解除による原状回復義務・（合意に基づく）手付金返還義務）も含まれる。これに対して，商法14条・会社法9条は，名板貸人

が責任を負うのは「取引によって生じた債務」であるから，名板借人の不法行為による損害賠償債務については，それが事実的不法行為（たとえば自動車事故のような純然たる事実行為としての不法行為）の場合には，たとえそれが営業の範囲内であっても，適用されないとするのが判例・通説である（最判昭52・12・23民集31巻7号1570頁）。事実的不法行為の場合には取引は問題にならず，相手方（被害者）は営業主が名板貸人であるとの外観を信頼したわけではないからである。ただし，不法行為であっても取引行為の外形をもつ不法行為（例えば，取り込み詐欺）による損害賠償債務の場合には，本条が適用されるとするのが判例（最判昭58・1・25判時1072号144頁）であり，学説でも有力であって多数説であると言えよう。かかる債務は，取引から生じた債務と評価でき，また営業主は名板貸人であるとの外観への信頼があり，相手方のこのような信頼は要保護性が認められるからである。

★EXAM CHECK 03★

Q 次の各文章の正誤を答えなさい。

①商号は，通説的な理解によれば，営業の名称である。
②協同組合も，その商号中に会社なる文言を用いることができる。
③不正の目的をもって，他の商人または他の会社であると誤認されるおそれのある名称または商号が使用された場合，これによって営業上の利益を侵害され，または侵害されるおそれがある商人または会社は，その営業上の利益を侵害する者または侵害するおそれがある者に対し，その侵害の停止または予防を請求することができるが，この停止請求権は，その商号を登記しているか否かにかかわらず与えられる。
④会社は，たとえ数個の事業を行う場合であっても，商号は常に1個に限られる。
⑤個人商人はその商号を登記しなければならない。
⑥商号は相続の対象となり，また自由に譲渡することができる。
⑦名板借人の不法行為による損害賠償債務については，その不法行為がたとえ営業の範囲内であっても，商法14条はいっさい適用されない。

★Topic—03　商号とビジネスの名称

　商号は，ビジネスの名称とは区別される概念である。白金台にあるシェラトン都ホテル東京の営業主は，株式会社近鉄・都ホテルズ（近鉄グループホールディングス株式会社の完全子会社）であるが，同ホテルの利用者・宿泊者らのほとんどは，自らの契約の相手方がまさか奈良県や大阪府等に営業路線網を有する鉄道会社のグループ会社であるとは，通常は意識していないであろう。「シェラトン都ホテル東京」は商号ではない。商号は「株式会社近鉄・都ホテルズ」である。同じホテル業でも，例えば，関西の迎賓館として明治時代に創業した奈良ホテルのように，ホテルの名称をその商号が「株式会社奈良ホテル」として含んでいるケースもある。同じく商号がその営業の名称を含んでいる例として，寺町三条（京都）にある老舗のすき焼店三嶋亭の営業主体である「株式会社三嶋亭」がある。

　商法学では，商号は，ほんらいは営業主である商人の名称であるにもかかわらず，その商号を用いて長期間営業を行っているうちに営業そのものを表すようになる場合があると説明される。さらには，商号は商人の名称ではなく営業それ自体の名称であるとする有力説すらもある。たしかに，例えば，「カルピス株式会社」という商号によって一般に連想するのは，甘くて白い乳酸菌飲料であるカルピスの製造・販売という営業それ自体であって，カルピス株式会社がアサヒグループホールディングス株式会社の完全子会社であり，当該営業の主体が実質的にはアサヒビールに代表されるアサヒグループの一部門であるということや，ましてや以前は味の素株式会社の完全子会社であったという営業主の交代などとは，通常はなかなか結びつけないであろう。しかし，このケースでは商号中の「カルピス」なる文言が飲料の名称と同じであり，営業それ自体というよりはむしろカルピスという飲料を連想するからであろう。「株式会社三嶋亭」という商号によって，営業主体たる法人よりもむしろ老舗のすき焼店の営業それ自体の方を連想するのも，それが「三嶋亭」という営業の名称を含んでいるからに他ならないのではないか。商法学で言われるような，商人を表していた商号が社会的・経済的にはむしろその営業それ自体の名称として機能しているというケースは，はたして今日わが国においてどれほど存在するのであろうか。例えば，スポーツクラブ等を運営する「コナミスポーツ株式会社」は，小売業者である株式会社マイカル（旧社名は株式会社ニチイ）が長年運営してきた「株式会社ピープル」であったが，マイカルの経営不振・破綻によりコナミに売却され，現在の商号に変更されている。営業主体の変更に伴ってその商号も変更されており，まさに商号が商人の名称であることをありありと語るケースである。

　今日においてはビジネスの主体のほとんどが会社であり，会社の商号には「株式会社」等「会社」という文字を用いなければならない（会社6条1項2号）。商号中に営業の名称や商品の名称を含まない場合であっても，一般公衆はその商号によってその営業主が誰であるかよりもむしろ，その営業それ自体を連想するであろうか。

【新津和典】

04章— 営 業
▶商法上の「営業」概念とは？

▶§1— 営業の意義

▶▶▶1 主観的意義の営業と客観的意義の営業

営業なる概念は，商法上，主観的意義の営業と客観的意義の営業に大別される。主観的意義の営業は，利益を得る目的で同種の行為を反復継続して行うことと定義されるなど，営業活動を意味する。商法が，たとえば，「未成年者が……の営業を行うときは，その登記をしなければならない」(商5条)，または，「後見人が被後見人のために……の営業を行うときは，その登記をしなければならない」(6条1項)と規定するように，「営業を行う」という場合等がこれである。客観的意義の営業は，通説によれば，「一定の営業目的のために組織化され，社会的・経済的に活力を有する有機的一体と観念される営業用財産の総体」，または，「一定の営業目的により組織化された有機的一体として機能する財産」と定義され，これは商人が有する営業上の財産を意味する。商法が「営業の譲渡」(18条の2第1項)という場合等がこれである。もっとも，主観的意義の営業と客観的意義の営業の両者は密接に関連する。

商法は，営業なる概念を用いるが，これを基礎概念とするものではない。商法が基礎概念とするのは商人である。商法が営業概念を用いていることから，たしかに営業それ自体が独立した法主体であるかのようにもみえるが，(立法論として別段，現行法の解釈論としては)権利義務の主体は，人である商人にほかならない。

なお，個人商人の場合にはこのように「営業」という用語が用いられるのに対して，会社の場合には(客観的意義の営業として)会社法上「事業」という用語が用いられる。これは，個人商人の場合には，営業ごとに1個の商号をもつことができ複数の営業をもち得るのに対して，会社は商号を1つしかもち得ないため，会社に関しては「事業」とされた。たとえ会社が数個の業種を行う場合であっても，これら会社が行うものの総体を「事業」という。たとえば「事

業の譲渡」（会社467条以下）の場合，会社が行う数個の業種のうちの1つの業種を全体として譲渡する場合であっても，これは事業の全部譲渡（同条1項1号）ではなく事業の一部譲渡（同条同項2号）である。

▶▶2　客観的意義の営業

　客観的意義の営業とは，「一定の営業目的のために組織化され，社会的・経済的に活力を有する有機的一体と観念される営業用財産の総体」であるとするのが通説である。すなわち，ここでいう営業は，単なる営業用財産の総体よりも高い独自の価値を有する。単なる営業用財産の総体は積極財産（物および権利）と消極財産（営業上の債務）の集合体にすぎないが，これに，長年の営業活動から生まれ蓄積された，得意先関係，仕入先関係，販売上の機会，営業上の秘訣，経営組織などといった事実関係によって基礎づけられることによって，一定の営業目的のために組織化された有機的一体性が観念される。そして，このような客観的かつ個別的に評価し得ない無形の財産的価値を有する事実関係を「暖簾（のれん）」という。このような暖簾によって，積極財産と消極財産の集合体にすぎない営業用財産の総体は，それを構成する個々の財産価値の単純な数量的合計を超える独自の価値を有するに至る。客観的意義の営業は，営業譲渡，営業の賃貸借，経営の委任の対象となる。

▶§2— 営業所

▶▶1　営業所の意義

　営業所とは，商人の営業活動の中心となる場所をいう。営業所は，商行為によって生じた債務の履行をすべき場所とされるのが原則であり（商516条），登記所（商登1条の3）および裁判所（民訴4条4項・5条5号）の管轄の基準とされ，民事訴訟法上の書類送達の場所等（民訴103条1項）とされる。したがって，営業所の該当性は，客観的・実質的に決せられねばならない。そこで，商法上の営業所に該当するのはどのようなものか，すなわち，営業活動の中心とは何を意味するのか，営業所の要件が争点となる。まず，営業所には，営業上の指揮命令がそこから発せられ，営業活動の成果がそこに帰して統一される場所であること（営業指揮の中心）が求められることについては争いがない。つまり，工場や倉庫は，その指揮命令に従って物品を製造し，または，それを保管するという事実行為をなすにすぎないから，営業所の要件を満たさない。かかる対内

的な要件に加えて，営業上の主要な活動が行われることにより，対外的にも営業活動の中心として現れていること（取引活動の中心）を要するとする学説が有力に説かれ，判例もこの立場を採用する（最判昭37・12・25民集16巻12号2430頁）。商法（総則）が，主に取引上の債権者保護のために営業活動を規整しようとするものであるからである。これに対して，学説の多数説は，上記取引活動の中心の要件は不要であるとする。多数説は，取引活動の中心をもその要件とすると，営業指揮の中心と取引活動の中心が分離している場合には，営業所がなくなってしまうことをその理由とする。

▶▶2　営業所の種類

　商人が1個の営業について数個の営業所を有する場合，それら営業所間には主従関係が認められ，全営業を統括する主たる営業所を本店といい，それ以外の従たる営業所を支店という。ただし，支店もまた営業所の1つであるから，営業所としての実質を備えていなければならず，本店からの全般的な指揮に服しつつも一定程度は独立した営業活動の中心でなければならない。支店か否かはその実質によって決せられ，支店なる名称で営業が行われている場合であっても，営業所としての実体を備えていなければ支店に該当せず，また出張所や支社等の名称で営業が行われている場合であっても，それが法律上の支店としての実体を備えていれば法律上は支店として扱われる。

　なお，商法典上は，「本店」や「支店」なる用語は用いられておらず，これらを区別することなく「営業所」なる用語が用いられる（商20条・24条等）。これに対して会社法は，営業所なる概念を用いることなく，「本店」および「支店」の2つの概念を（それぞれ区別して）用いる（会社10条等）。会社の住所は，その本店の所在地にあるものとされ（会社4条），会社の本店の所在地は定款の（絶対的）記載事項とされ（会社27条3号等），かつ，本店の所在場所は登記しなければならない（会社911条3項3号等）。営業所は，商法（総則）上，客観的・実質的に解釈されるのに対して，会社法上の本店・支店は，主観的・形式的に解釈される。すなわち，本店は，形式的意義の本店（または主観的意義の本店）と実質的意義の本店（または客観的意義の本店）に区別される。

▶§3— 営業譲渡

▶▶1 営業譲渡の意義

　商法は，営業譲渡について特別の定めを設ける（商15条以下）。ここに言う営業とは，上記の客観的意義の営業であり，すなわち，一定の営業目的のために組織化され，社会的・経済的に活力を有する有機的一体と観念される営業用財産の総体である。営業譲渡とは，かかる営業を一体としてそのまま譲渡することである。たしかに営業を移転することは，個々の財産を個別的に譲渡することによっても達せられる。しかし，営業は，上記のように単なる営業用財産の総体を超える財産的価値を有しており，営業を構成する個々の財産を個別に譲渡すると，営業が総体として有する有機的一体性は損なわれ，営業は解体する。すなわち，暖簾に基礎づけられた営業が有する（営業財産の総体を超える）付加的な価値は失われよう。これでは当事者にとって不都合であるだけでなく，国民経済的観点からも不経済である。そこで，商法は，特別の規定を設けて，かかる営業の一体性を維持しつつ譲渡することを認めた。

　営業譲渡の意義を巡って，最高裁は，「……営業の譲渡とは，……営業そのものの全部または重要な一部を譲渡すること，詳言すれば，一定の営業目的のため組織化され，有機的一体として機能する財産（得意先関係等の経済的価値のある事実関係を含む）の全部または重要な一部を譲渡し，これによって，譲渡会社がその財産によって営んでいた営業的活動の全部または重要な一部を譲受人に受け継がせ，譲渡会社がその譲渡の限度に応じ法律上当然に……競業避止業務を負う結果を伴うものをいうものと解するのが相当である」と判示する（最判昭40・9・22民集19巻6号1600頁）。かかる判例の解釈は，営業譲渡を，一定の営業目的により組織化された有機的一体としての機能的財産の移転を目的とする債権契約であるとする営業財産譲渡説と，営業における活動的要素の重要性を認め，企業者としての法的地位の承継であるとする企業者地位交替説を折衷したもの（地位財産併合説）であると捉えられる。すなわち，営業譲渡とは，有機的一体としての営業用財産の総体を譲渡し，営業活動が承継され，譲渡人が競業避止義務を負うものをいうとしている。

　なお，会社法は，商法総則における営業譲渡と同趣旨の規定を，その21条以下において，事業譲渡として規定を設ける（ただし，商号譲渡に関する規定を除く）。

このほか会社法は，467条1項において，株式会社がその事業の全部または重要な一部を譲渡する場合には，株主総会の特別決議（会社309条2項11号）を求める。そこで，会社法467条1項にいう株主総会特別決議を要する「事業の譲渡」が，会社法21条以下に言う「事業の譲渡」と同義であるか論点となるが（なお，会社法21条以下に言う「事業」は，上述のように商法15条以下に言う「営業」と同義である），判例はこれらを同一意義であるとし（最判昭40・9・22民集19巻6号1600頁），学説の多数説もこれを支持する。

▶▶2　営業譲渡契約

　営業譲渡・事業譲渡契約は，有機的・組織的一体としての財産を譲渡し，もって営業主たる地位を承継させる債権契約である。営業譲渡契約・事業譲渡契約の方式について，法律上特段の定めはなく，営業譲渡契約・事業譲渡契約は当事者間の合意だけで成立する。営業譲渡契約・事業譲渡契約の当事者のうち，譲渡人は，営業・事業の主体であるから必然的に商人（会社を含む）である。会社については，清算中の会社であっても，事業譲渡をすることができる（株式会社につき，会社491条，持分会社につき，会社668条）。これに対して，譲受人は商人でなくてもよい。ただし，この場合，営業・事業の譲受けによって商人となる。それは，営業譲渡契約およびその履行に関する行為が，「営業のためにする行為」（商503条1項）として附属的商行為に該当するからである。

　事業譲渡契約の当事者が会社である場合には，その効力要件として会社の内部手続きが求められる。すなわち，株式会社がその事業の全部または重要な一部を譲渡する場合には，原則として株主総会の特別決議を必要とし（会社467条1項1号2号・309条2項11号），反対株主には株式買取請求権が認められる（会社469条）。株式会社が他の会社の事業の全部を譲受ける場合にも，株主総会の特別決議が必要である（会社467条1項3号・309条2項11号）。反対株主には株式買取請求権が認められる（会社469条）。ここで注意すべきことに，事業を譲受ける場合には，会社からではなく個人商人から譲受ける限り（それがたとえ営業の全部であっても），これら内部手続は要求されない。また，他の会社から譲受ける事業が，その全部ではなく一部の場合にも，これら内部手続は要求されない。

▶▶3　営業譲渡の効果

【1】　営業移転義務

　譲渡人は，営業譲渡契約に基づき，譲受人に対して，営業を構成する各財産（積極財産だけでなく消極財産も含む）を移転する義務を負う。移転すべき財産の範

囲については，契約で定められるのが常であるが，通説・判例によれば，当事者が特に除外せず，または別段の定めをしない限り，原則として営業を構成する財産すべての移転を合意したものと推定される（大判明33・11・7民録7輯10巻42頁）。

　営業譲渡は営業財産の一括譲渡であると解釈されるが，営業譲渡によって合併の場合のような包括承継が生じるわけではないため，財産を移転する義務には，財産の種類に応じて個別的に移転手続をなし，かつ，第三者対抗要件を備える義務をも含まれる。たとえば，不動産の移転登記（民177条），動産の引渡し（民178条），指名債権の譲渡通知（民467条），商号の移転登記（商15条2項）などである。

　債務が承継される場合には，譲渡人をその債務から免れさせるための行為が必要である。すなわち，債務引受け，（譲渡人のためにする）弁済引受け（民474条1項），債務者の交替による更改（民514条）などである。

　また暖簾，すなわち，得意先関係，仕入先関係，販売上の機会，営業上の秘訣，経営組織などといった事実関係を引き継がせなければならない。たとえば，得意先への紹介や営業上の秘訣の伝授などである。

【2】　競業避止義務

　譲渡人または譲渡会社は，当事者の別段の意思表示がない限り（すなわち契約で別段の定めをしない限り），同一の市町村およびこれに隣接する市町村内（東京都特別区および政令指定都市においては，区）においては，その営業を譲渡した日から20年間は，同一の営業を行ってはならない（商16条1項，会社21条1項）。また，譲渡人が同一の営業を行わない旨の特約をした場合には，その特約は，その営業を譲渡した日から30年の期間内に限り，その効力を有する（商16条2項，会社21条2項）。当事者間の合意によってかかる義務を排除・軽減し，または加重することもできる。ただし，加重する場合であっても，その期間は30年間を超えることは許されない。さらに，商法は，譲渡人は，不正の競争の目的をもって同一の営業を行ってはならないと定める（商16条3項，会社21条3項）。「不正の競争の目的」とは，例えば，得意先を奪おうとする目的などである。これは，特約をもっても排除し得ない禁止規定である。また同条1項や2項のような期間的・場所的な制約なしに禁止される。

　商法は，譲渡人は，営業を移転させ，譲受人に営業主たる地位を承継させるだけでは足らず，譲受人がその営業から収益を上げることを妨げるような行為をしてはならないという不作為義務を負うとする。かかる譲渡人の競業避止義

務は，法が譲受人の保護のために政策的に定めたものとする学説と，営業譲渡によって譲渡される有機的一体としての営業の核心が暖簾であることから導かれると説明する学説があり，後者の見解が支配的である。すなわち，後者の学説は，営業譲渡は，暖簾を中核とした有機的一体としての財産をそのまま譲受人に移転し，譲受人に暖簾を利用して営業を承継させるところに主たる意義が認められるのであるから，譲渡人が同種の営業を行って従前の得意先を奪うなど，譲受人による暖簾の利用を妨害することは，営業譲渡契約の違反であるとする。ただし，当然に譲渡人が同種の営業を行うことそれ自体が常に禁止されるわけではなく，譲渡人の営業の自由という利益とも調整して，商法16条・会社法21条のような規定を設けた。

▶▶4　営業譲渡における第三者に対する関係

【1】　営業上の債権者に対する関係

　営業譲渡がなされた場合，特段の合意がない限り，営業上の債務もまた譲受人に移転する。しかし，営業上の債務が当事者間の合意によって営業譲渡の対象とされなかった場合には，言うまでもなく当該債務者は譲渡人である。また営業上の債務が譲受人に移転した場合であっても，債務引受け，（譲渡人のためにする）弁済引受け（民474条1項），債務者の交替による更改（民514条）など，譲渡人をその債務から免れさせるための行為がなされない限り，その債権者に対する関係では，なお依然として債務者は譲渡人である（上記3【1】参照）。このような場合，営業上の債権者は，譲渡人にしか請求し得ず，譲受人には請求し得ないこととなってしまう。そこで，かかる債権者を保護するために，商法は17条（次の❶で説明する）および18条（後述の❷で説明する）を設けた。

　❶　商号が続用される場合　　譲受人が譲渡人の商号を引き続き使用する場合には，その譲受人も，譲渡人の営業によって生じた債務を弁済する責任を負う（商17条1項，会社22条1項）。ただし，譲受人は，営業譲渡の後，遅滞なく，譲受人が譲渡人の債務を弁済する責任を負わない旨を登記した場合には，（すべての債権者に対して）この責任を免れることができる（商17条2項前段，会社22条2項前段・商登31条）。または，営業譲渡の後，遅滞なく，譲受人および譲渡人から第三者に対しその旨の通知をした場合には，その通知を受けた第三者に対しては，譲受人は同じくこの責任を免れることができる（商17条2項後段，会社22条2項後段）。

　この規定の趣旨を巡っては，学説上おおいに議論がある。営業譲渡がなされ

ても，商号が続用される場合には，営業上の債権者は営業主の交代を知りえず（債務者同一性の外観），または知っている場合でも譲受人によって債務引受けがなされていると考えるのが常態であり（債務引受の外観），いずれにしても譲受人に対して請求し得るものと信じることが多く，債権者のかかる信頼を保護することにあるとする権利外観説（ないし禁反言説）が，学説上伝統的に通説的な地位を占めてきた。また最高裁の採用する解釈でもある（最判昭29・10・7民集8巻10号1795頁が前記2つの外観のうちの「債務者同一性の外観」を，最判昭47・3・2民集26巻2号183頁が「債務引受の外観」を，そして最判平16・2・20民集58巻2号367頁が「債務者同一性の外観」と「債務引受の外観」の双方を指摘し，ここに通説と同様に2つの外観を内実とする権利外観説を採用するに至り，この立場が最判平20・6・10金判1302号46頁でも踏襲されている）。ただし，通説たる権利外観説は同条2項の文言に即して債権者の善意悪意を問わないのに対して，最高裁は，通説とは異なって債権者の主観的事情を問う立場を採るという違いがある。

　ただし，権利外観説には特に次の疑問が残される。第一に，商法17条1項を権利外観保護規定として捉えるのであれば，演繹的には悪意または重過失の債権者は保護されないことになるはずであり，通説には，同条1項を適用しない場合として責任を負わない旨の登記または通知を規定する同条2項を必ずしも説明し得ないとの決定的な疑問が残る。第二に，営業主の交替を知りえない場合に連帯責任を負わせることがなぜ外観保護のために必要であるのか，この場合の保護としては譲渡人に債務が依然として存続するということで足りるではないか，さらには，商号を譲受人が続用しているために営業譲渡を知らなかった債権者が，旧営業主と取引しているものと誤信して新営業主と取引を継続するという事態は考えられるが，商法17条は，すでに取引の終わった旧営業主に対する債権（旧営業主の過去の債務）を問題としているのであるから，営業主の同一性に対する外観の信頼を譲受人の弁済責任の根拠とするのは正当でなく，商号続用のもたらす営業主の同一性の外観に対する債権者の信頼が問題になるとすれば，債権者が営業主の交替に気付かず，そのため債権回収の機会が遅れたことによる損害ぐらいであるという疑問が残る。本条はドイツの規定（1897年に制定されたドイツ商法典（HGB）において導入）を継受する形で設けられたが，ドイツにおいてもすでにその導入時において議論が交錯していた。

　商法17条1項によって，譲受人が重畳的債務引受けをしたのと同様の効果が生じる（譲渡人と譲受人は不真正連帯債務の関係に立つ）。なお，譲受人の弁済責任

は，譲り受けた営業財産の価額に限定されることなく，無制限に責任を負う。

譲受人がかかる弁済責任を負う場合には，譲渡人の責任は，営業を譲渡した日から２年以内に請求または請求の予告をしない債権者に対しては，その期間を経過した時に消滅する（商17条３項，会社22条３項）。その後は譲受人だけが責任を負う。なお，この２年の期間は除斥期間である。

なお，本規定は，営業譲渡ではなく営業の現物出資の場合にも（最判昭47・３・２民集26巻２号183頁），また商号を続用する場合ではなくゴルフ場の名称を続用する場合にも（最判平16・２・20民集58巻２号367頁），さらに営業譲渡ではなく会社分割の場合にも（最判平20・６・10金判1302号46頁。ただし本判決は，ゴルフクラブの名称を続用する場合に会社分割への類推適用を肯定するという二重の類推適用を認める），それぞれ類推適用されるとするのが最高裁の立場である。

❷　商号を続用しない場合　　譲受人が譲渡人の商号を引き続き使用しない場合においても，譲渡人の営業によって生じた債務を引き受ける旨の広告をしたときは，譲渡人の債権者は，その譲受人に対して弁済の請求をすることができる（商18条１項，会社23条１項）。これは権利外観ないし禁反言に基づく責任であるとされる。

かかる債務引受広告の方法は，新聞広告やチラシといった不特定多数に対してなされたものだけでなく，大多数の債権者に個別的になされた書状の送付でもよいと解するのが通説である。

債務引受広告の内容として，広告中に債務引受なる文言が明示される必要があるか否かが争点となる。かつて最高裁は，「同条の法意から見て，その広告の中に必ずしも債務引受の文字を用いなくとも，広告の趣旨が，社会通念の上から見て，営業に因つて生じた債務を引受けたものと債権者が一般に信ずるが如きものであると認められるようなものであれば足りると解すべきであるところ，……『地方鉄道軌道業並に沿線バス事業を……譲受け』とあるのは，この場合は，右事業に伴う営業上の債務をも引受ける趣旨を包含すると解するを相当と」するとして緩やかな解釈を示していたが（最判昭29・10・７民集８巻10号1795頁），その後，「東京魚市場生販株式会社，東京北魚市場株式会社および食安水産物株式会社（以下旧三会社という）が営業を廃止し，新に控訴会社（被上告会社）が設立されて旧三会社と同一の中央卸売市場における水産物等の卸売業務を開始するという趣旨の取引先に対する単なる挨拶状であつて，旧三会社の債務を控訴会社において引受ける趣旨が含まれていないとする原審の認定判

断を正当として是認できる」として，単なる挨拶状の場合に本条の適用を否定する（最判昭36・10・13民集15巻9号2320頁）。学説の通説ないし多数説も後者の立場を支持する。

譲受人がかかる弁済責任を負う場合には，譲渡人の責任は，債務引受広告があった日から2年以内に請求または請求の予告をしない債権者に対しては，その期間を経過した時に消滅する（商18条2項，会社23条2項）。その後は譲受人だけが責任を負う。なお，この2年の期間は除斥期間である。

【2】 営業上の債務者に対する関係

営業譲渡がなされた場合，特段の合意がない限り，営業上の債権もまた譲受人に移転する。しかし，営業上の債権が当事者間の合意によって営業譲渡の対象とされなかった場合には，言うまでもなく当該債権者は譲渡人である。この場合には，譲受人になされた弁済は無効となるはずである。しかし，商法は，譲受人が譲渡人の商号を引き続き使用する場合には，譲渡人の営業によって生じた債権について，その譲受人にした弁済は，弁済者が善意でかつ重大な過失がないときは，その効力を有するとした（商17条4項，会社22条4項）。商号が続用される場合には，営業上の債務者は，営業譲渡の事実を知らず譲受人が債権者であると誤信しかねない。そこで商法は，このような外観に対する債務者の信頼を保護し，二重弁済の危険から免れさせるために，このような特則を設けた。

なお，商号が続用されない場合には，譲受人が債権者であると誤信する外観は存在しないため，民法の原則によって処理される。すなわち，譲受人が債権の準占有者に該当し，かつ，債務者が善意・無過失である場合に限って，その弁済は有効となるにすぎない（民478条）。

▶▶5　詐害的営業譲渡

譲渡人が譲受人に承継されない債務の債権者（残存債権者）を害することを知って営業を譲渡した場合には，残存債権者は，その譲受人に対して，承継した財産の価額を限度として，当該債務の履行を請求することができる（商18条の2第1項本文，会社23条の2第1項本文）。債務超過会社が債務の弁済を免れる目的で，債務だけを譲渡人（旧会社）に残し，優良な資産を譲受人（新会社）に移転させて事業を継続させるために営業譲渡・事業譲渡が用いられることがある。このような営業譲渡・事業譲渡の濫用に対して，残存債権者は，詐害行為取消権（民424条）の行使や法人格否認の法理によっても対応し得るが，それらは必

ずしも容易ではない。法はこのうち詐害的な営業譲渡・事業譲渡へ対応し、残存債権者を保護するために、本条を設けた。

同じく残存債権者を保護する機能をもつ規定として、商法17条1項・会社法22条1項がある（上記▶▶4【1】❶参照）。これらは制定以来実際にその適用が問題となったほとんどが、法が予定する通常の営業譲渡ではなく、債務を免れる目的で新会社に移された財産を追及する事例であり、商法17条1項・会社法22条1項の趣旨は制定時から変容してかかる残存債権者保護としての機能が期待されてきた。しかし、商法18条の2第1項・会社23条の2第1項は、商法17条1項・会社法22条1項とは異なり、商号を続用する必要はない。また、譲受人が負う弁済責任は、承継した財産の価額を限度とする点でも、商法17条1項・会社法22条1項とは異なる。

なお、その譲受人が営業の譲渡の効力が生じた時において残存債権者を害することを知らなかったときは、当該債務の履行を請求することができない（商18条の2第1項但書、会社23条の2第1項但書）。残存債権者を害することを譲渡人は知っていても、譲受人が知らないことはあり得る。営業譲渡の際に、譲受人には隠された譲渡人の債務が存在することがあり得るからである。

譲受人がこのような責任を負う場合には、当該責任は、譲渡人が残存債権者を害することを知って営業を譲渡したことを知った時から2年以内に請求または請求の予告をしない残存債権者に対しては、その期間を経過した時に消滅し、また営業譲渡の効力が生じた日から10年を経過したときにも消滅する（商18条の2第2項、会社23条の2第2項）。

譲渡人について破産手続開始の決定または再生手続開始の決定等があったときは、残存債権者は、譲受人に対して商法18条の2第1項・会社23条の2第1項の規定による請求をする権利を行使することができない（商18条の2第3項、会社23条の2第3項）。破産手続開始の決定または再生手続開始の決定等があった場合には、これら特別の手続が優先されるからである。すなわち、破産手続開始の決定がなされた場合には、他の債権者らも残存債権者と平等に扱われねばならず、残存債権者だけが譲渡人に加えて譲受人にも請求し得るとして有利に扱われるのは相当でないからである。また再生手続開始の決定がなされた場合には、残存債権も再生計画の定めるところによらなければ、弁済することができないからである（民事再生85条1項）。

★EXAM CHECK 04★

Q 次の各文章の正誤を答えなさい。

①現行商法の解釈論としては，営業それ自体は独立した法主体ではなく，権利義務の主体は人である商人にほかならない。

②個人商人の場合には「営業」という用語が用いられるのに対して，会社の場合には（客観的意義の営業として）会社法上「事業」という用語が用いられる。

③営業譲渡とは，判例によれば，有機的一体としての営業用財産の総体を譲渡し，営業活動が承継され，譲渡人が競業避止義務を負うものをいう。

④営業譲渡がなされた場合，営業上の債務もまた常に譲受人に移転するのであり，特定の（営業上の）債務を当事者間の合意によって営業譲渡の対象としないことは許されない。

⑤譲受人が譲渡人の商号を引き続き使用する場合には，その譲受人も，譲渡人の営業によって生じた債務を弁済する責任を負うが，この場合に譲受人が負う弁済責任は，（譲受人が）承継した財産の価額を限度とする。

⑥17条の責任は，営業の現物出資の場合にも，またゴルフ場の名称を続用する場合にも，さらに会社分割の場合にも，それぞれ類推適用されるとするのが最高裁の立場である。

⑦譲渡人が譲受人に承継されない債務の債権者（残存債権者）を害することを知って営業を譲渡した場合には，残存債権者は，その譲受人に対して，承継した財産の価額を限度として，常に当該債務の履行を請求することができる。

★Topic—04　濫用的事業譲渡と「営業」

　会社の債務を免れる目的で事業譲渡が用いられることがある。自ら新会社を設立し，弁済を免れたい債務だけを現在の会社に残し，新会社を譲受会社として当該債務以外のすべての積極・消極財産を事業譲渡として移転するスキームである。この場合，事業譲渡がなされたことは外形的には（ほとんど）わからない。

　例えば，現在の会社の商号が「グリュッスゴット株式会社」であるとしよう。この商号を別の商号「セアボス株式会社」に変更し，新会社の商号を「グリュッスゴット株式会社」とする。そして，財産の移転は「セアボス株式会社」（旧商号「グリュッスゴット株式会社」）から「グリュッスゴット株式会社」に名義を書換えることによってなし得る。財産の移転と言っても，譲渡会社も譲受会社も実質的には同一である。新会社の役員にも旧会社の役員がそのまま就任すればよい。会社や事業所や工場の看板もそのままである。たしかに，債務を他人に譲渡する場合には債権者の関与が必要となる（民474条1項・514条）。すなわち，債務者の変更は，債権者の了解なくしては通常なし得ないものである。しかし，免れたい債務を譲渡するのではなく，これとは反対に，免れたい債務以外のすべての財産を譲渡する場合には，当該債務の債権者の関与は一切不要である。当該債務の債務者に変更はないからである。単に債務者の名称である商号が「グリュッスゴット株式会社」から「セアボス株式会社」に変更されただけである（もっとも，必ずしも商号を変更する必要はなく，この場合，第三者には商号が変更されたと認識されるだけで，必ずしも事業譲渡がなされたと認識されるとは限らない）。このように旧会社に残された債務の債権者（残存債権者）は，その債権を回収することは困難である。というのも，これまで会社に存在していた（優良な）資産や将来に見込まれた収益を生み出す事業それ自体は新会社に移転されており，旧会社には引当てとなるべき財産がもはや残されていないからである（譲渡会社である旧会社はほんらいであれば事業譲渡の対価を受け取っているはずであるが，このようなスキームが用いられる場合，譲渡会社と譲受会社は実質的に同一であり当該債務の引当てとして期待できない）。残存債権者は，新会社である「グリュッスゴット株式会社」には請求し得ず，法律上はあくまでも旧会社「セアボス株式会社」の債権者であるにとどまる。

　たしかに営業譲渡・事業譲渡という特段の規整を商法が設けて，その譲渡の対象は，単なる営業用財産の総体を超えた財産価値を有する有機的一体としての営業用財産の総体とされたといえども，特定の債務を譲渡するか否かについては当事者間の合意に委ねられている。商法では「営業」という概念が用いられ，その社会的な実体からして営業それ自体が独立した法主体であるかのようにもみえるが，法律上，営業それ自体は独立した法主体ではない。権利を有し義務を負うのは，商法においても，民法の原則どおり商人にほかならない。なお，上記のようなスキームは事業譲渡だけでなく会社分割でも可能であり，会社分割を用いる場合の方が容易である。

【新津和典】

05章— 人的補助
▶商業使用人／代理商とは何か？

企業規模が大きくなると，商人は自分1人では迅速な取引ができなくなる。そこで補助する者が必要となる。補助する者が企業の内部あるは外部に位置するのかで，企業内補助者と企業外補助者（補助商）に区分しうる。

本章では企業内補助者である商業使用人と企業外補助者の1つである代理商を取り上げる。

▶§1— 企業補助者

▶▶1 企業補助者の分類

企業規模が大きくなると，商人はすべての取引を自ら行うことはできなくなる。あるいはできるとしても迅速な取引ができなくなる。商人は，他人を使って営業を補助してもらう必要が生じる。他方で企業取引は個性のないものも多く，商人に代わって他人がしても差し支えない。そこで生まれたのが企業補助者の制度である。

企業補助者は企業のいわば内部あるいは外部に位置するのかによって2つに区分できる。第1に，企業内補助者である。特定の商人に従属して，その企業内部で商人を補助する者である。商法第1編（総則）に定めのある商業使用人がこれに該当する（→§2・§3）。第2に，企業外補助者である。企業の外部にあって，自らも独立した商人として他の商人を補助する者である。補助商ともいう。このうち商法第1編（総則）に定めがあるのは代理商のみであり（→§4），仲立人・問屋・準問屋・運送取扱人というそれ以外の企業外補助者は，商法第2編（商行為）に定めがある（→本書11章−14章）。

▶▶2 商業使用人の意義

商業使用人は，特定の商人に従属して，その企業内部で商人を補助する者である（→§1）。商法は商業使用人として，①支配人，②ある種類または特定の

事項の委任を受けた使用人，③物品の販売等を目的とする店舗の使用人の3種類について定めている。商業使用人の範囲を巡って，次の2点において学説上争いがある。

第1に，商業使用人といえるためには，商人との間で雇用関係が必要であるのか否かである。特定の商人に従属するとは，その指揮命令に服することである。指揮命令は一般には雇用関係から生じるが，雇用関係がない場合であっても，委任関係があれば商業使用人に該当しうるという少数説もある。例えば雇用関係のない家族・友人が商人の指揮命令に服して，商人を補助している場合である。しかし多数説は雇用関係を必要としたうえで，家族・友人には商業使用人に関する商法の規定を類推適用すべきと解している。いずれの学説に立っても結果に差異はない。

第2に，商業使用人といえるためには，商人のために営業上の代理権を有している必要があるのか否かである。例えば技術者・現金出納担当者・会計入力担当者・運転手のように代理権を有していない者は，商業使用人に該当するのか。代理権の有無を問わず，商人の指揮命令に服して商人を補助する者を広く商業使用人であると解する学説も有力である。しかし商業使用人に関する商法の規定は，営業上の代理権を有する者についての規定である。それゆえ営業上の代理権を有しない者に適用する規定がなく，そのような者を商業使用人と解する実益はない。

それゆえ商業使用人とは，雇用契約によって特定の商人（営業主）に従属する営業の補助者のうち，その商人のための営業上の代理権（商業代理権）を有するものと定義できる。

会社については特定の会社に従属して，その会社内部で企業を補助する者として「会社の使用人」に関する規定が置かれている（会社10条－25条）。個人商人についての定めである商業使用人に関する規定のいわば会社版であり，商業使用人に関する規定と実質的には同じ内容である。

▶§2— 支配人

▶▶1 支配人の意義
【1】実質説——通説

支配人は，営業主（会社については，いわば「事業主」とでもいうべきであるが，

記述が徒に複雑になることを避ける意味もあり，本章では会社についても「営業主」の語を用いる）である商人・会社に代わってその営業・事業に関する一切の裁判上または裁判外の行為をする権限を有する（商21条1項，会社11条1項）。この定めを根拠にして通説は支配人を次のように定義する。支配人とは，営業主に代わって営業主の営業・事業に関する一切の裁判上または裁判外の行為をする権限を有する商業使用人である。例えば実際界で支配人・支店長・店長という名称が付されている商業使用人は，包括的代理権を与えられている場合が多い。しかしたとえこのような名称が付されている商業使用人であっても，包括的代理権を有しない者は支配人ではない。逆にそのような名称が付されていなくとも，包括的代理権を有する商業使用人は支配人である。支配人であるのか否かは，付されている名称ではなく，包括的代理権を有するのか否かという実質によって決まる。実質説と呼ばれる。

【2】形式説——少数説

通説に対しては次のような批判がなされている。商法21条3項・会社法11条3項は，支配人の代理権に制限を加えても，善意の第三者に対抗することができないと規定する。これは，代理権に制限を加えられた者でも支配人になれることを前提とした規定である。通説のように解すると，代理権に制限を加えられて支配人として選任されても支配人ではないという結果になってしまう。

そこで少数説は支配人を次のように定義する。支配人とは，①営業主によって営業所（本店または支店）の営業・事業の主任者として選任された商業使用人，あるいはより端的に②営業所の営業・事業の主任者である商業使用人である。支配人であるのか否かは，選任されたあるいは主任者であるという形式によって決まる。形式説と呼ばれる。

【3】少数説の問題点

少数説によると代理権に制限が加えられていても支配人といえるので，通説に対してなされている批判は回避できる。しかし少数説にも問題点がある。営業・事業の主任者であるとしても，その実質を有しない，つまり代理権に大幅に制限が加えられている商業使用人は支配人ではないと少数説は解している。そうすると営業主によってどの程度の代理権を与えられた者が支配人であるのか，裏を返すとどの程度の制限を代理権に加えられている場合までであれば支配人であるのかが不明確である。

▶▶2　支配人の選任・終任

【1】選任

　支配人は自然人でなければならないと解されている。行為能力者でなくともよいが，行為能力の制限を理由にして支配人の行為を取り消すことはできない（民102条本文）。株式会社の監査役は，その株式会社または子会社の支配人を兼ねることはできない（会社335条2項）。取締役の職務執行を監査する監査役が，取締役による業務執行を補助する支配人を兼ねると，監査の実を上げることができなくなるからである。

　支配人を選任する行為は，支配人に就任させることを内容とする任用契約である。法的性質は，一般的には代理権授与を伴う雇用契約である。ただし代理権授与と雇用契約の締結は必ずしも同時になされる必要はない。既に営業主と雇用関係にある者を支配人に選任する場合には，代理権授与のみで足りる。

　営業主である商人が支配人を選任する（商20条）。商人から支配人選任のための代理権を付与された者が選任することも可能である。包括的代理権を有するからといって支配人には他の支配人を選任する権限はない。商法21条2項によって支配人が選任することができる他の使用人には支配人は含まれないと解されている（同項と同義である平成17年改正前商38条2項の反対解釈参照）。

　会社においては，会社の種類によって異なる。さらに株式会社では機関設計によって内部手続が異なる。伝統的な取締役会設置会社では，取締役会の決議によって会社の意思を決定し（会社362条4項3号），決議内容にしたがって代表取締役が支配人を選任する（会社363条1項）。

【2】終任

　営業主と支配人との法律関係を「代理権授与を伴う雇用関係」とすると，代理権の消滅または雇用関係の終了を来す事由のいずれかが生じると，支配人は終任になる。

　代理権の消滅事由には，①支配人の死亡（民111条1項2号），②支配人が破産手続開始の決定を受けたこと（民111条1項2号），③支配人が後見開始の審判を受けたこと（民111条1項2号），④支配人からの解除（辞任。民111条2項・651条類推），⑤営業主からの解除（解任。民111条2項・651条類推），⑥営業主が破産手続開始の決定を受けたこと（民111条2項・653条2号類推）がある。

　民法によると，本人である営業主の死亡も代理権の消滅事由になりそうである（民111条1項1号）。しかし営業主の死亡は支配人の代理権の消滅事由ではな

い。なぜなら支配人の代理権は，「商行為の委任による代理権」に該当し，本人の死亡によって消滅しないからである（商506条）。支配人の代理権は営業と直結しており，実質的にはいわば「営業を代理」するものである点，商取引では取引の安全・迅速性が要求される点に照らして，民法の特則を認めたものである。支配人は当然に営業主の相続人の支配人になる。

雇用関係の終了事由には，⑦雇用期間の満了，⑧営業主からの解約申入れ（民626条－628条），⑨支配人からの解約申入れ（民626条－628条），⑩営業主が破産手続開始の決定を受けた場合における支配人・破産管財人からの解約申入れがある（民631条）。支配人は営業の継続を前提として選任されているので，上記①－⑩の事由以外では⑪営業の廃止や会社の解散によっても支配人は終任になる。

営業譲渡が雇用関係の終了を来す事由であるのか否かについては争いがある。否定説によると，営業譲渡は客観的意義における営業をそのまま移転することであり，同営業の構成要素の１つである雇用関係は当然に承継され，支配人は営業譲受人の支配人になる。これに対して肯定説によると，例外規定が定められていない以上雇用契約についての原則を定める民法625条１項が適用され，支配人の承諾がなければ終任になる。

【3】登記

支配人の選任・終任は，営業主が登記をしなければならない（商22条，会社918条）。支配人を置いた営業所の所在地において登記をする（22条，商登43条）。会社の場合には本店のみならず支店の支配人の選任・終任の登記も本店の所在地ですればよい（会社918条）。

登記しなければ善意の第三者に，選任・終任の事実を対抗することができない（9条1項，会社908条1項）。

▶▶3 支配人の代理権

【1】一般

支配人は，営業主に代わって営業主の営業・事業に関する一切の裁判上または裁判外の行為をする権限（代理権）を有している（商21条１項，会社11条１項）。このような包括的代理権を支配権という。代理権に制限を加えても，善意の第三者に対抗することができない（21条３項，会社11条３項。不可制限的代理権）。

民法上の一般的な代理権は，代理権ごとにその範囲を特定して授与行為がなされる。代理権の範囲は個別具体的といえる。これに対して支配人の代理権は

包括的・不可制限的であることが法定されている。これにより取引の相手方は，支配人の代理権がどの範囲であるのかを取引ごとに確認する手間を省け，安心して取引できる。ひいては迅速な取引に繋がる。

【2】包括的代理権

❶ **裁判上の行為と裁判外の行為**　裁判上の行為とは訴訟行為をいう。営業主の営業・事業に関するものであれば，いずれの審級の裁判所においても営業主に代わって訴訟代理人になることができる（民訴54条1項）。別に訴訟代理人（弁護士など）を選任することもできる。

裁判外の行為とは，私法上の適法行為をいう。営業主の営業・事業に関するものであれば，契約をはじめとする法律行為のみならず法律的行為（準法律行為）も含む。支配人は，他の使用人を選任・解任することができる（商21条2項，会社11条2項）。これは営業主の営業・事業に関する裁判外の行為であり，当然のことを定めている。この規定はむしろ，支配人が他の支配人を選任・解任する権限がないことを意味する点に意義を求めることができる（→▸▸2【1】）。

❷ **営業・事業に関する行為**　支配人の代理権が及ぶのは，営業主の「営業・事業に関する」行為に限られる。営業・事業に関する行為とは，営業主の営業・事業目的である行為のみならず営業・事業のためにする行為も含む。ある行為が営業主の営業・事業に関する行為であるのか否か，言い換えるとその行為が支配人の代理権の範囲に含まれうるのか否かは，その行為の性質・種類等を勘案し，客観的・抽象的に観察して決定すべきであるとするのが判例・通説の立場である（最判昭54・5・1判時931号112頁，最判昭32・3・5民集11巻3号395頁）。支配人がその行為を営業主あるいは自己・第三者の利益のためにしたのかという主観的事情によるべきではない。

婚姻・養子縁組をはじめとする営業主の身分法上の行為は営業・事業とは関わりないので，支配人の代理権の範囲に含まれない。客観的には営業・事業に関する行為であっても，その営業主の営業・事業に関わりのないものも同じである。営業・事業に関する行為は，具体的な営業・事業の存在を前提にするため，例えば前提の存廃に関する廃業，営業・事業譲渡，営業・事業の変更に支配人の代理権は及ばない。

❸ **営業所・商号による限定**　支配人の代理権を画する「営業・事業」とは，営業主が行うすべての営業・事業でなく，商号と営業所（本店または支店）によって限定された営業・事業を意味する。

営業主が数個の商号を使って，数種の営業を行っている場合には，代理権は各商号のもとでなされる営業に限定される（商登43条1項3号）。支配人の代理権は商号を単位とするのである。1個の商号を使って数種の営業がなされている場合には，代理権はすべての営業に及ぶ。

営業主が1個の営業（会社では事業は常に1つ）を複数の営業所（本店または支店）で行っている場合には，支配人の代理権は置かれた営業所の営業・事業に限定される（商20条，会社10条，商登43条1項4号・44条2項2号）。支配人の代理権は，営業所を単位とする。例えば北海道支店の支配人は同支店の営業・事業についてのみ代理権を有し，四国支店の営業・事業について代理権を有しない。

営業主が数個の商号を使って数種の営業を複数の営業所（本店または支店）で行っている場合には，支配人の代理権は，置かれた営業所と同営業所において使われている商号を単位にして限定される。

会社は名称を商号とするため（会社6条1項），商号は常に1つである。それゆえ会社が数種の目的である事業を行っている場合であっても会社の支配人の代理権は，置かれた本店または支店のすべての目的である事業に及ぶ（商登44条2項2号。商登43条1項3号に相当する規定なし）。

❹　権限濫用　客観的・抽象的に観察すると営業・事業に関する行為に含まれるが（→❷），支配人が自己または第三者のために行為をした場合に（代理権濫用行為），悪意の相手方を保護する必要はないと考える点に争いはない。平成29年民法改正前には，その理由付けを巡って争われていた。判例は心裡留保説に立つ。相手方に悪意または過失があるときは，民法93条1項但書を類推適用して，営業主は行為の無効を主張できる（最判昭44・4・3民集23巻4号737頁）。これに対して信義則説・権利濫用説も有力である。代理行為は有効に成立するが，悪意の相手方が営業主に対してその権利を行使することは，権利濫用ないし信義則違反の行為（民1条2項・3項）として許されないとする（前掲最判昭44・4・3に付された意見）。

平成29年民法改正により，心裡留保説の帰結に依拠した解決が図られた。すなわち支配人が代理権濫用行為をした場合において，相手方に悪意または過失があるときは，その行為は無権代理人がした行為とみなされる（民107条）。その結果無権代理に関する民法の規定が適用される。例えば営業主が追認をしなければ，営業主に対して行為の効力は生じない（民113条1項）。相手方は自らの選択に基づいて，無権代理人に履行または損害賠償の請求をなしうる（民

117条1項・2項2号但書)。

【3】 不可制限的代理権

　支配人は包括的代理権を有すると法定されているが，営業主は代理権に制限を加えることは可能である。しかしたとえ制限を加えたとしても，善意の第三者（相手方）に対抗することができない（商21条3項，会社11条3項）。これにより取引の安全が図られるのは上記の通りである（→▶▶3【1】）。たんに善意の第三者とあるが，善意でも重過失があるときは悪意と同視され，保護されない。

　支配人の代理権を制限しても第三者に対抗することができないだけで，そのような制限も支配人と営業主との間では効力を有する。それゆえ制限に違反して代理行為をした支配人は，営業主に対して債務不履行による損害賠償責任を負う（民415条1項本文）。

　反対に，法定されている支配人の代理権の拡大も許されない。法定の包括的代理権の及ばない事項については個別に代理権を授与する必要がある。

　支配人の代理権の範囲は制限に制約があるのみならず拡大もできず，画一的・定型的であるといえる。

▶▶4　支配人の義務

【1】 一般

　営業主と支配人との法律関係を「代理権授与を伴う雇用関係」とすると，支配人は営業主に対して，労務に服する義務をはじめ雇用契約に基づく一般的な義務を負う（民623条）。善良な管理者の注意をもって代理をする義務をはじめ代理人としての一般的な義務を負う（民644条類推）。

　支配人は包括的代理権という広範な権限を与えられており，営業秘密にも通じている。営業主との間に高度な信頼関係が築かれていてこそ，支配人はこのような重要な地位に就任できる。そこで商法・会社法は，両者の基礎にある信頼関係に照らして，上記一般的な義務以外に2つの義務を支配人に特に負わせている（→【2】【3】）。

【2】 競業避止義務

　営業主の許可を受けなければ支配人は，自己または第三者のために，営業主の営業・事業の部類に属する取引（競業取引）をすることはできない（商23条1項2号，会社12条1項2号）。競業避止（禁止）義務という。営業が禁止されている以上当然のことであるが（→【3】），同義務違反には特別の効果が法定されているため（→【4】），営業禁止義務とは別に定める実益がある。営業機密に

通じている支配人が競業をすると，営業主の顧客を奪うなど，営業主の利益を犠牲にして自己または第三者の利益を図るおそれがあるため，それを防止する趣旨である。

「営業主の営業・事業の部類に属する」取引とは，営業主の営業・事業におけるのと同種または類似の商品・役務を対象とする取引であって，営業主と競争を生じさせるものをいう。競業取引であっても，その行為自体が営利性を有しないものは規制の範囲外である。「取引」とは，営業主の営業・事業目的である行為を意味する。つまり基本的商行為（501条・502条）および擬制商人の営業目的である行為（4条2項）に該当する行為に限られる。もっともそれ自体では営業・事業目的にはなりえず，営業・事業上の債務の履行手段にすぎない例えば手形・小切手の振出し（501条4号）は，ここでいう取引には含まれない。

【3】営業禁止義務

営業主の許可を受けなければ支配人は，①自ら営業を行うこと，②他の商人・会社・外国会社の使用人になること，③他の会社の取締役・執行役・業務執行社員になることはできない（商23条1項1号・3号・4号，会社12条1項1号・3号・4号）。営業禁止義務という。競業避止義務と異なり，営業の種類を問わず一律に禁止されている。営業主との間にある高度の信頼関係に照らすと，営業主のために全力を尽くすことが支配人に期待されている。そこで兼業による精力の分散を防ぎ，支配人に営業主の営業・事業のために全力を尽くさせる趣旨で同義務が課されている。精力分散防止義務または精力集中義務ともいう。

【4】義務違反の効果

商法23条1項・会社法12条1項は，営業主と支配人との間の関係を定めるに過ぎない。つまり競業避止義務・営業禁止義務に違反した行為の私法上の効力について定めはなく，解釈によって決する。これらの義務に違反した取引であっても有効である。他の会社の使用人・取締役になるための任用契約（雇用契約ないし委任契約）も有効である。このように解することにより取引の安全も図れる。

義務に違反した支配人には制裁が科される。支配人は損害賠償責任を負う。「やむを得ない事由」による支配人の解任も可能である（民111条2項・651条2項但書類推）。

競業避止義務に違反した取引がなされた場合には，損害賠償の額について特別の定めがある。損害賠償請求をするとき営業主が損害の額を証明しなければ

ならない。しかし例えば顧客を奪われたことによる損害の額を証明するのは容易ではない。そこで営業主の負担を軽減するために、損害額の推定規定が置かれている（商23条2項、会社12条2項）。同義務に違反した行為によって支配人または第三者が得た利益の額をもって、営業主に生じた損害の額と推定される。

▶▶5 表見支配人
【1】 表見支配人の意義

　支配人であるのか否かは通説（実質説）によると（→▶▶1【1】）、包括的代理権が与えられているのか否かによって決まる。そうすると例えば「支店長」のように、一般的に支配人に付される名称が付されていても、その者が包括的代理権を与えられていなければ支配人ではない。しかし取引の相手方からみると、支店長のような名称を付されていると、その者が支配人である、すなわち包括的代理権があると信頼して取引をすることもありえる。支配人ではないこと（無権代理）を理由にして取引の効果が自らに帰属することを営業主が否定すると（民113条1項）、相手方は不測の損害を被ることになる。

　このような善意の相手方は、民法の表見代理の規定によってもある程度保護しうる（民109条・110条・112条）。しかし反復継続して大量になされる商取引の円滑化を確保しつつ相手方を保護するのには不十分である。そこで商法・会社法は表見支配人の規定を設けた。営業主の営業所（支店または本店）における営業・事業の主任者であることを示す名称を付した使用人は、包括的代理権を与えられていなくとも、善意の相手方との関係では、一切の裁判外の行為をする権限を有するものとみなされる（商24条、会社13条）。

　外観法理または禁反言の法理に基づく規定である。使用人に付されている名称を信頼したという点に着目して取引の相手方を画一的に保護し、表見代理の規定をいわば個別化して強化した規定であるとも位置付けうる。

　上記通説によると表見支配人とは、営業所（本店または支店）の営業・事業の主任者であることを示すべき名称（肩書）を与えられているが、包括的代理権を与えられていない使用人である。表見支配人に該当するための要件は、他の外観法理におけるのと同じく次の3つである（→【2】-【4】）。

【2】 不実の外観の存在——要件その1

　営業所（本店または支店）の営業・事業の主任者であることを示す名称（いかにも支配人であるかのような名称）が、支配人ではない使用人すなわち包括的代理権を与えられていない使用人に付されていることである。外観が真実であれ

ば外観法理による保護は不要であり，当然の要件といえる。

❶　営業所としての実質　　主任者であることを示す名称を付された使用人が置かれている場所が，商法上の営業所（会社法上の「本店または支店」）としての実質を備えていることを要するのか否かについて争いがある。不要説は，ある場所が商法上の営業所としての実質を有するのか否かを調査・判断するのは容易ではないことを理由にする。使用人に付されている名称そのもののみならず，置かれている場所についても外観法理による保護を及ぼし，保護を徹底する。

　これに対して判例・通説は必要説に立ち（最判昭37・5・1民集16巻5号1031頁），そのような名称を付された使用人が置かれている場所が，支配人を置こうと思えば置けるような営業所（本店または支店）でなければならないと解する。その理由は形式的には文言上，営業所（本店または支店）に限定されている点に，実質的には次の通り表見支配人制度の趣旨に求める。営業所としての実質を備えている場所であれば，営業・事業に関して包括的代理権を与えられている使用人がいるはずである。そこで主任者であることを示す名称を付された使用人に包括的代理権があると信頼して取引をした相手方を保護するのが表見支配人制度である。反対に営業所としての実質を備えていない場所には包括的代理権を与えられている者がいるとは限らないため，上記信頼は生じないため表見支配人制度によって保護する必要はない。民法の表見代理の規定によって保護すれば足る。

　営業所としての実質は要するが，形式は問わない。そのような使用人が置かれている場所が営業所としての実質を備えていれば，例えば①名称が出張所であっても，または②営業所（本店または支店）の登記がなされていなくとも差し支えない。その場所が営業所（本店または支店）として登記されている場合には，営業所としての実質を備えていなくとも，実質を備えていない旨を善意の第三者に対して営業主は主張することができなくなるため（商9条2項，会社908条2項），同者との関係では当該場所は商法上の営業所（会社法上の「本店または支店」）として取り扱われる（最判昭43・10・17民集22巻10号2204頁）。

❷　営業・事業の主任者であることを示す名称　　どのような名称が具体的に，営業・事業の主任者であることを示す名称に該当するのかは，表見代表取締役の場合のような例示もなく（会社354条対照），一般の取引通念にしたがって個々具体的に解釈によって決める。例えば支配人・支店長・営業部長・事業

部長・営業所長・事務所長・店長は該当するといえる。これに対し例えば支配人代理（最判昭29・6・22民集8巻6号1170頁）・副支店長・支店長代理・支店次長・支店主任・支店庶務係長（最判昭30・7・15民集9巻9号1069頁）は該当しないといえる。なぜならこれらの名称を付された者よりも上席の使用人が営業所（本店または支店）に存在することをこれらの名称が示唆しているからである。

出張所長が該当するのか否かが争いになったことがあるが，これは置かれている場所である出張所が営業所としての実質を備えているのか否かにかかっている（→❶）。備えているのであれば，出張所長という名称も営業・事業の主任者であることを示す名称に該当する（最判昭39・3・10民集18巻3号458頁）。

【3】 不実の外観の作出──要件その2

そのような名称を営業主が使用人に付与したことである（名称使用の承認）。営業主に不利益を与えるに値する帰責性が要求されているのである。付与は，明示的でなくとも黙示的になされてもよい。そのような名称を使用人が僭称していただけでは，名称を営業主が付与したとはいえない。しかし僭称の事実を知りながら営業主が何らの措置をとらずに放任していることは，黙示的な承認に当たると解してよい。営業主は，そのような名称使用を止めさせる立場にあるにもかかわらず，それをしなかったためである。

【4】 不実の外観への信頼──要件その3

相手方が悪意の場合には保護されない。悪意とは，営業・事業の主任者であることを示す名称を付された使用人が支配人ではないことを知っていることを意味する。その取引について代理権がないことを知っていることではない。相手方の悪意の有無は，取引の時を基準にして判断する。証明責任は営業主が負う（最判昭32・11・22集民28号807頁）。

相手方とは，取引の直接の相手方に限られる。手形行為の場合には直接の相手方は，手形上の記載によって形式的に判断されるべきものではなく，実質的な取引の相手方をいう（最判昭59・3・29判時1135号125頁）。もっとも直接の相手方より後の取得者は，営業主に対して使用者責任（民715条）を追及しうる（前掲最判昭59・3・29の差戻上告審判決である最判昭61・11・18判時1225号116頁）。

相手方が悪意ではない，つまり善意であるが，知らないことについて過失があった場合であっても相手方は保護されるのか。文言上無過失であることまで要求されておらず，過失があっても営業主は表見責任を負いうる。ただし重過失は悪意と同視される。

【5】擬制される権限——効果

　表見支配人は，置かれた営業所（本店または支店）の営業・事業に関し，一切の裁判外の行為をする権限を有するものとみなされる（24条1項本文，会社13条1項本文）。それゆえ裁判上の行為を除き，表見支配人は支配人と同じ権限を有することになる。

　裁判上の行為をする権限が除かれているのは，付された名称から包括的代理権があると信頼して取引した相手方を保護するという表見支配人制度の趣旨ゆえである。

　擬制される権限は営業・事業に関する行為に限られる。その意味するところは支配人におけるのと同様である（→▶▶3【2】❷）。

▶§3— その他の商業使用人

▶▶1　ある種類または特定の事項の委任を受けた使用人
【1】意義

　ある種類または特定の事項の委任を受けた使用人には，部長・課長・係長といった名称を付されている商業使用人が一般的には該当する。しかし付されている名称という形式ではなく，ある種類または特定の事項の委任を受けているのか否かという実質によって決まる。例えば販売・仕入れ・貸出し・借入れ・資金運用について何らかの委任を受けている使用人である。

　「委任」とあるので，典型的には何らかの代理権を与えられている（→【2】）。具体的にどの範囲で代理権を与えられているのかは，使用人ごとに異なる。そうすると取引の相手方は安心して取引をすることができず，取引の都度代理権の範囲を調査・確認しなければならなくなり，反復継続して大量になされる商取引の円滑化を阻害する。そこである種類または特定の事項の委任があることを基礎にして——実際に付与されている代理権の範囲にかかわらず——，その種類またはその事項について一切の裁判外の行為をする権限（包括的代理権）を，このような委任を受けた使用人は有するとされた（商25条1項，会社14条1項）。例えば売買契約の締結権限を与えられている販売課長であれば，売買代金の受領・商品の引渡し・代金の減額・支払猶予をする権限も有することになる。代理権が営業・事業全般ではなく，営業主から委任を受けた種類または事項に関するものに限られる点で支配人と異なる。しかしその種類・事項においては包

括的・不可制限的（→【3】）である点では支配人の代理権と共通する。

このような使用人の選任・解任は営業主のみならず，支配人もすることができる（21条2項，会社11条2項）。支配人の場合と異なり，選任・解任は登記事項ではない。

【2】代理権の授与

ある種類または特定の事項の委任を受けた使用人といえるためには，「委任」を文言通りに厳格に解し，法律行為をすることの委託を受けていること（典型的には何らかの代理権を与えられていること）を要するのかが争われている。伝統的通説である必要説は，契約の勧誘や条件の交渉などの法律行為でない事務（事実行為）をすることの委託（準委任）を受けているだけでは足りないという。これに対して不要説は，文言からは離れるが，取引の安全を重視して事実行為をすることの委託で足りるという。

この点について最高裁は，「〔そのような使用人の〕代理権限を主張する者は，当該使用人が営業主からその営業に関するある種類又は特定の事項の処理を委任された者であること及び当該行為が客観的にみて右事項の範囲内に属することを主張・立証しなければならないが，右事項につき代理権を授与されたことまでを主張・立証することを要しない」という（最判平2・2・22集民159号169頁）。判旨は不明確であり，①必要説に立った上で，事実行為をすることの委託があったことの立証がなされれば，代理権授与についての立証責任を営業主側に転換するとみる見解と②事実行為をすることの委託で足りるとする不要説に立つとみる見解に分かれている。

【3】代理権の制限

このような使用人は，ある種類または特定の事項について包括的代理権を有すると法定されているが，営業主は代理権に制限を加えることは可能である。しかし制限を加えたとしても，善意の第三者（相手方）に対抗することができない（商25条2項，会社14条2項）。これにより取引の安全が図られる。たんに善意の第三者とあるが，善意でも重過失があるときは悪意と同視され，保護されない（前掲最判平2・2・22）。

▶▶2　物品の販売等を目的とする店舗の使用人

物品の販売等を目的とする店舗の使用人であっても，物品の販売等に関する代理権が必ずしも与えられているわけではない。しかし来店者は，店舗の使用人であれば販売等をする権限があると考えるのが普通である。そこで来店者の

このような信頼を保護し，物品の販売等を目的とする店舗の使用人は，その店舗にある物品の販売等をする権限を有するものとみなした（商26条本文，会社15条本文）。物品の販売等に関する代理権を擬制したのである。

①物品の販売を目的とする店舗に限らず，②レンタルDVD店・レンタカー店のような物品の賃貸を目的とする店舗，③両替のような交換を目的とする店舗（銀行）の使用人についても代理権が擬制される。

物品の販売等は店舗においてなされなければならない。それゆえ店舗外のカフェでの商談を経て，そこで売買契約を締結する場合には代理権は擬制されない。店舗にある物品でなければならないので，店舗にないゆえに取寄せを要する物品について店舗内で売買契約を締結する場合も同様である。

相手方の信頼を保護するための規定であり，相手方が悪意であるときは，店舗の使用人の代理権は擬制されない（26条但書，会社15条但書）。悪意とは店舗にある物品の販売等をする権限がないことを知っていることである。たんに善意の第三者とあるが，善意でも重過失があるときは悪意と同視され，保護されない。

▶§4— 代理商

▶▶1 代理商の意義

代理商とは，商業使用人ではなく，一定の商人のためにその商人の営業・事業の部類に属する取引の代理または媒介を平常する者である（商27条，会社16条）。一定の商人を「営業主」または「本人」ともいう。代理商を利用するメリット（経済的意義）は，仲介業者一般のそれについて述べた通りである（→11章§1▶▶1）。

代理商に「代理店」という名称が付されることもある。しかし代理店という名称が付されている者が必ずしも代理商とは限らない。反対に代理店という名称が付されていなくとも代理商に該当しうる（大判昭15・3・12新聞4556号7頁）。代理商か否かは，名称という形式ではなく，実質に基づいて判断される（→★Topic-05参照）。

【1】独立の商人

代理商は企業外補助者である。本人である商人の外部にあって商人を補助する者である。商業使用人ではなく，本人との間には雇用関係はない。

代理商は，取引（商行為）の代理または媒介を引き受けること（商501条11号・12号）を業とする者であり，自らも独立の商人である（4条1項）。

【2】一定の商人のため

本人は商人でなければならない。相互会社のような商人ではない者のために，取引の代理または媒介をする者は代理商ではない。このような者を「民事代理商」と呼ぶこともある。本人は1人である必要はなく，複数であっても差し支えない。ただし本人は一定すなわち特定の商人でなければならず，不特定多数の商人の代理商というのはありえない。同じく仲介業者である仲立人・取次商が不特定多数の商人・非商人を補助するのとは異なる。

【3】平常

平常とは日常継続的にという意味である。それゆえ代理商は日常継続的に本人を補助する。1回または数回限りの代理でも足る商行為の代理人とは異なる（商504条対照）。継続的関係を支えるのが両者の間の信頼関係である。

【4】取引の代理または媒介

取引の代理とは，本人の代理人として相手方との間で法律行為（契約）をすることである（→11章§1▶▶2【1】）。取引の代理をする代理商を締約代理商という。取引の媒介とは，本人と相手方との間で法律行為（契約）が成立するように尽力することである。事実行為である。取引の媒介（のみ）をする代理商を媒介代理商という。代理と媒介の双方を併せてすることも可能であり，このような代理商も締約代理商である。

媒介代理商には代理権は与えられていない。代理権がない者を（媒介）代理商というと，名は体を表すとはなっておらず，誤解を招くおそれもある。例えば特定仲介商・契約仲介商・特約仲介商とでも呼ぶ方がよいという意見もある。

▶▶2　代理商と商人（本人）との関係

【1】代理商契約

本人と代理商との間で締結される契約を代理商契約という。両者の権利義務や権限の内容はこの契約の定めによる。代理商が本人のために取引の代理または媒介をして契約が成立すると本人に報酬（手数料）を支払う旨の合意がなされるのが一般的である（報酬に関する合意がないときは商512条）。締約代理商は，取引の代理という法律行為をすることの委託を受ける。両者は委任の関係にある（民643条）。媒介代理商は，取引の媒介という法律行為でない事務（事実行為）

をすることの委託を受ける。両者は準委任の関係にある（民656条）。それゆえ代理商契約に定めがない場合には，委任に関する民法・商法の規定が適用または準用される（民643条－656条，商504条－506条）。加えて商法・会社法は次のような特則を設けている。

【2】通知義務

代理商が取引の代理または媒介をしたときは，遅滞なく商人（本人）に対して，その旨の通知を発しなければならない（商27条，会社16条）。

委任に関する民法の規定によっても代理商は通知義務を負う。つまり受任者（代理商）は，委任者（本人）の請求があるときは，いつでも委任事務の処理の状況を報告し，委任が終了した後は，遅滞なくその経過および結果を報告しなければならない（民法645条・656条）。しかし本人からの請求がなくとも，委任が終了していなくとも本人に通知する義務を商法・会社法は代理商に課した。商取引における迅速性の要請に基づき，民法の規定の特則を設けて通知義務を強化したのである。

【3】競業避止義務

商人（本人）の許可を受けなければ代理商は，①自己または第三者のために本人の営業・事業の部類に属する取引をしたり，②本人と同種の事業を行う会社の取締役・執行役・業務執行社員になったりすることはできない（商28条1項，会社17条1項）。競業避止（禁止）義務である。営業機密に通じている代理商が競業をすると，本人の顧客を奪うなど，本人の利益を犠牲にして自己または第三者の利益を図るおそれがあるため，それを防止する趣旨である。支配人の競業避止義務に比肩するものである。

支配人とは異なり営業禁止義務は課せられていない（→§2▶▶4【2】【3】）。禁止される範囲は競業による利益相反が生じる場合に限られ，支配人におけるより狭い。代理商は支配人とは異なり商業使用人ではなく独立の商人であることに照らし，精力集中までは要求しないという趣旨である。

競業避止義務に違反した行為であっても有効であるが，代理商は損害賠償責任を負う。同義務に違反して自己または第三者のために本人の営業・事業の部類に属する取引をした場合について，損害額の推定規定が設けられている（28条2項，会社17条2項）。以上は支配人の場合と同じである。「やむを得ない事由」による代理商の解任も可能である（30条2項，会社19条2項）。

【4】留置権

　代理商は，取引の代理または媒介をしたことによって生じた債権（例えば報酬請求権・立替金償還請求権）の弁済期が到来しているときは，弁済を受けるまで商人（本人）のために代理商が占有する物または有価証券を留置することができる（商31条本文，会社20条本文）。代理商の留置権は，当事者間の特約で排除できる（商31条但書，会社20条但書）。任意規定である。

　民法上の留置権（民295条）および一般的な商人間の留置権（521条）とは別に，代理商の留置権が特に認められている。これら2つの留置権と比べると，代理商の留置権の成立要件には次の2点に特徴がある。

　第1に，被担保債権についてである。代理商としての取引の代理・媒介によって生じたことを要するが，留置の目的物に関して生じた債権であることを要しない。民法上の留置権とは異なり，被担保債権と目的物との牽連性（個別的・具体的関連性）は要求されない。この点は一般的な商人間の留置権と同じである。本人と代理商との間には継続的関係があるため，牽連性を要求することは適切ではないからである。

　第2に，留置の目的物についてである。代理商が本人のために適法に占有する物または有価証券であれば足る。一般的な商人間の留置権と異なり①占有取得の原因が本人との間における商行為による必要はなく，②留置の目的物が本人の所有である必要もない。上記①については代理商は，取引の相手方から返品を受ける場合のように占有を第三者から取得することがある点を，上記②については，まだ本人の所有に帰していないか，反対に既に他人の所有に帰した物・有価証券を本人のために占有することが少なくない点をそれぞれ考慮したためである。

　効果については特に定めはなく，民法上の留置権についての定めによる。ただし債務者（本人）について①破産手続開始の決定がなされた場合には，特別の先取特権とみなされるため別除権として（破66条1項・2条9項・65条1項），②更生手続開始の決定がなされた場合には，更正担保権として（会更2条10号・168条3項），③民事再生手続開始の決定がなされた場合には，別除権として（民再53条1項・2項），いずれの場合においても代理商の留置権は特別の保護を受ける。民法上の留置権と異なり，一般的な商人間の留置権と同じである（→**8章§2▶▶7**）。

▶▶3　代理商と第三者との関係

　代理商がどのような範囲において本人のために代理または媒介をする権限を有するのかは，代理商契約による。締約代理商であれば，契約を締結する代理権を有するのはその定義に照らすと当然である。①どのような範囲で代理権を有するのか，②契約締結に付随するその他の行為，例えば代金の受領，相手方に対する支払猶予・代金減額，売買に関する種々の通知の受領をする権限を有するのかは，代理商契約による。媒介代理商であれば，契約が成立するように尽力するという事実行為をする権限を有するが，本人のために契約を締結する代理権はない。どのような範囲で例えば紹介・交渉促進・書類作成をする権限を有するのかは，代理商契約による。

　代理商契約の内容にかかわらず，物品の販売またはその媒介の委託を受けた代理商は，商法526条2項の通知その他売買に関する通知を受ける権限を有する（商29条，会社18条）。媒介代理商については通知受領権限はないし，締約代理商についても代理商契約の内容によっては同権限がない場合もありうる。そうすると買主は本人に対して直接通知をしなければ通知の効力がなく，不便である。そこで買主の便宜を考慮して代理商の通知受領権限を法律で擬制している。

　代理商の権限が擬制されるのは，①売買の目的物が種類，品質または数量に関して契約の内容に適合しない旨の通知をはじめ（526条2項），買主からする売買に関する通知を受ける権限のみである。例えば②売買契約の取消し・解除の意思表示，③支払猶予の申入れ，④目的物引渡し場所の指定を受ける権限についてである。それ以外の権限は擬制されない。例えば売買に関する通知をする権限，支払猶予・代金減額をする権限，本人のために代金を受領する権限を代理商は当然に有するわけではない。これらの権限は本人からの授権があってはじめて代理商は有する。権限の範囲を超えて代理商が行為した場合には民法の表見代理の規定が適用されない限りは，行為の効果は本人に帰属しない。取引の安全を図るため代理商の権限を明確化すべきであるという立法論も主張されている。

▶▶4　代理商関係の終了

【1】一般

　代理商契約は，締約代理商の場合には委任，媒介代理商の場合には準委任である。民法の委任に関する規定が適用または準用される。それゆえ代理商関係

の終了については，民法651条・653条の定めによることになりそうである。しかし代理商契約の特質に照らして異なる解釈がなされたり，特則が設けられたりしている。

　第1に，委任の終了事由として民法に定めはないが，本人の営業の廃止や会社の解散によって代理商関係は終了する。代理商契約は本人の営業の継続を前提として締結されているからである。

　第2に，委託者（本人）の死亡（民653条1項1号）によって代理商関係は終了しない。商行為の委任による代理権は本人の死亡によって消滅しないという特則が適用され（商506条），締約代理商契約は消滅しないからである。媒介代理商契約には商法506条を類推適用し，媒介代理商契約は消滅しないと解するのが通説である。

　第3に，代理商契約の解除（解約）について特則が設けられている（→【2】）。

【2】代理商契約解除に関する特則

　❶　契約期間の定めがないとき　　民法によると委任・準委任の当事者は，いつでも契約を即時に解除（解約）することができる（民651条1項）。しかし本人と代理商との間の継続的関係およびそれを支える信頼関係に照らすと即時解除を認めるのは適切ではない。そこで商法・会社法は即時解除を認めない。本人・代理商とも，2か月前に予告してはじめて代理商契約を解除（解約）することができる（商30条1項，会社19条1項）。解除の理由は問わないし，それを開示する必要もないのは民法651条におけるのと同じである。

　予告期間を置いて解除した結果他方当事者に損害が生じても，損害賠償請求（民651条2項）は認められない（大阪地判昭54・6・29金商583号48頁）。商法30条1項・会社法19条1項に基づく解除には，民法651条の適用はないからである。

　予告期間を置いて解除をしても，権利濫用のような一般条項の適用は問題になる（東京地判平10・10・30判時1690号153頁）。

　商法30条1項・会社法19条1項は任意規定であると解されている（横浜地判昭50・5・28判タ327号313頁）。それゆえ当事者の合意によって，解除のための法定の予告期間である2か月を伸縮したり，解除権の放棄をしたり，即時解除を可能としたりする特約も差し支えない。

　❷　契約期間の定めがあるとき　　契約期間の定めがあるときは，本人・代理商ともその定めに拘束される。契約期間の定めがないときのように，予告期間を置いて契約を随時に解除することはできない。

❸ やむを得ない事由があるとき　　やむを得ない事由があるときは，契約期間の定めがあるのか否かにかかわらず，本人・代理商ともいつでも代理商契約を解除（解約）することができる（商30条2項，会社19条2項）。予告期間が不要であり，即時に解除の効力が生じる点で民法651条におけるのと同じであるが，やむを得ない事由を要する点で同条におけるのと異なる。

　やむを得ない事由とは，代理商契約を継続することが社会通念上著しく不当であると認められる場合である。例えば代理商が重病であったり，代理商に重大な債務不履行があった場合には，本人にとってやむを得ない事由となる。本人が営業上重大な失敗をしたり，本人に重大な債務不履行があった場合には，代理商にとってやむを得ない事由となる。商法30条1項・会社法19条1項による解除と異なり，当事者の一方に責に帰すべき事由があるときは，相手方は損害の賠償を請求しうる（民652条→民620条後段）。

★EXAM CHECK 05★

Q　次の各文章の正誤を答えなさい。
①支配人は，他の支配人を選任することができる。
②表見支配人は，当該営業所の営業に関し，一切の裁判上・裁判外の行為をする権限を有するものとみなされる。
③本人の営業の廃止は代理商関係の終了事由であるが，本人の死亡によっては代理商関係は終了しない。

★Topic—05 「代理店」・「特約店」という名称と商法・会社法上の「代理商」

　実際の世界では「(販売)代理店」という名称で取引をしている流通業者を目にすることも多いであろう。とはいうものの商法・会社法には代理店という文言は見当たらない。代理店をめぐる法的関係ないしその法的地位は，商法・会社法に定めのある代理商に該当することもあるが(→§4−1冒頭)，代理店契約という非典型契約によることが多い。同じような法的地位にある者に，「特約店」・「特約代理店」という名称が付される場合もある。

　(販売)代理店は，メーカー(またはその販売会社)から商品の供給を継続的に受ける流通業者である。卸売業者の場合もあれば小売業者の場合もある。代理店Bは自己の名で，かつ自己の計算でメーカーAから商品の供給を受ける。Bは自己の名で，かつ自己の計算で相手方C(小売業者または消費者)に商品を販売する。法的にみると代理店は，投機購買とその実行行為(商501条1号)を営業として行う商人である(4条1項)。個別の商品の供給についてはAB間およびBC間では，いずれも売買契約がその都度締結される(民555条)。それゆえB'がAの代理商として，Cとの間で取引の代理または媒介をする場合とでは，一般的には次のような相違がある。第1に，契約関係がどこに生じるのかである。代理商の場合には——B'の行為が功を奏すると——売買契約関係はAC間に生じる。これに対して(販売)代理店の場合には，——Bの行為が功を奏すると——売買契約関係はBC間に生じる。第2に，商品在庫である。代理商には商品在庫がない。B'がする取引の代理または媒介の目的物である商品は本人であるメーカーAの在庫である。これに対して代理店Bは，メーカーAとの間の売買契約によって商品在庫を抱えることになる。第3に，利益である。代理商B'にとっては，契約が成立するごとに本人Aから受け取る手数料が利益である。代理商契約で例えば売買金額の○％あるいは売れた商品1個につき○円という定め方をする。これに対して(販売)代理店の場合には，BはAからの仕入値に，自らの判断で利益を上乗せして売値を決め，Cに売却する。Bの才覚次第では手数料よりも多くの利益を見込める。在庫リスクの裏返しである。

　代理店は，特定地域における一手販売権(独占販売権)をメーカーから得る場合もあり，営業を優位に進めることができる。その反面メーカーの同業他社の商品を扱わない旨をメーカーと合意することもある。このような取引の制約が独占禁止法の禁止する不公正な取引方法の温床になるという側面もある。

【多木誠一郎】

06章— 商業登記
▶開示により信用を担保する制度

　一般私人でも，部外者からしてどのような資産を有するのかわからないのが普通であるが，商人は，多数の者と取引をし，その取引においては経済的信用が大きな意味を有するところ，資産がどの程度か，どのような企業組織であるのか不明であれば，その者と取引をすることに取引の相手方も二の足を踏むであろう。したがって，必要な範囲で企業内容を開示させることとしたのが，商業登記制度である。反対に，登記することによって，商人にとっても信用度が増す（例えば株式会社として登記していれば，株式会社として会社法の規制のもとで活動していることの証左である）。

　本章では，商業登記制度の概要を解説するとともに，登記にまつわるいくつかの法解釈的諸問題を詳説する。

▶§1— 商業登記の機能

▶▶▶1　総説

　商業登記とは，商人（企業）に関する取引上重要な事項を公示することにより，集団的・反復的に行われる商取引の円滑と確実を図り，商人をめぐる関係経済主体間の利害を調整することを目的とする制度である。

　すなわち，商人と取引関係に入る一般公衆の利益保護としての企業内容開示機能を有するとともに，公示する商人にとっての信用確保機能をも発揮する。

　商業登記すべき内容をどのようにするかは，企業の機密保持，公示事項を知らなかった第三者にも対抗可能な場合など，関係経済主体間の利害調整の観点から，高度の政策的判断が必要である。

　ところで，日々大量反復的に行われる商取引において，登記をいちいち確認することは煩雑であり，膨大な数の登記事項の公告（例えば官報に掲載するとか，登記所の掲示板に貼り出すなど）も，平成17年まで長らく停止されてきた。過重

な手間がかかるとともに，その実効性に疑念があったからである（そのため，平成17年改正では，公告そのものを廃止した）。これは商業登記の公示機能の限界と言えるが，IT（ICT）の進展に伴い，この状況が大幅に改善しつつあると言われて久しい。

▶▶2　株式会社の登記事項

商法全般に，取引の安全の見地から登記を求める事項は多いが，とりわけ株式会社については登記の必要性が高い。それは，多数の者から資金を集めて大規模な事業を行うことを可能にし，多数の利害関係人に会社の基本構造等を公示し，不測の損害から保護する必要があるからである。そのため，多数の登記事項が法定されている

法定される登記事項は，会社のアイデンティティに関する事項（会社911条3項1～3号），財産的基礎に関する事項（同5～12号），組織の基本構造に関する事項（同4号・13～30号）と幅広い。

また登記手続は，会社自身が行うことになるが，実際には代表者またはその代理人が行う（商登17条2項，設立登記の場合47条1項）。設立登記は本店所在地において，法定の時期から2週間以内に（会社911条2項），設立登記の内容に変更があったときは法定の時期から2週間以内に（会社915条），行う。

▶§2— 商業登記の意義

商業登記とは，商人に関する一定の法定事項を商業登記簿に記載してなす登記のことである。商業登記法は，「登記すべき事項を公示するための登記に関する制度について定めることにより，商号，会社等に係る信用の維持を図り，かつ，取引の安全と円滑に資することを目的とする」（1条）。

商業登記簿には，商号登記簿，未成年者登記簿，後見人登記簿，支配人登記簿，株式会社登記簿，合名会社登記簿，合資会社登記簿，合同会社登記簿，外国会社登記簿の9種類あり，登記所（法務局等）（商登1条の3）に備えられる（商登6条）。

商業登記できる事項は，商法，会社法その他の法律が定める事項に限定される。すなわち，定款と異なり，法定の事項以外の事項を登記することはできない。

▶▶1　登記事項とその分類方法

【1】商人一般に関する事項，個人商人にのみ関する事項，会社に特有の事項

1つ目は商号や支配人に関する登記，2つ目は未成年者，後見人が営業をなす場合の登記であるが，会社が登記をする場合には，前節の9種類の登記簿上，会社ごとの登記簿に登記するため，商号や支配人について，別に商号登記簿や支配人登記簿に登記する必要はない。

【2】絶対的登記事項と相対的登記事項

　絶対的登記事項とは，必ず登記しなければならないものをいい，登記事項の多くはこれに当たる。相対的記載事項とは，登記するか否かは当事者の任意に委ねるものをいう。一例として，未成年者が営業を行う時は未成年者登記が必要であるが（商5条），個人商人が商号を登記するか否かは商人の自由である（会社は，商号＝会社の名称を必ず登記する必要がある。会社911条3項2号）。ただし，後者も登記されればその変更・消滅は絶対的登記事項となる（商10参照）。

　なお，絶対的登記事項の登記をしないとき，一定の不利益を被るが（商9条1項，会社908条1項），会社法の定めるものを除いて罰則の制裁はない。

　絶対的登記事項の登記は，当事者の私法上の義務であり，当事者がこれを怠っているとき，利害関係人はその義務の履行を請求できる。もっとも，具体的にどのような場合に登記請求権があるかは，個別に検討の必要があり，一例として辞任役員の会社に対する変更登記請求権は認められると一般に解されているところ，それは変更登記がされなければ，その責任を追及された場合に，自ら防御しなければならないなど不利益を被るからであるとされる（変更登記の訴えを提起し，勝訴判決を得られれば，辞任役員自ら登記を変更することができる。昭30・6・15民事甲第1249号民事局長回答）。

【3】設定的登記事項と免責的登記事項

　設定的登記事項とは，特定の事実・法律関係の創設に関する登記事項であり，商号選定や支配人選任等がこれに該当する。免責的登記事項とは，当該事実・法律関係の関係当事者の責任を免れさせる機能を有する登記事項であり，支配人の代理権消滅の登記はこれである。もっとも，商号の変更登記のように，両者の性質を併せ持つ事項もある。

▶▶2　登記手続

【1】通則

　従来，会社の本店所在地で登記すべき事項は，原則として支店所在地でも登記の必要があったが，通信手段の発達から，平成17年改正以後は，支店所在地での登記は，商号，本店の所在場所，支店の所在場所の登記のみでよいことと

なった（会社930条2項）。ちなみに、個人商人の場合は商号登記、支配人登記等が問題となるが、特に本店・支店を区別することなく、「営業所」としている（商20条）。本店・支店の区別なく、営業所の所在地において必要な登記をすることとなる。

登記事項の変更または消滅の場合は、その事項が相対的登記事項であっても、当事者は、遅滞なく、変更または消滅の登記をしなければならない（商10条、会社909条）。

【2】登記の申請等

❶　申請者　原則として当事者の申請によりなされる（当事者申請主義。商8条・10条、会社907条、商登14条・36条1項）。例外として、官庁の嘱託による登記（商登14条・15条）、登記官による職権での登記（商登72条）、利害関係人の申請による登記（商登33条）がある。それぞれ、裁判により生じた登記事項につき裁判所が嘱託する場合、休眠会社の解散の場合、商号の変更・廃止の際の商号登記抹消の場合が、具体例である。

❷　登記事務の管轄　登記事務は、当事者の営業所所在地を管轄する登記所がつかさどる（商登1条の3）。また、登記所における登記事務は、登記官が取り扱う（商登4条）。

❸　登記官の権限　登記官は、登記の申請書を受け取ったときは、遅滞なく申請に関する全ての事項を調査し、理由を付した決定で、登記の申請を却下しなければならない（商登24条）。

登記官の権限は、形式的審査権に限られるか、実質的な審査権限もあるか。とりわけ商業登記法24条各号は形式的事項がほとんどである中、同条10号が、「登記すべき事項につき無効又は取消しの原因があるとき」と規定しており、この文言からは、内容の瑕疵にも審査権が及ぶかのように読める。判例は一貫して形式的審査権のみと解しており（最判昭43・12・24民集22巻13号3334頁）、学説も支持するものが多い。迅速な審査は会社の準則主義にも合致すると言えるし、実質的な審査をするには、登記官不足も懸念される（申請書・添付書類・登記簿以外の資料を職務上入手することも困難である）。10号については登記事項としての法律関係に無効原因のあることが明確であれば申請を却下し、そうでない限りにおいては一応受理した上で、当事者の紛争の経緯を見守ることになる（取消原因に関しては、取り消されるまでは一応有効であることからも推移を見守らざるを得ないと解すべきであろう）。

【3】登記の更正・抹消

登記に錯誤または遺漏があるとき，当事者はその登記の更正の申請をすることができる（商登132条1項）。ここでいう錯誤とは，登記と真実の実体関係とが一致しないことであり，遺漏とは，登記が不完全であることをいう。登記官は錯誤・遺漏を発見したときは，遅滞なく，登記をした者にその旨通知をしなければならない。錯誤・遺漏が登記官の過誤によるときは，通知をしなくとも，遅滞なく，監督法務局または地方法務局の長の許可を得て，登記の更正をしなければならない（商登133条）。

登記に商登24条1〜3号・5号の事由があるとき，または，登記された事項に無効原因があるとき（訴えによってのみその無効を主張できる場合は除く）は，当事者はその登記の抹消を申請することができる（商登134条1項）。

登記官は，上記に該当する事項を発見したときは，登記をした者に，1月を超えない一定の期間内に書面で異議を述べないときは登記を抹消すべき旨通知し，異議を述べた者がないか異議を却下したときは，登記を抹消しなければならない（商登137条）。

【4】商業登記の公示

商業登記の目的は，一般公衆に広く取引上重要な事項を公示することにより関係経済主体間の利害を調整することにある。そして公示は，登記簿の閲覧，謄本・抄本の交付，登記事項の変更がないことまたは登記そのものがないことの証明等により行われる（個別的公示）。一方，公告（一般的公示）は平成17年商法改正まで長らく停止されていたところ，前述のような理由から廃止された。

個別的公示については，何人も，手数料（商登13条，登記手数料令）を納付して，登記簿に記録されている事項を証明した書面（登録事項証明書）の交付（商登10条）および登記簿に記録されている事項の概要を記載した書面（登記事項要約書）の交付（商登11条）を請求することができる。IT（ICT）の進歩に伴い，オンライン登記情報提供制度があり，登記所窓口での請求より手数料も安価になっている。公示力強化につながっているものと思われる。

▶▶3　登記の効力

【1】登記の一般的効力

登記すべき事項は，登記の後でなければこれをもって善意の第三者に対抗することができない（商9条1項，会社908条1項）。これを，登記の一般的効力というが，より詳細には，以下のように分けられる。

❶ 登記前の効力　登記すべき事項は，実体法上存在しているとしても，登記前は，善意の第三者に対抗できない。これを消極的公示力と呼ぶことがあるが，善意者保護（取引の安全）と，登記義務者の登記履行奨励を趣旨とする。なお，ここでいう登記すべき事項は，相対的登記事項も含まれる（多数説）。

あくまで対抗問題であるから，第三者の側から，登記当事者（たいていは登記義務者）に対して（未登記の）当該事実・法律関係の存在を主張することは可能である。第三者の善意については，取引のときを基準とし（取引後に悪意となったとしても善意である），登記前は第三者の善意が推定され，善意でさえあれば，重過失でもよく，登記のなかったことが第三者の意思決定に影響したか否かは問題視されない（多数説）。

❷ 登記後の効力　登記義務者は，登記後においては，善意の第三者にも，原則として当該事実・法律関係を主張することができる（積極的公示力）。その根拠については，後述の論点とも関係するが，悪意擬制説と対抗力回復説がある。前者は登記することによって，登記をみれば誰でも当該事実を知ることができる以上，悪意とみなされるとする。後者は，第三者との関係はあくまで対抗要件であり，登記前には制限されていた対抗力が，登記後に（事実を事実として主張できるまでに）回復したとみるものである。

ただし，第三者が正当な事由によりこれを知らなかったときは，登記義務者はこの事実・法律関係を当該第三者に対抗できない（商9条1項後段，会社908条1項後段）。ここでいう「正当な事由」は，交通途絶や登記簿の滅失汚損等の客観的事由に限定されると解する説が通説・判例（最判昭52・12・23判時880号78頁）であり，それは，登記義務者が登記しなければならないのと同様，第三者にも登記を確認する義務があり，その均衡上，正当な事由と言い得る場面を限定的に捉えることになる。

登記後の効力において，「正当事由」のない限り商9条1項後段・会社908条1項後段の規定の適用はなく，民法112条の適用・類推適用の余地もない（通説・判例，最判昭49・3・22民集28巻2号368頁）。

ところが，共同代表取締役について，表見代表取締役の規定を類推する判例（最判昭42・4・28民集21巻3号796頁，最判昭43・12・24民集22巻13号3349頁）があり，その結果，共同代表取締役の規定は廃止されている（表見代表の規定により共同代表規定による代表権の制限は無に帰すのであるから，共同代表の規定は意味がない）。

民法上の表見法理規定と，商法・会社法上の規定とを同列に扱うわけにはい

かない。同列に扱うとすれば，後者のごとき取引の安全を重視する側面に，民法上の規定も合わせるような解釈をすべきであろう。

　表見代表の規定と，この積極的公示力との関連につき，代表取締役就任の登記がないにもかかわらず，「表見」代表取締役として会社に責任を負わせる法規定は矛盾しないかという観点から，議論の対立がある。悪意擬制説を前提とすれば，この両規定の対立は解決困難とも言えるが（解決に向けた議論はあるが，複雑な議論であり，省略する），いずれにせよ，登記制度を前提としつつ，取引の相手方を保護する規定である表見代表制度を，矛盾なく説明する必要がある（そうでなければ，表見代表規定の意味がなくなる）。

　第1の見解は，登記制度を前提として，後に表見代表制度が導入されたこともあり，後法は前法に優先するとの原則に基づいても，例外として捉えるべきであるとする（例外説）。第2の見解は，正当事由の意義について通説的見解とは異なり，より弾力化して，表見代表に当たる場合も正当事由であるとする（正当事由弾力化説）。第3の見解は，登記制度はあくまで公示力の問題であり，それが真実になるわけではないし，積極的公示力と言っても，対抗力を回復しただけであることを前提とし，表見代表制度は，客観的実質的に代表者であるかのような外観を有する者の行為を会社の代表行為と捉えて会社に責任を負わせる制度であるから，次元の異なる制度であると解する（異次元説）。付言すれば，「代表取締役A，取締役B，C」と登記されているときに，取締役会でBを代表取締役とし，Aは代表権のない取締役になると決議されることはあり，通常は可及的速やかに変更登記をするであろうが，登記と実態に齟齬が生じることは，ほんのわずかの期間であったとしてもありうる。登記に公信力まで持たせるのであれば格別，やはり別次元と考えざるをえず，現在においてはこの第3の見解が通説と言ってよい。

【2】不実の登記

　商業登記は，既存の事実・法律関係を公示するに過ぎない。すなわち存在しない事実が実際にあったことになるわけではない。しかし，それでは登記を信頼した者が不測の損害を被り，結果として商業登記制度の信用と機能が没却される。そこで故意・過失により不実の（事実と異なる）事項を登記した者は，その不実であることを善意の第三者に対抗できないこととした（商9条2項，会社908条2項）。

　ここでいう「故意・過失により不実の登記をした者」とは，登記申請者が申

請登記の内容の不実であることを知りまたは知りうべきであるにもかかわらず登記をしたことである。登記官の過誤などには適用されないが，不実の登記が存することを知りながら是正措置をとらない場合には適用・類推適用の可能性がある。

不実の登記に関して特に注目された事例は，

・辞任したが辞任登記未了の取締役の第三者に対する責任

・正式な選任手続を経ていないいわゆる名目的取締役の第三者に対する責任

である。責任を問われるべきは登記義務者であり，会社ないし会社の（実質的な）代表者であるが，辞任取締役や名目的取締役は必ずしも登記義務者ではない。詳細は省略するが，ポイントは，「不実登記への加功」である。すなわち，辞任した取締役が自らの辞任登記を会社に対して強く求め，かつ会社との関係を絶っていた場合は責任を負わなくてよいが，辞任登記がなされていないことを放置し，また積極的に「名前だけでも取締役として残留してほしい」との依頼に応じたのであれば，その他の事情にもよるが，責任を負う可能性がある。名目的取締役については，全く会社の行為をしていなかったとしても，そこには加功がうかがえ，原則として責任を負うことになろう。

【3】特殊の効力

❶　創設的効力　　設立登記など，登記により新たな法律関係の創設が認められる場合がある。

❷　補完的効力・治癒的効力　　登記後一定期間の経過で，その主張が認められなくなる場合がある。設立登記の後，錯誤や詐欺・強迫を理由として無効・取消ができないようなケースが典型例である（会社51条2項）。

❸　強化的効力　　外国会社の営業所の登記（会社818条1項）は，そのことによって日本における継続的取引をすることができるようになる。

❹　付随的効力　　登記によって特定の行為が許されるようになったり，ある種の責任が免除される場合がある。設立登記により（権利）株の譲渡ができるようになるなどである。

★EXAM CHECK 06★

Q1 個人商人が商号の登記をしようとするときは商号登記簿に登記しなければならないが，会社が商号（会社の名称）を登記する際には会社形態ごとにある登記簿（例えば株式会社なら株式会社登記簿）に登記すればそれでよく，改めて商号登記簿に登記する必要はない。○か×か。

Q2 登記官の権限は，判例によれば実質的審査権まで有する。○か×か。

Q3 不実の登記に加功した者は，登記義務者ではなくても善意の第三者に対抗できないとするのが，一連の判例における原則である。○か×か。

★Topic—06　公告方法の登記

　登記は，その内容を誰でも見たり（閲覧），コピー（謄写）したりすることができるが，どこへ行けば見ることができるか。最近では，ネット上で閲覧することができるが（「登記情報提供サービス」で検索可能），これはあくまで閲覧であり，登記事項の証明書とはならない。なぜなら，公的な証明文や公印等が付されないからである。とはいえ，内容は登記所（法務局）にある登記情報そのものであるから，取引先の情報を調査するには，それで十分であろう。登記をする際は，各地を管轄する法務局（例えば東京であれば東京法務局，大阪であれば大阪法務局など）に出向き，登記の申請をしなければならない。これも，最近ではオンライン申請が可能である（申請用総合ソフトなどが必要。法務省サイトhttp://www.moj.go.jp/MINJI/minji60.html参照）。

　ところで，会社は一定の企業情報を公告する必要がある場合がある（計算書類など）。従前，公告方法は官報または時事に関する事項を掲載する日刊新聞紙（スポーツ専門新聞紙などではない，全国新聞紙）に掲載することが一般的であったが（会社939条1項1号2号），電子公告（同3号）も利用されることが増えた。官報や日刊新聞紙もオンライン検索が可能な場合もあるとはいえ，いつ公告されたのか調べる側としては不便でもあり，また会社としてもコストがかかる。電子公告の場合は，通常は当該企業のサイトに所定の期間掲載することで済み，調べる側もサイトにアクセスできればよく，会社側も比較的低コストでできる（ただし，改ざんの可能性も高いため，法務大臣の登録を受けた電子公告調査機関の調査を受けることが求められている。会社941条）。これらの公告方法は，定款に定めたときは登記事項である（会社911条3項27号・28号など。定款に定めないときは，官報に掲載する方法により公告する旨の登記が必要。同29号など）。

　なお，公告方法は，（会社ではない）個人商人には登記義務はない。

【道野真弘】

07章——企業会計
▶企業会計の存在理由とは？

　企業会計は，企業に適用される会計であって，企業の財政状態および経営成績を測定し，その結果を会計事実として提供するプロセスである。
　商人の会計は，一般に公正妥当と認められる会計の慣行に従う。企業会計原則は，「一般に公正妥当と認められる会計の慣行」に当たるが，「一般に公正妥当と認められる会計の慣行」は，複数存在しうる。
　商人は，その営業のために使用する財産について適時に正確な商業帳簿を作成しなければならない。商業帳簿とは，会計帳簿および貸借対照表を指す。
　商人は，帳簿閉鎖の時から10年間その商業帳簿およびその営業に関する重要な資料を保存しなければならない。
　裁判所は，申立てによりまたは職権で訴訟の当事者に対し商業帳簿の全部または一部の提出を命ずることができる。

▶§1— 総説

▶▶1　意義

　企業会計とは，企業に適用される会計であって，企業の財政状態および経営成績を測定し，その結果を会計事実として提供するプロセスである。これに対し，国および地方公共団体に適用される会計を官庁会計という。
　企業会計は，会計学上，会計事実を外部者に提供する財務会計と内部者に提供する管理会計とに分けられる。財務会計は，会計事実を企業外部の利害関係者（株主，債権者，徴税当局等）に役立たせることを目的とし，管理会計は，会計事実を経営者の意思決定や内部組織の業績管理に役立たせることを目的とする。そのため，財務会計には法律等のルールが適用されるのに対し，管理会計には一般に用いられる手法はあるが，法律等のルールは適用されない。

▶▶2 適用されるルール

企業会計に関し、商法は、19条において商業帳簿について規定するにとどまるが、個人商人に対しては、商法のほか、商法施行規則、企業会計基準等のルールが適用される。しかし、個人商人に対しては、これらのルールの違反に対する罰則はなく、営業の用に供する財産につき最終の営業年度に係る貸借対照表（その意義については、後述）（最終の営業年度がない場合にあっては、開業時における貸借対照表）に計上した額が50万円を超えない（商規3条）小商人に対しては、これらのルールは適用されない（商7条）。その意味で、多くの個人商人にとっては、企業会計よりも納税のための税務会計のほうが関心が高いのが実情である。

会社に対しては、会社法、会社計算規則等の、違反に対する罰則（会社976条7号等）のある、個人商人に対するよりも厳格なルールが適用され、株式会社に対するルールは、持分会社に対するそれよりも厳格である（会社431条以下・614条以下参照）。また、上場会社に対しては、投資者のために金融商品取引法、「財務諸表等の用語、様式及び作成方法に関する規則」（以下単に「財務諸表等規則」という）等の非常に厳格なルールが適用される（金商193条参照）。国際会計基準審議会が設定した国際財務報告基準（IFRS）を適用する会社も、近時増加している。

なお、財務諸表等規則については、個人商人であっても、金融機関からの融資の条件としてこれに従った決算書の作成が求められる場合がある。

▶§2── 原則

▶▶1 緒説

商法上の会計と企業会計とを調整するため、商人の会計は、一般に公正妥当と認められる会計の慣行に従う（商19条1項）。会計慣行の「公正妥当」の意味を明らかにすることは、必ずしも容易ではない。同様の原則は、会社法にも規定されている（会社431条・614条参照）。

商法施行規則は、商法19条2項の規定により作成すべき商業帳簿についてはこの章の定めるところによると規定する（商4条1項）とともに、この章の用語の解釈及び規定の適用に関しては一般に公正妥当と認められる会計の基準その他の会計の慣行を斟酌しなければならないと規定する（商4条2項）。ここにいう「一般に公正妥当と認められる会計の基準その他の会計の慣行」は、商法

19条 1 項にいう「一般に公正妥当と認められる会計の慣行」同義と解される。

▶▶2 企業会計原則

　企業会計審議会が作成した企業会計原則は，企業会計の実務の中に慣習として発達したものの中から一般に公正妥当と認められたところを要約したものであり，これが商法19条 1 項にいう「一般に公正妥当と認められる会計の慣行」に該当することはいうまでもない。もっとも，企業会計原則は，会社，それも比較的規模の大きい会社を想定して作られているため，そのすべてが個人商人に妥当するものではない。

　企業会計原則は，一般原則として以下の 7 つの原則を規定している。

①真実性の原則（企業会計原則・第一・一）　企業会計は，企業の財政状態および経営成績に関して，真実の報告を提供するものでなければならない。

②正規の簿記の原則（企業会計原則・第一・二）　企業会計は，すべての取引につき，正規の簿記の原則に従って，正確な会計帳簿を作成しなければならない。

③資本取引・損益取引区分の原則（企業会計原則・第一・三）　資本取引と損益取引とを明瞭に区別し，特に資本剰余金と利益剰余金とを混同してはならない。この原則は，資本の概念がない個人商人については妥当しない。

④明瞭性の原則（企業会計原則・第一・四）　企業会計は，財務諸表によって，利害関係者に対し必要な会計事実を明瞭に表示し，企業の状況に関する判断を誤らせないようにしなければならない。

⑤継続性の原則（企業会計原則・第一・五）　企業会計は，その処理の原則および手続を毎期継続して適用し，みだりにこれを変更してはならない。

⑥保守主義（安全性）の原則（企業会計原則・第一・六）　企業の財政に不利な影響を及ぼす可能性がある場合には，これに備えて適当に健全な会計処理をしなければならない。

⑦単一性の原則（企業会計原則・第一・七）　株主総会提出のため，信用目的のため，租税目的のため等種々の目的のために異なる型式の財務諸表を作成する必要がある場合，それらの内容は，信頼しうる会計記録に基づいて作成されたものであって，政策の考慮のために事実の真実な表示をゆがめてはならない。

▶▶3 その他の慣行

　商法19条 1 項にいう「一般に公正妥当と認められる会計の慣行」は，複数存

在しえないものではなく（大阪高判平16・5・25判時1863号115頁参照），日本公認会計士協会等が作成した「中小企業の会計に関する指針」等も，「一般に公正妥当と認められる企業会計の慣行」に該当すると解される。最高裁は，旧株式会社日本長期信用銀行の平成10年3月期に係る有価証券報告書の提出および配当に関する決算処理について，これまで「公正ナル会計慣行」として行われていた税法基準の考え方によったことが違法とはいえないとしと判示している（最判平20・7・18刑集62巻7号2101頁）。

▶§3— 商業帳簿の作成

▶▶1 緒説

　商人は，その営業のために使用する財産について，法務省令（商法施行規則）で定めるところにより，適時に，正確な商業帳簿を作成しなければならない（商19条2項）。以前は，商業帳簿の範囲について議論があったが，平成17年改正後の商業帳簿は，会計帳簿および貸借対照表のみを指す（商19条2項かっこ書）。

　商業帳簿は，書面または電磁的記録をもって作成することができる（商規4条3項）。電磁的記録とは，電子的方式，磁気的方式その他人の知覚によっては認識することができない方式で作られる記録であって，電子計算機による情報処理の用に供されるもので（商539条1項2号かっこ書），磁気ディスクその他これに準ずる方法により一定の情報を確実に記録しておくことができる物をもって調製するファイルに情報を記録したもの（商規9条1項）である（商規2条4号）。具体的には，SSD, HDD等のコンピュータ用メディア等の記録がこれに当たり，多くの会計ソフトが市販されている。

　なお，貸借対照表は，会計上の財務諸表であり，財務諸表が「帳簿」といえるか否かについては，議論がある。

▶▶2 会計帳簿

【1】種類

　企業会計一般に用いられる複式簿記において会計帳簿は，商人の取引全体を体系的に統括する主要簿および補助的な役割をする補助簿に分類される。主要簿には，日々の取引を発生順に記述する日記帳，日付順に全ての取引を記す仕訳帳および勘定科目ごとに全ての取引を記述する勘定口座を集めた総勘定元帳がある。日記帳は，必須の帳簿ではなく，仕訳帳が日記帳を兼ねている場合が

多い。補助簿には，現金出納帳等の補助記入帳および売掛金元帳等の補助元帳がある。

【2】資産の評価

　商人に帰属する用益潜在力で貨幣額で合理的に評価できるものを資産といい，資産の評価基準には取得原価主義と時価主義とがある。取得原価主義による価額は，実際の取得価額という客観的に明確な数字であり，信頼性がある。そこで，わが国の企業会計においては，一般に取得原価主義が採用されており（企業会計原則・第三・五等参照），会計帳簿に計上すべき資産についても，原則として取得価額を付さなければならず，株式のような取得価額を付すことが適切でない資産については，営業年度の末日，営業年度の末日以外の日において評価すべき場合にあってはその日における時価または適正な価格を付すことができる（商規5条1項）。

　建物や機械装置のような資産の取得原価は，各営業年度に配分される（企業会計原則・第三・五）。このような資産については，営業年度の末日に相当の償却をしなければならない（減価償却。商規5条2項）。①営業年度の末日における時価がその時の取得原価より著しく低い資産については，当該資産の時価がその時の取得原価まで回復すると認められるものを除き，営業年度の末日における時価を，②営業年度の末日において予測することができない減損が生じた資産または減損損失を認識すべき資産については，その時の取得原価から相当の減額をした額を，それぞれ付さなければならない（減損会計。商規5条3項）。取立不能のおそれのある債権については，営業年度の末日においてその時に取り立てることができないと見込まれる額を控除しなければならない（商規5条4項）。

【3】負債の評価

　商人の経済的負担であり，貨幣額で合理的に評価されるものを負債といい，会計帳簿に計上すべき負債については，原則として債務額を付さなければならず，退職金の引当金のような債務額を付すことが適切でない負債については，時価または適正な価格を付すことができる（商規5条5項）。

【4】のれん

　企業が有するノウハウ，立地等ののれん（営業権）は，有償で譲り受けた場合に限り資産として計上することができる（商規5条6項）。

▶▶3 貸借対照表

【1】意義

貸借対照表は，バランス・シート（B/S）とも呼ばれ，企業の財政状態を明らかにするため，貸借対照表日におけるすべての資産，負債および純資産を記載するものである（企業会計原則・第三・一）。

純資産とは，資産の総額から負債の総額を差し引いた金額である。純資産がマイナスの場合を債務超過という。債務超過は，法人について破産手続開始原因となりうるが（破16条1項），個人商人については破産手続開始原因とはならない。

【2】表示の原則

貸借対照表に係る事項の金額は，一円単位，千円単位または百万円単位をもって表示し（商規6条1項），貸借対照表は，原則として日本語をもって表示する（商規6条2項）。

【3】作成の方法

会計帳簿に基づき貸借対照表を作成する方法を誘導法といい，期末に資産と負債を実地調査して貸借対照表を作成する方法を棚卸法という。会社については，損益計算書の作成が義務づけられており（会435条2項等参照），棚卸法では損益計算書を作成できない。そのため，企業会計では一般に誘導法が採用されており，商人は，開業時の会計帳簿に基づき開業時における貸借対照表を作成しなければならず（商規7条1項），各営業年度に係る会計帳簿に基づき当該営業年度における貸借対照表を作成しなければならない（商規7条2項）。

各営業年度に係る貸借対照表の作成に係る期間は，当該営業年度の前営業年度の末日の翌日（当該営業年度の前営業年度がない場合にあっては，開業の日）から当該営業年度の末日までの期間とされ，その期間は，1年（営業年度の末日を変更する場合における変更後の最初の営業年度については，1年6箇月）を超えることができない（商規7条3項）。

【4】区分

貸借対照表は，資産，負債および純資産の部に区分して表示されなければならず（商規8条1項），それぞれの部は，適当な項目に細分することができ，当該各項目については，資産，負債または純資産を示す適当な名称を付さなければならない（商規8条2項）。企業会計原則においては，資産の部は，流動資産（現金預金等），固定資産（建物等の有形固定資産，営業権等の無形固定資産，長期貸付金

等の投資その他の資産）および繰延資産（開業費等）に，負債の部は，流動負債（支払手形等）および固定負債（長期借入金等）に区分される（企業会計原則・第三・二）。

▶§4── 商業帳簿の保存・提出

▶▶1 保存

商人は，帳簿閉鎖の時から10年間その商業帳簿およびその営業に関する重要な資料を保存しなければならない（商19条3項）。商人が廃業しても，この義務がなくなるわけではない。

「営業に関する重要な資料」であるか否かは，後日紛争を生じた際の証拠として重要か否かにより判断され，契約書，請求書，領収書等がこれに該当する。

▶▶2 裁判所への提出

書証の申出は，文書を提出し，または文書の所持者にその提出を命ずることを申し立ててしなければならないが（民訴219条），商業帳簿については，裁判所は，職権でも訴訟の当事者に対しその全部または一部の提出を命ずることができる（商19条3項）。当事者がこの命令に従わないときは，裁判所は，商業帳簿の記載に関する相手方の主張を真実と認めることができ（民訴224条1項），当事者が相手方の使用を妨げる目的で提出の義務がある商業帳簿を滅失させ，その他これを使用することができないようにしたときも，同様である（民訴224条2項）。また，これらの場合において，相手方が，商業帳簿の記載に関して具体的な主張をすることおよび当該文書により証明すべき事実を他の証拠により証明することが著しく困難であるときは，裁判所は，その事実に関する相手方の主張を真実と認めることができる（民訴224条3項）。

商業帳簿の証拠力も，他の証拠と同様，裁判官の自由な心証に委ねられる（民訴247条）。会計帳簿への記帳が遅延した場合でも，その証拠力が否定されるわけではない（大判昭17・9・8新聞4799号10頁）。

★EXAM CHECK 07★

Q1 商業帳簿の作成に関する以下の文章の正誤を答えなさい。
①商人は，貸借対照表を作成しなかった場合に罰せられるわけではない。
②企業会計審議会が作成した企業会計原則は，商人が商業帳簿を作成する際に絶対に従わなければならない重要な原則である。
③商人は，損益計算書を作成しなければならない。

Q2 商業帳簿の保存と提出に関する以下の文章の正誤を答えなさい。
①商人は，20年間その商業帳簿を保存しなければならない。
②裁判所は，職権で訴訟の当事者に商業帳簿の全部の提出を命ずることができる。
③商業帳簿には，他の書証と異なる特別な証拠能力が認められている。

★Topic—07　必要経費とは？

　事業の儲けは，企業会計上は利益として把握されるが，税務会計上は所得として把握される。一般的にいって利益は多いほうが良いものであるが，所得は，それに税金が課されるものであるから，少ないほうが有利である。

　個人事業者の所得を小さくするものとして，学生諸君でも必要経費という言葉を聞いたことがあろう。学生諸君が社会人になると，多少なりとも個人事業者の方々とのお付き合いも出てこようが，彼らは，一緒に店で食事をとると，大概店から領収書を切ってもらっている。それは，個人の事業所得の金額が「その年中の事業所得に係る総収入金額から必要経費を控除した金額」とされる（所得税法27条2項）ことから，その飲食費を必要経費として落とすためである。

　必要経費とは，文字通り所得を得るために必要な経費といえるが，所得税法は，具体的に①「所得の総収入金額に係る売上原価その他当該総収入金額を得るため直接に要した費用の額」（個別対応の必要経費）および②「その年における販売費，一般管理費その他これらの所得を生ずべき業務について生じた費用（償却費以外の費用でその年において債務の確定しないものを除く。）の額」（一般対応の必要経費）を必要経費としている（所得税法37条1項）。文理的には，①の個別対応の必要経費において必要とされる「事業の業務との直接関係」は，②の一般対応の必要経費において必要とはされていない。しかし，国税庁は，従来から②の一般対応の必要経費についても「事業の業務との直接関係」を要するものと解している。したがって，事業の業務との関係が直接的でないような飲食費は，現状では必要経費として認められないのである。

　ところが，東京高判平24・9・19判時2170号20頁は，上記の国税庁の解釈について「……事業の業務と直接関係を持つことを求めると解釈する根拠は見当たらず，「直接」という文言の意味も必ずしも明らかではない」と述べてこれを排し，弁護士が弁護士会等の役員としての活動に伴い支出した懇親会費等の一部をその事業所得の計算上必要経費に算入することができると判示し，最決平26・1・17税務訴訟資料264号順号12387も，これに対する国側の上告を不受理とした。そこで，国税庁の出方が注目されたが，国税庁は，上記判決はいわゆる事例判断であり，「事業所得の金額の計算上必要経費に算入される支出の取扱いが変更されるものではない」という見解を出した（週刊税務通信3297号5頁）。

　必要経費の問題は，現在ではあまり縁がないであろう学生諸君にとっても，やがては身近な話題となってくる。詳しくは，税法の授業で学んでほしい。

【田邊宏康】

08章— 商行為総論
▶商人のする行為としての商行為をする商人？

　商法は，第1編総則，第2編商行為，第3編海商に分かれるが，本章では，商法の適用範囲を定める商人および商行為という概念のうちの商行為について，第2編第1章総則の定めをもとに解説する。商人のする行為は商行為でありながら，商行為をすれば商人になるというように，両者が複雑に絡みながら商法の適用範囲が確定される。

　そして，商行為であるとき，民法とは異なる規定が置かれるわけであるが，商行為全般にわたる通則として置かれているのが，第1章総則ということになる。本章では，商行為の概念と商行為全般にわたるルールを解説する。

▶§1— 商行為の概念と種類

▶▶1　総説
　商行為の定義は，形式的には商法501条から503条が規定している。1回限りでも商行為となる絶対的商行為，営業として継続的反復的にすることを前提として行うときには商行為となる営業的商行為，商人が営業のためにする行為を附属的商行為という。

　すなわち，絶対的商行為・営業的商行為（両者を合わせて基本的商行為という）を行う者を商人とするが（商4条1項），商人が営業に付随して行う行為は附属的商行為である。

　なお，商行為をしていなくても商人に類似するものとして擬制商人があり（商4条2項），また会社は事業「として」する行為も事業「のために」する行為も商行為とされる（会社5条）。

　02章において詳述した基本的商行為につき，限定列挙ではなく，例示列挙であるとする判例がある（大判昭18・7・12民集22巻539頁参照）。もっとも，学説上は限定列挙であるとする見解が有力である。そして，それは実際には，欧州に

おける歴史的経緯の中で，商人が商行為として行っていたものの列挙であるため，ややまとまりのない羅列に見えなくはない。また制定当時予定されていなかった現代的な商行為を含まないのはいびつにも見え，少なくとも商行為とは何かという，列挙されたものの共通項を見極め，定義づける作業は必要なのかもしれないが，これには困難を伴う。会社の行為を全て商行為としたのは，ある意味妥協の産物であろう。

以下，本書02章の要約を補足的に述べておきたい。

▶▶2 絶対的商行為

商法501条に列挙される行為が絶対的商行為であるが，その行為の持つ客観的かつ強度な営利的性格に注目して，1回限り行われた場合でも，商行為とされる。

【1】 投機購買とその実行行為（商501条1号）

小売・卸売等流通業のみならず，製造・加工業も含まれる（大判昭4・9・28民集8巻769頁，大判昭10・12・9民集14巻2031頁）。ここでいう製造とは物の種類に変更が生じる場合，加工とは同一性を失わない程度で材料に変更を加えることである（502条2号も同じ）。もっとも，無償取得したものはもちろん，原始取得したものを売る農産物，海産物等の譲渡は含まれない。（他からの）有償取得とは言えないからである。

【2】 投機売却とその実行行為（同条2号）

動産，有価証券の売買契約をした後にそれを安く取得して売却する行為（【1】の場合と順序が逆）がこれに当たる。

【3】 取引所においてする取引（同条3号）

【4】 手形その他の商業証券に関する行為（同条4号）

▶▶3 営業的商行為

下記の商法502条列挙行為およびその他の若干の行為を，営業の目的で行うときそれらは商行為となる。

詳述すれば，収支の差額を利得する意図，少なくとも収支相償う意思（積極的に利益を追求しなくとも，プラスマイナスゼロであればそれでもよいとする意思）をもって（営利目的），一定の計画的意図のもとに，継続的反復的集団的に行うことである。ただし，もっぱら賃金を得る目的で物の製造や労務に服する者の行為（ex.手内職）は商行為ではない（同条柱書但書）。

【1】 投機賃借とその実行行為（商502条1号）

動産または不動産を有償取得または賃借し（投機貸借），それを他に賃借する行為（実行行為）を言う。

【2】 他人のための製造・加工（同条2号）

他人の計算において，材料を買入れ，これに製造または加工をすることを有償で引き受ける行為を言う。ここで気をつけねばならないのは，自ら原材料を購入し，それを製造・加工する場合は501条1号に該当し，本号では顧客が持ち込んだ材料に対して製造・加工するものということになる。

なお，後述の場屋取引と関連する問題であるが，理髪業を「加工」として商行為性を肯定する説がある。

【3】 電気・ガスの供給（同条3号）

水や電波などの供給が本号に掲げられていないことには矛盾があるとの意見が強い。限定列挙と捉えるとしても，類推適用は可能ではなかろうか。

【4】 運送（同条4号）

物品運送および旅客運送を言う。陸上，海上，航空を問わない。公営の地下鉄等についても，商行為とされる（大阪高判昭43・5・23判時521号55頁）。

【5】 作業・労務の請負（同条5号）

作業の請負とは基本的には不動産建築請負業（土建業，建設業）のような，建築物，道路等の建設や船舶の修繕等を請け負うことを言う。また労務の請負とは労働者派遣業のように，労働者の供給を請け負うことを言い，自ら労務を提供することはこれに当らない。

【6】 出版・印刷・撮影（同条6号）

【7】 場屋取引（同条7号）

公衆の来集に適する設備を設けて，来集する客にそれを利用させる行為を言い，ホテル，旅館，レストラン，劇場，遊園地，ボーリング場，プールなどがこれに該当する。

理髪店・美容室がこれに該当するか。判例は，理髪店等は単に労務を提供するものであり設備はそのために存するものとしてこれを否定するが（大判昭12・11・26民集16巻1681頁，東京地判平2・6・14判時1378号85頁），学説では商行為性を肯定する見解が多い。大審院昭和12年判決は，理髪業の譲渡が営業譲渡（当時の22条，現行商16条）に当たるか否かが問題となったケースである。場屋の主人の責任（商594条）との関連では学説の方が妥当ではなかろうか。

また，医療行為を営む社会福祉法人において，病院に患者を入院宿泊させる

ことは医療行為の一環であり場屋取引には当らない（大阪地判昭58・11・15労民集35巻6号669頁）。

【8】 両替その他の銀行取引（同条8号）

両替商および受信・与信の両方を行う金融業者をいい，銀行がこれに当たる。いわゆる貸金業や質屋営業は自己の資金により金銭の貸付をするものであり，判例，学説ともに銀行取引に当たらないと解する（最判昭50・6・27判時785号100頁）。立法論的には商行為性を認めるべきであるとの見解もあるが，会社形態で営むことがほとんどであろうし，また金利についてもこれを必ず定めているから，商法513条との関連では結果にほとんど影響しない。

【9】 保険（同条9号）

営利を目的とするもの（人保険，損害保険を問わない）を言い，社会保険や相互保険は含まれない。もっとも，相互保険を営む相互保険会社については，保険業法が商法504条以下の規定を準用している（保険業法21条2項）。

【10】 寄託の引受（同条10号）

典型的には倉庫営業者のように，他人のために物の保管を引き受けることを言う。

【11】 仲立・取次（同条11号）

仲立とは，他人間の法律行為の媒介を引き受ける行為であり，仲立人（商543条），媒介代理商（27条）を言う。

取次とは，自己の名をもって他人の計算において法律行為をなすことを引き受ける行為であり，問屋（商551条），運送取扱人（559条），準問屋（558条）を言う。

【12】 商行為の代理の引受け（同条12号）

他の者の委託によりその者にとって商行為である行為の代理を引き受けることを言う。締約代理商（商46条）などがこれに当たる。

【13】 信託の引受け（同条13号）

信託とは，特定の者が一定の目的（専らその者の利益を図る目的を除く）に従い財産の管理または処分およびその他の当該目的の達成のために必要な行為をすべきものとすることをいう（信託2条1項）。

▶▶4 附属的商行為

基本的商行為は，商人概念とは無関係に定義されるが，商人に関する法規制の整合性の見地から，商人が基本的商行為に関連してする行為を附属的商行為とする（商503条1項）。

例えばスーパーマーケットは（会社形態をとらなくても），食料品その他を農家やメーカーなどから安く購入し，消費者に対して一定の額を上乗せして販売し，その差額を収入とするから，商法501条1号に該当し，当該目的においてその商行為性を認められ，スーパーマーケット自体は商人と考えられるが，スーパーマーケットが営業のためにする行為（店舗の購入・借入れ，商品の配送委託，従業員の雇用，資金借入れなど）はすべて附属的商行為として商行為性を帯びる（雇用契約につき附属的商行為性を肯定した最判昭30・9・29民集9巻10号1484頁参照）。

　もっとも，個人商人の場合，営業以外の行為も行う（自分で食べるための食料品の購入，自宅建築のための資金借入れなど。非営利法人についても営利目的に関連する行為と非営利の行為がある）。とすると，取引の相手方に不測の損害が生じうる（民法と商法の適用の違いによる）。そこで，商人の行為はその営業のためにするものと推定され（同条2項），ある行為が附属的商行為でないこと（個人的な行為であることなど）は商人側が立証しなければならない。

　会社の場合は，前述のとおり，事業（営業と同旨）としてする行為も事業のためにする行為も商行為とされる（会社5条）。取引の安全の見地からはこれで十分かに思われるが，商行為性の推定が覆るケースがあることを認める下級審判決（大阪地判平11・3・19判時1688号169頁，東京地判平9・12・1金商1044号43頁）および，会社にも商法503条2項による商行為の推定が働くとした最高裁判例（最判平20・2・22民集62巻2号576頁）がある。

▶▶5　一方的商行為と双方的商行為

　一方的商行為とは，一方当事者にとって商行為である行為であり，スーパーと消費者との売買が典型である。双方的商行為とは，両当事者にとって商行為である行為であって，スーパーとメーカーとの取引がこれに当たる。原則としていずれにも商法が適用されるが（商3条2項），商法中には双方的商行為に限って適用があるものなどがあり，かなりの例外があることに注意を要する。

▶§2— 商行為の通則

▶▶1　総説

　第2編商行為第1章総則は，商取引の営利性，安全確実性，円滑・簡易迅速性といった特性に配慮し，民法規定を補充変更するものと言える。以下，条文に沿って，解説する。

▶▶2　商行為の代理と委任
【1】　商行為の代理

　代理人が本人のために代理行為を行うとき，民法では本人のためにすることを表示して行動するのが原則である（顕名主義。民99条1項）。表示しないときは代理人の行為は代理人自身のための行為であり，例外的に相手方が本人のためにすることを知っていたかまたは知りうべきであったときにかぎり本人に効果が帰属する（民100条）。

　他方，商法では原則と例外が反対であり，代理人は本人のためにすることを表示しなくてもよいが，相手方が（代理人の行為が）本人のためにすることを知らなかったときは代理人に履行請求してもよいものとされている（非顕名主義。商504条）。なお，代理するための行為は商行為であり，それは本人のために商行為となる行為のことをいう（最判昭51・2・26金法784号33頁）。また同条は相手方の善意のみを規定しているが，重過失ある者は含まれないとするのが多数説である（後述する最高裁昭和43年判決は過失の軽重を明確にはしていないものの，過失ある者は含まれないとする）。

　取引の相手方が，代理人に履行請求する際の法律関係はどのように解すべきか。504条本文を素直に読めば本人と相手方の間にも債権債務関係が発生することから問題となる。判例は，相手方は，本人と代理人のいずれかとの法律関係を選択することができるものと解する。すなわち，本来本人との間に生じうる法律関係を，但書によって代理人との間の法律関係を選択した場合は，本人との法律関係はなかったものとなる（最判昭43・4・24民集22巻4号1043頁）。学説においては，同条本文により本人と相手方の間に契約関係が成立し，相手方が取引の直接の当事者である者が代理人であることを知らないことに過失がない場合には，代理人に対しても履行請求権を有するものとする説が有力である。この説では本人と代理人は，相手方に対して不真正の連帯債務を負担することになる。

　後者の説においては，条文の文言に忠実であり，本人と代理人が連帯債務を負担する点では取引の相手方保護になりそうではあるが，相手方の代理人に対する抗弁が，本人に主張できないおそれもあり，必ずしも相手方保護にならない場合がありうる。

　一方判例の見解では取引の相手方の（本人か代理人かの）選択に応じて法律関係は単純明快になるものの，本人の（契約の効果が本人に帰属することの）期待を

裏切る結果になることや，条文の文言に忠実ではないこと，また本人の出現後に，本人の信用を考慮していなかった相手方に代理人と本人の選択権を与えるのは相手方を保護しすぎるのではないか，さらには本人から相手方に対する契約の履行請求訴訟係属中に相手方が代理人との法律関係を選択した際に，代理人の相手方に対する請求権の時効の扱いはどうなるのかといった問題が生じる。ちなみに時効については，本人の請求は，代理人の相手方に対する債権につき催告に準じた時効中断の効力を及ぼすものと解するのが，判例の立場である（最判昭48・10・30民集27巻9号1258頁）。

少数説ながら有力な第3の説もある。この説は，以下のように考える。相手方が，（代理人が）本人の代理人であることを知らないうちは但書を広く類推して代理人を契約当事者と捉えつつ，相手方の利益が不当に害されない限りにおいて，本人の出現後は本文の原則どおり本人を当事者として扱うべきであるとする。同条の趣旨を商取引の簡易迅速の要請ととらえるのではなく，非顕名の代理人は自己の信用を高く見せようとするため，相手方の保護を図る必要があり，そのため本人に契約の責任を負わせようという趣旨だという立場である。

立法論的には同条廃止も考えられるところであるが，条文の存在を前提として考えた場合，判例の見解が法律関係の早期安定に資するように思われる一方，学説としてはじめに紹介した見解は条文の文言に忠実であり，第3の説は条文の文言と実際との調和という点で説得力がある。

【2】 商行為の委任

商行為の受任者は，具体的に委任を受けていない行為も委任の本旨に反しないかぎりなしうる（商505条）。民法上の委任も同様に解しうることから，同条を単なる注意規定と解するのが通説である。また商行為の委任による代理権は，本人の死亡によっても消滅しないこととなっているが（商506条），これは民法の規定とは異なる（民111条1項1号）。それは，商人が代理人を選任して営業行為をさせているような場合を念頭に置いており，商人たる本人の死亡によって営業行為を中断させるべきではないからである。ただし，本人が商人ではなく，代理人に絶対的商行為を委任しているような場合にはこのように考える必要もないから，「商行為の委任による代理権」とは，本人のために商行為である授権行為によって与えられた代理権（例えば商人が支配人を選任するような場合）と捉えるべきとするのが，通説・判例（大判昭13・8・1民集17巻1597頁）である。

▶▶3　商事契約の成立段階
【1】　申込みの効力
　商行為につき，対話者間では契約の申込みを受けた者が直ちに承諾しないと申込みは失効する（商507条）。平成29年改正においてこの条文は削除される（後述平成29年改正民法525条参照）。

　また，隔地者間で，承諾期間の定めのない場合，申込みを受けた者が相当の期間内に承諾の通知を発しないとき申込みは失効する（商508条1項）。民法上の規定ぶりはやや異なるが（民524条），解釈により同様に解している。なお，平成29年民法改正により，民法524条は525条となり，以下のようになる。同条1項は現行法とほぼ同様であるが，但書によって，申込者に撤回する権利の留保を認める。同条2項では，対話者間において，対話継続中の撤回の権利を認める。3項では対話継続中に申込者が承諾の通知を受けなかった時はその申込みは効力を失うが，申込者は，対話終了後も申込みの効力を失わない旨を表示することができる。

　隔地者間で承諾期間の定めがあるときについて，商法上の規定はないが，民法により申込者はその期間内は申込の撤回をなしえず，期間内に承諾の通知を受けなかったときは申込みは失効する（民521条1項）。なお，平成29年改正民法では，同条は523条となり，1項但書によって申込者に撤回の権利を留保することを認める。

【2】　商人の諾否通知義務
　承諾期間を定めないときで，平常取引関係にある商人に対してその商人の営業の部類に属する契約の申込みがなされたとき，遅滞なく諾否の通知を発しないときは申込みを承諾したものとみなす（商509条）。取引の迅速主義と，申込者の合理的期待の保護，商人の専門性による決定の容易性を趣旨とするものである。

【3】　商人の物品保管義務
　商人がその営業の部類に属する契約の申込みを受けた際に，申込みとともに受け取った物品があるときは，申込みを拒絶する場合でも，申込者の費用をもってその物品を保管しなければならない（510条。例外あり）。商取引の迅速性から，申込みの際に承諾を期待して，もしくは見本として物品を送付することが往々にしてあるための規定であるが，申込者が商人とも平常取引をなす者とも限定されておらず（解釈上，隔地者に限定される。近隣の場合は早急に回収に赴くな

ど対応が可能だからである），申込みを受けた商人に酷ではないかとの批判もある。

▶▶4 商事債権の担保
【1】 多数債務者間の連帯
複数で債務を引き受ける場合，そのうち少なくとも一人にとって商行為であるときは連帯債務となる（商511条1項）。ただし反対の特約は可能である（判例）。民法上は分割債務が原則である（民427条）。

債権者にとってのみ商行為である場合に本条の適用はあるか。債権者が商人であるからといって，商人ではない債務者の責任を強化する必要はないから，これを否定するのが通説・判例（大判明45・2・29民録18輯148頁）である。

【2】 保証人の連帯
・主たる債務者が商行為により債務を負担したか，または
・保証が商行為であるとき

は，主債務者および保証人が各別に債務を負担したときであっても，当然に連帯保証となる（商511条2項）。ただしこれも反対の特約は可能である（判例）。なお民法上保証人の責任は（連帯保証の特約なき限り）二次的なものにすぎない。

保証が商行為である時とはどのような趣旨か。判例は銀行が第三者への貸付に非商人に保証になってもらう場合のように，保証させる行為が商行為である場合を含むと解するが（大判昭14・12・27民集18巻1681頁），学説の多数説は，銀行が取引先のために保証する場合のように，保証する行為が商行為であるときのみであると解している。1項の場合との均衡からも，また商事保証の信用強化が目的なのであれば，商人が保証する場合だけで十分であるからである。

なお，数人の保証人が各別に保証した場合も，保証人間にも連帯関係が生ずる（大判昭12・3・10新聞4118号9頁）。

▶▶5 商行為の営利性
【1】 有償性
民法では，他人のために何らかの行為をするにあたっては原則無償であり，有償とするには特約が必要と解されている。一方，商法では有償が原則である（商512条）。商人の専門性・営利性からの帰結である。もっとも，医師・弁護士等商人とされていない者でも有償を原則とすることはあり，専門性が有償性の主たる要素とも言える。

【2】 立替金・消費貸借の利息

民法では同様に金銭消費貸借は無償を原則とするが（民587条），商人間において金銭消費貸借をする場合，および商人がその営業の範囲内において他人のために金銭の立替えをしたときは，法定利息が付されることが原則である（商513条）。

【3】 法定利息

商行為により生じた債務の利息については，従前法定利率は年6分とされており（商514条），民法の年5分（民404条）より高めに設定されていた。

この法定利率については現在の市場相場との大きな乖離，また任意の合意が一般的であることと相まって，平成29年改正民法によって，商法514条は削除され，民法404条は年3％とし，かつ3年ごとの変動制になる。

【4】 流質契約の許容

民法においては契約による質物の処分（いわゆる流質契約。俗には質流れ）を禁止するが，商行為によって生じた債権を担保するために設定された質権につき流質契約は可能である（商515条）。それは，商人は自己の利害得失を計算できる上，迅速な質物処分により金融の円滑化を図る必要があるからであると説明され，被担保債権は商行為により生じたものでなければならない。もっとも，法文からは債権者または債務者のいずれか一方のために商行為であれば足りることになるが，債務者にとって商行為であるときに限り本条の適用があるものとすべきである（民法が流質契約を禁止するのは，債権者が暴利行為をすることを防止するためである）。ただし，質屋営業法により許可を得た業者（許可を得ないと質屋営業はできない。同法2条・5条）については，定めに則って質物の処分ができるし，また商人間においても譲渡担保（売買契約に類する形式で，財物を担保に取ること）による場合が多く，あまり意味のない規定である。

▶▶6 債務履行の場所

商行為によって生じた債務の履行場所は，その行為の性質または当事者の意思表示によって決まるが，それによって定まらないときは，以下のような定めが置かれる（商516条）。

【1】 特定物の引渡し

「その行為の時に」その物が存在した場所で行う。民法上は「債権発生の時に」その物の存在した場所（民484条）とされているから，差が生じるのは債務が停止条件付（「○○大学に合格したら（お祝い金をあげる）」というように将来発生する

か否か不確実な条件の成就により効果が発生する場合の条件を停止条件という），始期付のときである。債権者・債務者の一方にとって商行為であれば，本条が適用される。

【2】 その他の債務

履行時点での債権者の営業所（営業所がない場合は債権者の住所）において履行する。この点は民法の原則である持参債務と同様である（民484条）。

▶▶7 　商事留置権

【1】 意義

留置権とは，民法上債権者が，その債権と牽連関係にある物を留置することができる権利のことである（例えば，修理代金を払ってもらうまで，預かっている時計を依頼者に返却しなくてよいこととする権利）。商法上，商人間において継続的取引関係があるとき，各当事者はその一体的取引関係のなかから生じたものであるという程度の一般的関連があれば留置権を認める（商521条）。個別の取引ごとにいちいち担保権を設定するのは煩雑だからである。

【2】 成立要件

被担保債権については当事者双方が商人であり，当事者双方にとって商行為たる行為によって生じ，債権が弁済期にあることを要し，留置物については債務者所有の物または有価証券であり，債務者との商行為によって債権者がその目的物を占有したこととされる。民法と異なるのは，牽連関係が不要であることであり，例えば依頼先から金型等工作機械を預かって製品の製造を行っていたところ，依頼先が倒産してしまったような場合，製品の代金を支払ってもらうまで工作機械を返却しなくてもよい。

【3】 効力

基本的には，民法上の留置権の一般原則に従うことになる。

先ほど倒産の例を挙げたが，民法上の留置権は，債務者の破産開始決定後効力を失うのに対して（破産66条3項），商事留置権は特別の先取特権とされている（同条1項）。会社更生法上も権限が強化されている（会社更生2条10項）。民事再生法についても同様である（民事再生53条参照。また最判平23・12・15民集65巻9号3511頁参照）。

不動産に商事留置権が生じうるかという問題がある。これを否定する下級審判決（東京高判平8・5・28高裁民集49巻2号17頁）があり，抵当権との競合が生じ，不動産取引の安全を害するとも考えられる。もっとも，「物」には動産及び不

動産が含まれるのであって，商人間の継続的取引関係の中での不動産にも商事留置権を認める方が，両者間の信用取引の安全や取引の迅速性の観点からも妥当であるとする見解もある。ただし，建築物の建築を請け負った者が，請負代金につき建築物の敷地を必ずしも留置できるわけではない（東京高判平11・7・23判時1689号82頁参照）。すなわち，何をもって「占有」と言えるのかという問題がある（前述東京高判平成11年は，「目的物を占有しているといえるためには，債権者が自己のためにする意思をもって目的物に対して現実的物支配をしていると見られ得る状態にあること，すなわち債権者に独立した占有訴権や目的物からの果実の収受権等を認めるに値する状態にあることを要すると解すべきである」という）。

▶▶8 消滅時効

民法上は10年を原則とする消滅時効であるが，商行為により生じた債権の消滅時効は原則5年とされる（商522条）。商取引においては迅速な決済がなされることを考慮したものとされるが，当該規定も平成29年改正民法で削除される。改正民法は，債権者が権利を行使することができることを知った時から5年間行使しないとき，及び権利を行使することができる時から10年間行使しないとき，消滅時効にかかるものと定める（民166条1項）。

▶▶9 有価証券等

平成29年に民法が改正されたことにより，関係する法律の整備を定めた「民法の一部を改正する法律の施行に伴う関係法律の整備等に関する法律」が，整合性の調整のために商法の条文をも改正した。改正法は，民法，商法とも令和2（2020）年4月1日から施行される（民法の一部には例外がある）。有価証券について改正民法520条の2以下に，取引時間について同484条2項に，類似の規定が置かれる（取引時間については商事取引に特有の問題ではない）。

規定は削除されるが，他の章に関係することであるので，本章の最後に，有価証券に関してごく簡単に説明しておきたい。

有価証券の定義についてはなかなかの難問である。その名の通り，「財産的価値のある証券」ではあるが，手形・小切手のような完全有価証券とも呼ばれる典型的なものから，株券，社債券，倉荷証券，さらには現代的なプリペイドカードなど，多種多様である。すべてを包括する定義は諦めざるをえないが，一般的には「財産的価値を有する権利を表章する証券であって，権利の移転または行使に証券が必要となるもの」とされており，さしあたりこれで十分であろう（例えば株券については株主名簿に名前が記載されている限りにおいて株券の提示

がなくても株主権を行使できるが、株主名簿の名義書換には株券が必要であり、この定義が妥当する）。

さて、平成29年改正民法第3編第1章第7節（民520条の2から民520条の20）は新設される有価証券に関する規定である。第1款が規定する指図証券とは、証券に記載された債権者または債権者から適法に証券を譲受けた所持人に対して債務を履行しなければならないものであり、手形・小切手を始めほとんどの有価証券は指図証券性を有する。

第1款指図証券では、指図証券の譲渡は裏書の上証券の交付を要し（民520条の2）、裏書の方法は手形法に基づき（520条の3）、連続した裏書のある証券の所持人を適法な権利者と推定し（520条の4）、証券の善意取得者は保護され（520条の5）、いわゆる人的抗弁が制限され（520条の6）、質入れ（質権設定）の方法が定められ（520条の7）、弁済方法は取立債務とされ（520条の8）、債務者が履行遅滞となるのは弁済期日到来後に証券所持人が証券を提示して履行請求した時からであり（520条の9）、債務者に証券の所持人、署名及び押印の真偽の調査権があり（520条の10）、証券を喪失したときは非訟事件手続法100条の公示催告手続きによって当該証券を無効とすることができ（520条の11）、金銭その他の物または有価証券の給付を目的とする指図証券の所持人が当該証券を喪失したときは、非訟事件手続法114条の公示催告手続きをした上で、債務者に目的物を供託させるか、相当の担保を供して債務履行させることができる（520条の12）。

第2款（民520条の13から民520条の18）が定める記名式所持人払証券は、債権者を指名する記載がされている証券であって、その所持人に弁済をすべき旨が付記されているものである。特定の者を受取人として記載しているが「この小切手の持参人にお支払いください」との記載がある小切手などである。

第3款（民520条の19）は債権者を指名する記載がされている証券であって、指図証券または記名式所持人払証券ではないものについての規定である。債権譲渡の方法により譲渡し、質権設定の方法によって質権設定できるものとする。

第4款（民520条の20）は無記名証券の規定であるが、典型的には電車の乗車券（いわゆる切符）や商品券のように特定の債権者の記載がないものである。記名式所持人払証券の規定が準用されている。

★EXAM CHECK 08★

Q1 基本的商行為（絶対的商行為と営業的商行為）をする者が商人であり，商人が営業のためにする行為を附属的商行為という。一方会社は，事業としてする行為も事業のためにする行為も商行為であると定められている。○か×か。

Q2 営業的商行為は，反復的継続的に行われなければならないから，少なくとも複数回行われて初めて商行為となる。○か×か。

Q3 消費者ローンなどの貸金業者は，個人商人である限りにおいて商行為をなす者とは言えない。○か×か。

Q4 商事留置権は，民法上の留置権とは異なり被担保債権と担保物の牽連関係は不要であるが，破産法によれば，いずれも破産財団に対して消滅する。○か×か。

★Topic—08　商法（商行為）における保険と海商

　営業的商行為として13の業種が定められているが，本文でも述べたように，これらは商法制定時に特に参考にしたヨーロッパにおいて一般的であったものを羅列したものとされる。本来であれば，IT（ICT）など今日的な業種を商行為として商法が適用されるような方策が望ましいが，そのようにしない代わりに会社のする行為はすべて商行為とすることが妥協の産物であることも，本文で触れた。

　ところで，列挙された業種は，それぞれに消費者保護や労働者保護など，多くの視点から規制されるべきものであり，一例を挙げれば1号の不動産取引については不動産鑑定士や宅地建物取引士などの専門資格があり，5号の労務の請負＝労働者派遣は労働者保護の見地から労働者派遣法（正式には「労働者派遣事業の適正な運営の確保及び派遣労働者の保護等に関する法律」）の定めが，4号の運送については商法に海上運送に関する海商の規定が詳細にあるほか航空法などに規定がある。とりわけ9号の保険に関しては専門知識が必要なことも多く，消費者保護的見地からも，詳細な規定が必要であり，平成20年に商法から独立して保険業法を主として（実質的意義の商法の枠内ではあるが）1つの法分野を形成している。

　余談であるが，そのことも関係するのか，保険と海商については，司法試験の試験範囲から除外されている。商法分野は司法試験受験生からも範囲が広すぎるとの意見も漏れ聞かれるところであり，そのような措置になったようである。

　なお，試験範囲については，解釈の余地がないよう規定すべきところではあるが，法律である以上解釈問題が発生することはある。民事系科目には民事訴訟法および民事保全法も含まれるが，これらの改正により国際裁判管轄に関する規定が設けられた。司法試験法を見る限り含まれそうであるが，民事系科目で国際裁判管轄に関する問題は課さないとの一文が，法務省サイト内司法試験の箇所（「平成31年司法試験に関するQ&A」）に掲載されている。

【道野真弘】

09章— 商事売買
▶民法上の売買の特則

▶§1— 商事売買に関する商法上の規定の意義

商事売買に関する商法上の規定（商524条ないし528条）は，民法の売買の規定を原則とする特則である。また，これら商事売買に関する規定は，「商人間の売買」と明示されるように（524条1項・525条・526条1項），商人間の売買，すなわち当事者双方のために商行為（双方的商行為）である売買に限って適用される。商法の原則によれば，当事者の一方のために商行為となる行為については，その双方に商法適用されるが（3条1項），商事売買に関する規定は，例外である。なお，商事売買に関する規定は，任意規定である。これと異なる特約または商慣習がある場合には，それらに従うことになる。

▶§2— 売主の供託権および競売権（自助売却権）

商人間の売買において，買主がその目的物の受領を拒み，またはこれを受領することができないときは，売主は，その物を供託し，または相当の期間を定めて催告をした後に競売に付することができる（商524条1項前段）。この場合において，売主がその物を供託し，または競売に付したときは，遅滞なく，買主に対してその旨の通知を発しなければならない（524条1項後段）。損傷その他の事由による価格の低落のおそれがある物は，催告をしないで競売に付することができる（同条2項）。これは，民法494条および497条の特則である。すなわち，民法の原則によれば，買主が受領を拒み，もしくはこれを受領することができないとき，または過失なく買主を確知することができないときは，売主は，目的物を供託してその債務を免れることができるが（民494条），競売に付すことができるのは，目的物が供託に適しない場合，またはその物について滅失もしくは損傷のおそれがある場合，または保存について過分の費用を要する場合等に限られ，さらに裁判所の許可が必要であるとされる（民497条）。商事売買

におけるこのような競売権を自助売却権という。また民法の原則によれば，競売代金は供託され，売買代金に充当することは許されないのに対して（同条），商事売買の場合には，売主は，弁済期が到来しているのであれば，その全部または一部を代金に充当するが許される（商524条3項）。商法が商事売買につき競売するか否かの選択権を与え，裁判所の許可を不要とし，かつ，競売代金の売買代金への充当を認めたのは，商事売買の場合には迅速な法律関係の確定が求められ，売主に高い要保護性が求められるからである。

▶§3— 定期売買

商人間の売買において，売買の性質または当事者の意思表示により，特定の日時または一定の期間内に履行をしなければ契約をした目的を達することができない場合において，当事者の一方が履行をしないでその時期を経過したときは，相手方は，直ちにその履行の請求をした場合を除き，契約の解除をしたものとみなす（商525条）。このような，売買の性質または当事者の意思表示により，特定の日時または一定の期間内に履行をしなければ契約をした目的を達することができない売買を，定期売買（確定期売買）という。定期売買は，絶対的定期行為と相対的定期行為に二分される。絶対的定期行為は，このような定期履行性が契約の性質から生じるものであり，たとえば，お中元用のうちわの売買などである。これに対して，相対的定期行為は，定期履行性が当事者間の意思表示により求められるものであり，たとえば，特飲街をつくるという特殊な事情があり，そのため相場より相当安く土地を売却し，土地分譲を業とする売主がいつまでも安価な土地の提供にしばられることは不本意不合理であることから期日までに代金全額の支払いがあることに特別の関心を示し，買主もこれを了解して期日までに代金を支払うことを約束した場合などである（最判昭44・8・29判時570号49頁）。これは民法542条の特則である。すなわち，民法の原則によれば，定期行為の場合に，当事者の一方が履行をしないでその時期を経過したときは，相手方は，催告をすることなく，直ちにその契約の解除をすることができるとされるが（民542条），解除の意思表示は必要である。定期行為の履行遅滞について催告を不要とした民法の原則を，商法は，さらに解除の意思表示なくして解除の効力が発生するものとした。商事売買の場合には迅速な法律関係の確定が求められるからである。

▶§4─ 買主の検査および通知義務

　商人間の売買において，買主は，その売買の目的物を受領したときは，遅滞なく，その物を検査しなければならず（商526条1項），買主は，この検査により売買の目的物に瑕疵があること，または，その数量に不足があることを発見したときは，直ちに売主に対してその旨の通知を発しなければ，売主がその瑕疵または数量の不足につき悪意であった場合を除き，その瑕疵または数量の不足を理由として瑕疵担保責任の追及，すなわち，契約の解除または代金減額もしくは損害賠償の請求をすることができない（526条2項前段・3項）。また，売買の目的物に直ちに発見することのできない瑕疵がある場合においては，買主が6か月以内にその瑕疵を発見し，直ちに売主に対してその旨の通知を発しなければ，その瑕疵または数量の不足を理由として瑕疵担保責任の追及することができない（526条2項後段）。この場合，発見が6か月以内であることが求められるにすぎず，発見が6か月以内であり，かつ，直ちに通知を発信したのであれば，通知の発信は6か月をすぎても差し支えない。民法の原則によれば，売買の目的物に隠れた瑕疵または数量の不足があったときは，1年以内に（隠れたる瑕疵の場合には買主がその事実を知った時から1年以内に，数量の不足の場合には買主が善意のときにはその事実を知った時から1年以内に，買主が悪意のときには契約の時から1年以内に）買主はそれぞれ解除または代金減額請求もしくは損害賠償請求をなし得るとする（民570条・566条3項・565条・563条・564条）。商法526条の場合に比して民法の原則の場合には，1年という期間が長いだけでなく，買主が瑕疵や数量不足を知らない限り，いくら長期間が経過しても瑕疵担保責任を追及し得るという大きな違いがあることに注目しなければならない。これでは売主が（場合によっては非常に）長期間不安定な状態におかれる。商事売買の場合に求められる迅速な法律関係の確定に適合しない。また買主が商人であれば商品である目的物についての知識があるのが常であってかかる検査は容易であり，売主も目的物を引き渡したのち早い時期であれば引渡し当時の瑕疵や数量不足を調査することも容易・可能である。さらに，これによって売主は，仕入先等に対する権利を確保する機会が与えられ，また契約解除によって当該目的物が返品されてもこれを他の買主に売却する機会も生じる。そこで商法は，かかる特則を設け買主に検査・通知義務を負わせた。

本規定が特定物だけでなく不特定物売買にも適用されるか否かが論点となるが、判例・通説は、特定物か不特定物かを問わず適用されるとする（最判昭35・12・2民集14巻13号2893頁）。

　また動産だけでなく不動産にも適用されるか否かが問題となる。下級審裁判例は、不動産にも適用があるとし、この立場を立法趣旨に沿うものとして支持する見解が有力である（東京地判平4・10・28判時1467号124頁、東京地判平10・10・5判タ1044号133頁、東京地判平10・11・26判時1682号60頁、東京地判平18・9・5判タ1248号230頁、東京地判平23・1・20判タ1365号124頁）。

▶§5── 買主の保管および供託義務

　商人間の売買において、その売買の目的物に瑕疵または数量不足により買主が契約の解除をしたときであっても、買主は、売主および買主の営業所（営業所がない場合にあっては、その住所）が同一の市町村の区域内にある場合を除いては、売主の費用をもって売買の目的物を保管し、または供託しなければならず、その物について滅失または損傷のおそれがあるときは、裁判所（売買の目的物の所在地を管轄する地方裁判所）の許可を得てその物を競売に付し、かつ、その代価を保管し、または供託しなければならない（商527条1項2項4項）。買主が売買の目的物を競売に付したときは、遅滞なく、売主に対してその旨の通知を発しなければならない（527条3項）。この保管および供託義務規定は、売主から買主に引き渡した物品が注文した物品と異なる場合における当該売主から買主に引き渡した物品、および、売主から買主に引き渡した物品の数量が注文した数量を超過した場合における当該超過した部分の数量の物品についても、準用される（528条）。民法の原則では、売買の目的物に瑕疵または数量不足により買主が契約の解除をした場合、買主は原状回復義務を負い当該目的物を返還する義務を負うにすぎない（民545条）。物品が注文した物品と異なる場合、または、物品の数量が注文した数量を超過した場合であっても、目的物を返還する義務を負うにすぎない（そもそも、かかる物品を受け取る義務もない）。そこで商法は、527条および528条において特則を設けて買主に義務を負わせ売主を保護した。これにより、売主は返還される場合の運送過程における売主が負担すべき危険から免れ、売主に当該目的物を転売する機会が確保される。

　なお、買主が保管供託義務を負うのは、売主が善意の場合に限られる。商法

527条が,「前条第一項に規定する場合」とし,526条3項は悪意であった場合には適用しないとするからである。

★EXAM CHECK 09★

次の各文章の正誤を答えなさい。

Q1 商事売買に関する規定は,商人間の売買に限って適用されるのであって,当事者の一方のために商行為である売買には適用されない。

Q2 商人間の売買において,買主がその目的物の受領を拒み,またはこれを受領することができないときは,売主は,その物を供託してその債務を免れることができるが,競売に付すことができるのは,目的物が供託に適しない場合,またはその物について滅失もしくは損傷のおそれがある場合,または保存について過分の費用を要する場合等に限られ,さらに裁判所の許可が必要である。

Q3 商人間の売買において,売買の性質または当事者の意思表示により,特定の日時または一定の期間内に履行をしなければ契約をした目的を達することができない場合において,当事者の一方が履行をしないでその時期を経過したときは,相手方は,催告をすることなく,直ちにその契約の解除をすることができる。

Q4 商人間の売買において,買主は,その売買の目的物を受領したときは,遅滞なく,その物を検査しなければならず,買主は,この検査により売買の目的物に瑕疵があること,または,その数量に不足があることを発見したときは,直ちに売主に対してその旨の通知を発しなければ,売主がその瑕疵または数量の不足につき悪意であった場合を除き,その瑕疵または数量の不足を理由として瑕疵担保責任の追及,すなわち,契約の解除または代金減額もしくは損害賠償の請求をすることができない。

Q5 買主が保管供託義務を負うのは,売主が善意の場合に限られる。

★Topic—09　商法526条と土地の売買

　商法526条が土地の売買において問題となる。土地の売買では，土壌が汚染されている場合や地中から産業廃棄物が発見される場合がある。しかも，地中の産業廃棄物や土壌汚染は容易には発見し得ない。例えば，実際のケースでは，土地の売買契約を締結し，土地の引渡しを受けた後になされたボーリング調査では地中に障害物は発見されなかったにもかかわらず，その後工事に着工し杭工事を開始したところ，地中にガスボンベ2本，タイヤ1本，巨大なコンクリート塊，ビニール片，電気コード，切りくず等の産業廃棄物が埋まっていて杭工事を続行することができず，そのため，ほんらい杭工事には必要のない，ミニショベルであるユンボを借り入れて，コンクリート塊等の除去を行わなければならず，これら障害物の除去作業等の費用として248万4000円追加的にかかったという（東京地判平10・10・5判タ1044号133頁）。このような場合，買主としては，通常，売主に対して瑕疵担保責任を追及したいところであろう。ところが，商法526条2項は，商人間の売買において，たとえ売買の目的物の瑕疵が直ちに発見することのできないものであっても，買主が6か月以内にその瑕疵を発見し，直ちに売主に対してその旨の通知を発しなければ，瑕疵担保責任の追及をすることはできないと規定する（売主がその瑕疵につき悪意であった場合を除く。同条3項）。そこで，同規定が動産だけでなく不動産にも適用されるか否かが問題となる。

　この点，下級審裁判例は，「……商法526条は，その文言上，土地についての瑕疵を除外していないし，商取引における迅速性の確保という同条項の趣旨は，土地等不動産の取引にも当てはまるものであ」り，「土壌汚染は，専門的な調査が必要であるが，引渡しを受けた目的物を調査するだけで発見できるものであるから，他の瑕疵に比しても買主に特別に困難を強いるものではな」いとして本条の不動産売買への適用を肯定する（東京地判平21・3・6裁判所Web）。なお，「……土壌汚染の有無の調査は，一般的に専門的な技術及び多額の費用を要するものである。したがって，買主が同調査を行うべきかについて適切に判断をするためには，売主において土壌汚染が生じていることの認識がなくとも，土壌汚染を発生せしめる蓋然性のある方法で土地の利用をしていた場合には，土地の来歴や従前からの利用方法について買主に説明すべき信義則上の付随義務を負うべき場合もあると解される」としたものがある（東京地判平18・9・5判タ1248号230頁）。

　もっとも，本条は任意規定にすぎず，当事者間の合意によって排除することができる。例えば，売買契約において，土地に隠れた瑕疵があったときは土地の引渡しから1年間に限り，売主は瑕疵担保責任を負うものとするとの合意がなされたケースで，「……商法526条2項の瑕疵担保責任に基づく損害賠償等の制限と異なる合意をするものであるから，原告と被告との間で本件売買契約に商法526条2項を適用せず，引渡しから1年間に限り被告が瑕疵担保責任を負うことを合意したものというべきである」とした下級審裁判例がある（東京地判平25・11・21裁判所Web）。

【新津和典】

10章— 国際取引/電子取引
▶複合的で新しい取引法の領域

▶§1— 国際取引

▶▶1 緒説

　国際取引法は商取引であり，商法の一分野でもあるが，国境を越える私法上の取引であることから国際私法の一分野でもあり，また国際取引法という一分野とも言える，様々な要素が絡み合った法分野である。商品取引のために，運送，保険，支払決済等が必要となり，後に紛争が生じないよう厳密な合意（契約）が重要となる。

　例えば，大阪市にあるA商会が，ロンドンにあるB社との間で，大型機械の売買契約を締結したとする。売主であるA商会は買主であるB社に大型機械を送り届け，B社から代金の支払いを受けなければいけないが，これだけ見れば国内企業同士の売買契約と特段違いはない。ところが，国境を越えるということはルールも違えば慣習も違う。輸送すべき距離・時間も国内よりは長いことが多い。そして，A商会とB社以外に，目的物の輸送を担うC海運と，代金の送金を担うD銀行，目的物の輸送にあたって保険を引き受けるE保険が，両者の売買契約に基本的には介在する。

▶▶2 当事者の合意
【1】 契約書作成

　契約一般に通じることであるが，本来，口約束だけで成立するものであったとしても，両者の合意を文章にし，かつ両者の署名をすることで，合意内容が明確になり，合意があったことが（意思表示の瑕疵・欠缺の可能性はあるとしても）明らかとなる。言語，慣習，文化の異なる国際取引にあっては，この合意が決定的な意味を有する。どちらの言語で作成するか，両方の言語で作成するか，その場合翻訳作業をどうするかなど，国内では念頭に置かなくてよいようなことまで，細心の注意を払う必要がある。

【2】インコタームズ

　これに関連して，よく用いられる貿易用語も，必ずしも一義的ではない。日本の輸出入取引の9割以上がFOB（Free on Board），CIF（Cost, Insurance and Freight）またはCFR（Cost and Freight。C&Fとも表記される）によると言われているが，これらは何のことかと言えば，取引条件を表している。これらが別意に理解されると契約当事者間で意思の疎通が図れなくなるため，国際商業会議所（International Chamber of Commerce）が用語の統一を試みており，それがインコタームズ（INCOTERMS: International Commercial Terms。正式にはInternational Rules for Interpretation of Trade Terms）と呼ばれている。詳細は省略するが，FOBは本船渡と訳されることもある。すなわち，ある製品の輸送について，買主によって指定された船に積込み，その積込みまでの費用を売主が負担し，積み込んで以降は危険負担も含め，費用負担が買主側に移るものである。CIFは，売主が運送契約や保険契約を締結し，売買代金にも運賃や保険料が含まれている形式である（なお，CFRは保険契約のみ売主負担でない以外はCIFと同様である）。

【3】ウィーン売買条約

　国際的な取引にあっては，国際結婚のような文化，宗教，風俗がぶつかり合うような場面ではなく，極めて技術的側面が強い。したがって，（慣習等多少の隔たりはあるとしても）統一的な取引条件のもとで合意形成できる可能性は高い。これを実現するための条約として，国連国際商取引法委員会（UNCITRAL）が起草したウィーン売買条約（CISG: United Nations Convention on Contracts for the International Sales of Goods）があり，加盟国は89か国となっている（2017年現在）。日本企業の国際取引の8割がこれら加盟国企業との間でなされると言われており，この条約の意義は大きい。

　CISGは売買取引に限られており，その中身は実際的，明快・簡素である。もっとも，例えば日本の民法が原則任意法規であるのと同様，一般私法に準じてCISGも任意性が高く，その結果，両者の合意の重要性は，やはり高い。そのため，インコタームズのような，貿易用語の統一は非常に重要な意義を有する。

▶▶3　運送契約

　売主のAか買主のBのいずれが契約するかによって若干の違いはあるものの，いずれにせよ大型機械を運ぶため，Cと運送契約を締結する必要がある。例えばCIF条件での取引とする（Aが運送契約を締結する）場合，Aが船荷証券

を発行してもらい，これをBに送付する。Bは，この証券をCに呈示することで，大型機械を引渡してもらえることになる。Bが大型機械を別のGに売却する予定であれば，船荷証券をGに裏書譲渡することで，大型機械もGがCに呈示すると取得可能になる。

▶▶▶4　保険契約

Aは，大型機械に対して，E保険に依頼して保険をかけ，保険証券を発行してもらう。Aは当該保険証券をBに（船荷証券とともに）送付することにより，万が一の場合の保険金を，BがEに対して請求することが可能となる。

▶▶▶5　代金の決済

Aは，Bから代金を回収しなければならないが，この際，為替手形が用いられる。Aは，Bを支払人とする為替手形を作成し，D銀行に買い取ってもらう。D銀行は一定の手数料を差し引いた残りをAに支払い（手形割引），当該為替手形はBの所在地にあるD銀行支店からBに呈示し，支払いを受けた段階で，船荷証券，保険証券をBに交付する。先述のように，支払いのことを考えなければ，船荷証券，保険証券をBに送付すればよいが，支払いの担保のために，通常はD銀行にそれら証券を交付し，D銀行は為替手形の支払いと引き換えに，それら証券をBに交付することになる。

なお，Bの信用がはっきりしない場合は，D銀行は為替手形の取得に及び腰にならざるをえない。その際は，荷為替信用状が発行されることがある。すなわちBが自己の取引先であるH銀行に対して信用状の発行を依頼し，H銀行は信用状発行条件に合致するか否かを判断して信用状を発行する。発行された信用状はAに送付され，Aは船荷証券，保険証券，信用状が添付された為替手形をD銀行に呈示し，Dはそれで納得すれば，為替手形を取得し，Aに代金を支払う。

▶§2── 電子取引

▶▶▶1　緒説

現代社会では，インターネットを通じた取引が盛んに行われている。基本的には，ネットという技術を通じての取引ということに過ぎず，民商法の規制で対応できる部分も多いが，対面ではなく自筆の署名等も基本的にはできない画面を隔てての取引であるため，本人確認や契約成立のタイミングなど，通常の

取引とは異なる状況もある。これらについて，どのような規制がなされているのか，概観する。

▶▶2 取引の成立

先述のとおり，あくまでインターネットを通じているというだけであり，契約成立等に関する民商法の規制はそのまま妥当する。すなわち，到達主義（民97条1項）に基づき，申込と承諾の意思表示がそれぞれ契約の相手方に到達しその合致があると考えられる段階で契約は成立する（改正前民526条1項は契約の成立を承諾の意思表示の発信の際とするが，この条文は平成29年改正により改正法施行後削除される）。商人間では，契約の成立不成立の早期確定が望ましく，その結果，隔地者間において承諾期間を定めずに契約の申込みを受けた者が相当の期間内に承諾の通知を発しなかったときは，その申込みは効力を失う（商508条1項）。また，商人が平常取引をする者からその営業の部類に属する契約の申込みを受けたときは，遅滞なく，契約の申込みに対する諾否の通知をしなければならず，その通知を怠ったときは，当該商人は契約の申込みを承諾したものとみなされる（商509条）。

ネット上で問題となりがちなのは，錯誤である。画面上で製品を確認するだけであるから，欲するものとの乖離が大きいことが少なくない。通常は，民法95条が適用されることでよい。ただし，民法95条3項（平成29年改正後のもの）が定める，錯誤者の重過失による錯誤は原則として意思表示の取消ができないとする規定に対し，電子消費者契約民法特例法（現行正式名称は「電子消費者契約及び電子承諾通知に関する民法の特例に関する法律」。平成29年改正法では「電子消費者契約に関する民法の特例に関する法律」）3条は，消費者が行う電子消費者契約の申込みまたは承諾の意思表示につき，意思表示に対応する意思を欠く錯誤であって，その錯誤が法律行為の目的および取引上の社会通念に照らして重要なものであり，かつ，次のいずれかに該当するときは適用しないものとする。消費者がその使用する電子計算機を用いて送信した時に，①当該事業者との間で電子消費者契約の申込みまたはその承諾の意思表示を行う意思がなかったとき，②当該電子消費者契約の申込みまたはその承諾の意思表示と異なる内容の意思表示を行う意思があったとき。

同条はそのただし書において，さらに当該電子消費者契約の相手方である事業者が，当該申込みまたはその承諾の意思表示に際して，電磁的方法によりその映像面を介して，その消費者の申込みもしくはその承諾の意思表示を行う意

思の有無について確認を求める措置を講じた場合またはその消費者から当該事業者に対して当該措置を講ずる必要がない旨の意思の表明があった場合は，この限りではないとする。

例えば，何ら購入する意思がなかったのに，スマートフォンをいじっていて購入ボタンを押してしまったような場合は契約は成立しないが，1度ないし数度の確認画面を表示し，契約内容を確認させる措置を講じている場合，契約は成立することになる。

錯誤の問題に加えて，実際には売るべき商品がないのに購入をそそのかしたり，粗悪品を売りつけるなどの詐欺的行為も問題となる。この場合は，民法の原則に基づき，不法行為による損害賠償請求（民709条），代金を支払った場合は不当利得返還請求（民703条）ができる。もっとも蛇足ではあるが，事実上このような請求が可能か否かは，相手方の誠実さにかかっている（通常は不誠実であろう）。

▶▶3 取引の決済

【1】本人確認

最も重要であろうことは，契約当事者の本人確認である。なりすまし等があると，無権代理となり，決済が不可能となる（無権代理人を特定することも困難であろう）。そこで，電子署名及び認証業務に関する法律3条は，「電磁的記録であって情報を表すために作成されたもの（公務員が職務上作成したものを除く）は，当該電磁的記録に記録された情報について本人による電子署名（これを行うために必要な符号および物件を適正に管理することにより，本人だけが行うことができることとなるものに限る）が行われているときは，真正に成立したものと推定する」と規定する。一般的には，秘密鍵によって作成した暗号を相手方に送信し，相手方は公開鍵でこれを解除する。公開鍵は秘密鍵とペアとなるため（すなわちA秘密鍵で作成された暗号はA公開鍵でのみ解除でき，B公開鍵では解除できない），一定程度なりすましを防止できる。

【2】決済方法

これには前払い式，同時履行式，後払い式がある。前払い式はいわゆるプリペイドカードや，チャージ可能なカードに金銭情報をあらかじめ入力しておき，カードリーダー等により相手方に送金するものである。同時履行式は商品の受取りと同時に代金を支払う形式で，宅配業者に委託して徴収するケースが典型的である。後払い式はクレジットカードによる決済が一般的であろう。

従来，一般的な商取引においても現金決済か，信用決済が行われていた。信用決済とは，現在のクレジットカード会社と同じく，債務者の経済的信用をもとに，支払いを後日（支払期日）に延期する形である。従来の関西でいう五・十日（ごと（お）び）払いのように，毎月5や10の倍数の日に債権者が債務者のもとに支払い代金を回収に行くとか，あるいは手形（約束手形・為替手形）の利用による後日払いがなされていた。

　最近では，手形の代わりに電子債権が用いられることがある。正確には手形の代わりではなく，手形の問題点を克服した新たな金銭債権であるとの説明もあるが，電子債権とは，電子記録債権法に基づき，電子債権記録機関（主務大臣（法務大臣・内閣総理大臣）の指定を受けた，電子債権の記録等の管理をする株式会社）が電磁的に記録された内容に基づき，記録された支払期日に，債務者から債権者への弁済を約するものである。

　また，一部では仮想通貨による決済も始まっている。仮想通貨とは，電子マネー（前述のチャージ可能なカードに，実際の現金（例えば円）と交換可能な金銭情報を入力して用いるようなもの）や，ゲームメーカー等が提供する，一部の仮想世界のみで用いられるものとは異なり，現金の裏付けのない通貨（国等の信用の裏付けがないから貨幣とは呼べないであろうが，いずれにせよ経済的価値のあるものとして事実上流通している通貨であることは間違いない）である。現時点では，仮想通貨の取引は，金銭というよりも商品という扱いであるが（すなわち，商品としての仮想通貨に，投資家が投資をしている。そのため，業界は反発したものの「暗号資産」に通称を変更する改正資金決済法（資金決済に関する法律）が成立した），仮想通貨での決済もなされている。それは，本来なら銀行など金融機関を通じて，債務者から債権者に現金ないし金銭情報を送信していたところ，それには手数料が発生するが，仮想通貨を決済に用いる場合は金融機関を通す必要がなく，手数料が発生しない点がメリットである。一部の企業では，消費者向けにも決済方法として仮想通貨を用いることを認めるところも出始めている。

　もっとも，課税逃れや不正流出など，多くの問題点が指摘されており，大々的にニュースでも報道されている。今後，世界的な規制がなされることが望まれる。日本でも資金決済法などで規制が始まっているが，日本だけで規制しても，規制の弱い国があれば，そこの経済市場において，抜け道が形成されかねない。

★EXAM CHECK 10★

Q1 国際取引は商取引ではあるが，国境を越える取引のため，とりわけ問題となるのが，どの国の法律が適用されるかという点である。この点をクリアにするため，契約書の作成は，理論的には契約成立の要件ではないものの，重要性が高く，どの言語で作成するかなども含め慎重を期さねばならない。この文章に間違いはあるか。ある場合は，その部分を指摘しなさい。

Q2 ネット上の取引において，自らの端末（スマートフォン）などをいじっていて，購入する意思がなかったのに購入ボタンを間違って押してしまった場合，それだけでは売買契約は成立しない。ただし，業者側が1回以上契約内容を確認させる措置を講じている場合，契約は成立する。○か×か。

★Topic—10　電子債権，電子署名などICTの活用

　有価証券は，本来は流通促進のため紙面化し，その紙に権利を結びつける（表章とか化体という）ことで，目に見えない権利を目に見えるようにして，例えば二重譲渡の危険などを抑制することとした。

　ところが，紙は，流通量が増加すればするほどコスト増になることが理解されるようになって，むしろ現物としての紙が邪魔になるようになった。AさんからBさんにある権利を譲渡するのに有価証券を用いると，確かに二重譲渡等の危険は少ないかもしれないが，輸送中の紛失の危険に対処するため保険をかけるなどコストはかかる。株式のように何億何十億株と取引されるようになれば，その負担は大きい。

　そのような中でIT（昨今はICT〈Information & Communication Technology〉ともいう）の進展により電子的なやりとりが可能になると，むしろ紙に結びつけた権利を，電子化した方が流通しやすくなる。上場会社は株券を発行することができず，すべて電子的にオンライン上で売買するようになった。

　従来より，支払い手段としてよく用いられてきた手形や小切手も，では電子化すべきか。これは，事業規模による。株式（株券）にしても，上場会社のように流通量が多い場合は格別，中小企業では企業によっては株券を使った方がいい場合もあるかもしれない（もっとも，出資者が身内に限られる閉鎖的同族会社では流通させる必要に乏しい）。

　現在，電子債権（電子記録債権）が用いられることがある。全国銀行協会が100％出資するでんさいネット（通称。正式には株式会社全銀電子債権ネットワーク）のサイト（https://www.densai.net/）によれば，手形・売掛債権の問題点を克服した新たな金銭債権と説明しており，電子記録債権法に基づいて運用されている。

　署名についても，わが国では肉筆での署名に加えて捺印をするなど，実物を尊重する風習が根強いが，最近では電子署名（電子認証）も一般化している。

　電子化することによって，なりすましやハッキングによる情報漏洩（権利の窃取）等もありうるとはいえ，それに対処するのが電子署名であったり，またセキュリティのための暗号技術であったりする。手形や株券よりは紛失のおそれも少なく，何よりも印紙税がかからないことが利点として挙げられる。

【道野真弘】

11章 — 仲立営業
▶仲介業の1つとしての仲立営業

　他人（委託者）から委託を受けた者（仲介者）が，委託者と第三者との間で取引が成立するように何らかの関与をするのが仲介である。仲介者がどのような形で取引に関与するのかによって仲介は，代理・媒介・取次ぎの3つの形態に区分できる。

　このうち本章では，営業として媒介をする仲立営業を取り上げる。仲介者である仲立人は委託者・第三者間で法律行為が成立するように尽力する。仲立人自らは法律行為をしない点が他の2つの形態と比べたときの特徴である。

▶§1— 仲介業

▶▶1　必要となる背景

　例えば新規顧客の獲得・営業エリアの拡大・営業の多角化を通じて商人が営業を拡大しようとするとき，新たに営業所を設置したり，新たに商業使用人を雇い入れたりして対処することが考えられる。このような対処をするには多額の固定費がかかるが，それに見合う売上げが上がるとは限らない。あるいは多角化する営業についての専門知識がその商人には不足していることもありうる。そこでこのような弱点を軽減したうえで営業を拡大するために，その商人の外部に位置する専門知識を有する者（企業外補助者）を利用することが考えられる。例えば商人から委託を受けた補助者が取引の相手方を探し出してきて，その商人との間に取引が成立するごとに，手数料という形で商人が補助者に対して報酬を支払うことにする。上記固定費の節約も可能であるし，補助者の専門家としての経験・知識を利用できる。商業使用人に対しては商人は監督義務を負うが（民715条），企業外補助者に対しては監督は不要であるという利点もある。

　上記補助者がしているように，他人から委託を受けてその他人と第三者との

間で取引が成立するように何らかの関与をすることを仲介という。

▶▶2 仲介の形態と商法の定め

【1】 仲介の形態

　仲介の形態にはどのようなものがあるのか。言い換えると補助者（仲介者）がどのような形で取引に関与するのか。委託者，受託者＝仲介者，第三者＝取引の相手方を巡る法的関係を基準にして，仲介は3つの形態に区分できる。

　第1に，代理である。本人（委託者）のためにすることを示して代理人（受託者）が意思表示をすると，その効力が本人について生じる。つまり代理人自らが第三者と法律行為をし，本人と第三者との間に法律関係が生じる。

　第2に，媒介である。仲立ちともいう。他人間（委託者・第三者間）で法律行為が成立するように尽力することである。媒介は事実行為であり，媒介をする者（受託者）は自らは法律行為をしない。

　第3に，取次ぎである。自己の名をもって他人（委託者）のために第三者と法律行為をすることである。自ら法律行為をする点で代理と同じである。しかし第三者との間で法律関係が成立するのが，仲介者（取次ぎをする者）である点で代理と異なる。

【2】 仲介業・仲介業者

　営業として仲介をするのが仲介業であり，仲介業の主体が仲介業者である。商法は仲介業・仲介業者について定めを置いている。主体である仲介業者を基準にすると，代理商・仲立人・問屋・準問屋・運送取扱人についての定めである。上記【1】の3つの形態に，いずれの仲介業者の行為が含まれるのかは次の通りである。

　代理に該当するのは，代理商のうち締約代理商のする行為である（→5章§4）。媒介に該当するのは，仲立人および代理商のうち仲介代理商のする行為である（→5章§4・本章）。取次ぎに該当するのは，問屋・準問屋・運送取扱人（取次商）の行為である（→12章・13章）。

▶§2— 仲立営業

▶▶1 意義

【1】 仲立人

仲立人とは，他人間の商行為の媒介をすることを業とする者である（商543条）。商事仲立人ともいう（→【2】）。商法は，媒介（→§1▶▶2【1】）が営業としてされる場合すべてではなく，媒介の対象となる行為が商行為である場合のみを仲立営業とする。委託者・相手方のいずれか一方にとって商行為であれば足りる。

媒介とは，他人間（委託者・第三者間）で法律行為が成立するように尽力することである（→§1▶▶2【1】）。例えば法律行為（契約）の相手方となりうる者を探してきて委託者に紹介したり，契約交渉の場所を提供したり，契約条件に差異がある場合に間に入って交渉を促進したり，契約に必要な書類を整えたりすることである。

媒介をすることを業とするとは，媒介を引き受けることを営業とすることである。媒介を引き受けること，すなわち媒介＝仲立ちに関する行為は営業的商行為であるので（502条11号），それを営業とする仲立人は商人である（4条1項）。

仲立人の例として旅行業者がある。ホテルと宿泊希望者の間に入って宿泊契約が成立するように尽力したり，鉄道会社と乗車希望者の間に入って旅客運送契約が成立するように尽力したりする場合の旅行業者である。不動産仲介業者（宅地建物取引業者）も，——場合によって民事仲立人にもなるが（→【2】）——仲立人の例である（→★Topic-11参照）。営業所として使用するためにオフィスビルの一室を賃借しようとする商人と同ビルの所有者との間で賃貸借契約が成立するように尽力する場合の不動産仲介業者である。

【2】 民事仲立人

他人間の商行為以外の行為の媒介，すなわち当事者双方いずれにとっても商行為ではない行為の媒介は，商法の定める仲立営業にいう仲立ち（商事仲立ち）に該当しない。民事仲立ちという。民事仲立ちおよびそれを業とする者には仲立営業に関する規定（商543条以下）は当然には適用されないが，類推適用の可否が問題になる。

民事仲立ちに関する行為も仲立ちに関する行為であり，営業的商行為である

（502条11号）。それゆえ民事仲立ちに関する行為を業とする者は商人である（4条1項）。民事仲立人といい，これと区別するために商法543条の仲立人を商事仲立人ということもある。

民事仲立人の例として，不動産仲介業者（宅地建物取引業者）がある（最判昭44・6・26民集23巻7号1264頁）。同者は（商事）仲立人にも該当しうるが（→【1】），自宅用として使用してきた住宅を売却しようとする者と自宅用の住宅を購入しようとする者との間で住宅の売買契約が成立するように尽力する場合の不動産仲介業者は民事仲立人である。結婚相談所（仲人）・家庭教師の斡旋業者も民事仲立人の例である。

▶▶2 仲立契約

委託者が仲立人（受託者）に，（少なくとも委託者・第三者のいずれか一方にとって）商行為である行為の媒介を委託し，仲立人がこれを引き受けることによって仲立契約が成立する。仲立契約は，媒介という法律行為でない事務（事実行為）をすることを委託する契約であり（→1【1】），準委任である（民656条）。仲立人は，委託者と第三者との間に契約が成立するように尽力する義務を，委託者は，契約が成立した場合に報酬を支払う義務を負う。民事仲立ちの場合には，（委託者・第三者双方いずれにとっても）商行為ではない行為の媒介を受託者が委託し，仲立人がこれを引き受けることによって民事仲立契約が成立する。

仲立契約には2種類ある。1つは，双方的仲立契約であり，上記で説明したものである。もう1つが一方的仲立契約である。仲立人は上記尽力義務を負わないが，仲立人が尽力した結果契約が成立した場合には，委託者は報酬を支払うという内容である。請負に類似した特殊の契約である（民632条参照）。

双方的仲立契約が一般的であり，仲立人と委託者との間で特約があるなど特別の事情がない限り仲立契約は双方的仲立契約であると解してよい。

▶§3— 仲立人の義務

仲立人は準委任契約に基づき，委託者のために善良な管理者の注意をもって媒介をしなければならない（民656条→民644条）。双方的仲立契約の場合にはその一環として，委託者と第三者との間に契約が成立するように尽力する義務を仲立人が負う。民事仲立人についても同じである。

加えて商法は特に，下記の義務を（商事）仲立人に課している。仲立人はこ

れらの義務を委託者に対してのみではなく，第三者（取引の相手方）に対しても等しく負っている。相手方とは契約関係にはないが，仲立人は委託者と相手方との間に立って両当事者の利益を公平誠実に図る義務を負っていることの表れである。民事仲立人は下記義務を負わない。

　下記義務のうち▶▶1－▶▶3は，いずれも当事者間で紛争が生じた場合に備えて，証拠を保全させる趣旨，裏返すと紛争の防止を図る趣旨で設けられた点において共通する。

▶▶1　見本保管義務

　仲立人は媒介する行為について見本を受け取ったときは，その行為が完了するまで見本を保管しなければならない（商545条）。当事者間で紛争が生じた場合に備えて，証拠を保全させる趣旨である。これにより売買の目的物が見本と同一性質のものであることを立証することが容易になる。委託者あるいは第三者（取引の相手方）いずれから見本を受け取ったかに関わりなく適用される。

　この義務が実際に問題になるのは見本売買（見本を示して，売買の目的物の品質を担保する売買）においてである。

　行為の完了までとは，契約上の債務の履行がなされた，つまり目的物の給付がなされた時点までを意味するのではない。目的物の品質をめぐる紛争が起こらない，または解決されたことが確実になった時点までを意味する。例えば当事者間で和解が成立した時点まで，契約不適合責任を追及できる期間が経過する時点まで（526条2項，民566条）である。

▶▶2　結約書の作成・交付義務

　当事者間つまり委託者・相手方間で契約が成立したときは仲立人は，遅滞なく①各当事者の氏名または名称（当事者が黙秘を命じた場合（商548条）を除く），②契約年月日，③要領を記載した書面を作成し，署名または記名押印して各当事者に交付しなければならない（546条1項）。この書面を結約書という。契約が成立したことおよびその内容を明らかにした書面を各当事者に保管させて，紛争の防止を図る趣旨である。結約書は商法の規定によって作成が義務付けられる証拠書類に過ぎず，契約当事者間で作成される契約書でもなく，契約の成立要件でもない。

　当事者が契約を直ちに履行するものではないときは仲立人は，交付した結約書に各当事者に署名または記名押印させた後に，これをその相手方に交付しなければならない（546条2項）。各当事者の署名または記名押印した結約書をそ

の相手方に交付して，結約書の交換を行うのである。直ちに履行するものではないときとは，後日履行するとき，例えば契約が期限付き・条件付きの場合である。

当事者の一方が結約書を受領しないとき，または署名もしくは記名押印をしないときは，仲立人は遅滞なく相手方に対してその旨の通知を発しなければならない（546条3項）。その当事者に契約の成立・内容に異議があることも考えられ，相手方に必要な措置を速やかに執らせる必要があるからである。

▶▶3　仲立人日記帳の作成義務

仲立人は帳簿（仲立人日記帳）を作成し，結約書に記載すべき事項（商546条1項）を記載しなければならない（547条1項）。契約が成立したこととおよびその内容を明らかにした帳簿を仲立人に作成・保存させ，紛争の防止を図る趣旨である。

当事者が黙秘を命じたときでも（548条），結約書・「仲立人日記帳の謄本」におけるのとは異なり，各当事者の氏名または名称の記載を省略することはできない。

仲立人日記帳は商業帳簿（19条2項）ではない。仲立人の営業財産について作成するものではないからである。しかし仲立人日記帳の保存期間については，商業帳簿についての規定（同条3項）を類推適用して10年と解されている。

各当事者は，自己のために仲立人がした媒介行為について日記帳の謄本の交付をいつでも請求することができる（547条2項）。日記帳そのもの（原本）の閲覧請求は認められていない。氏名または名称の黙秘義務の趣旨を活かすためである（→**4**）。

▶▶4　当事者の氏名等の黙秘義務

契約の当事者が自らの氏名または名称を相手方に示さないように仲立人に命じたときは仲立人は，結約書・「仲立人日記帳の謄本」に，その当事者の氏名または名称を記載してはならない（商548条）。

当事者からすると氏名または名称を隠すことによって有利な契約交渉が展開できる可能性があるため，それを隠したいというニーズが一方である。他方では商取引において契約の相手方が誰であるのかを重視することなく契約を締結することを差し支えないと考える当事者もある。仮に契約の相手方を重視するのであれば，当事者は契約締結を見合わせればよい。当事者のこのような事情を考慮して黙秘義務が定められた。

▶▶5 介入義務

契約の当事者の一方の氏名または名称を仲立人が相手方に示さなかったときは，その相手方に対して仲立人は自ら履行する責任を負う（商549条）。介入義務という。

媒介によって成立する契約は匿名当事者と相手方との間に成立し，契約上の債務を仲立人は負わない。契約の相手方が誰であるのかを重視しない場合であっても，氏名または名称を黙秘された者（相手方）は，匿名当事者が誠実に債務を履行するのか，例えば支払能力があるのか不安である。そこで匿名当事者とも安心して取引ができるように担保するために設けられたのが，仲立人の介入義務である。

介入義務は，氏名または名称の黙秘を当事者が命じた場合のみならず（548条），仲立人が自らの判断で黙秘した場合にも生じる。

仲立人は，本来の債務者である匿名当事者とともに，履行の責任を負うに過ぎない。氏名または名称を黙秘された者から履行の請求を受けていないにもかかわらず，仲立人は自発的に履行をすることはできない。

介入義務に基づいて履行をしても，仲立人が匿名当事者に代わって契約の当事者になるのではない。それゆえ仲立人は匿名当事者の相手方に反対給付を請求できない。本来の債務者である匿名当事者に対して求償することは可能である。

▶§4— 仲立人の権利・権限

▶▶1 報酬請求権

【1】報酬請求権の発生要件

仲立人と委託者との関係は準委任であり，特約がない限り無償になりそうである（民656条→民648条1項）。しかし仲立人は商人であるため，特約がなくとも営業の範囲内において他人のために行為をしたときは相当な報酬を請求することができる（商512条）。仲立人の報酬を仲立料という。

仲立人が報酬を請求するためには，次の2つの要件を充たしていなければならない。1つは，結約書を作成して各当事者に交付する手続を終えていることである（550条1項）。もう1つは，結約書作成・交付の前提であるが，仲立人の媒介によって当事者間に契約が成立したことである。当事者が契約上の債務

を履行したのか否かは関係ない。仲立人から相手方の紹介を受けたが，報酬支払いを免れるために仲立人を排除して委託者が相手方と直接契約を成立させることがある。一定の要件の下で仲立人に報酬請求権を認める点について争いはないが，その理由付けを巡って判例・学説で争いがある。判例は，仲立人の媒介による契約の成立を報酬請求権の発生についての停止条件とする。その上で仲立人を排除して契約を成立させることは，委託者が契約の成立という停止条件の成就を故意に妨げたものであると解し，民法130条1項を根拠にして，仲立人による報酬請求を認める（最判昭45・10・22民集24巻11号1599頁）。

【2】 報酬の支払義務者

当事者双方が等しい割合で仲立人の報酬を負担する（商550条2項）。仲立人は報酬の半額ずつを当事者双方に請求することができる。媒介の委託を受けていない当事者（取引の相手方）に対しても仲立人が報酬を請求できる点に意義がある。

仲立人は委託者のみならず，相手方の利益も公平誠実に図る義務を負っているため（→§3冒頭），言い換えると相手方も仲立人の媒介によって利益を得ているために，相手方も報酬を負担するという趣旨である。

このような趣旨に照らして，法定の半額ずつとは，内部的な負担割合を定めたものではなく，仲立人は当事者双方に半額ずつ直接請求できると解されている。それゆえ半額ずつとは異なる負担割合を当事者間で特約によって定めることも可能であるが，特約の存在をもって仲立人に対抗することはできない。

【3】 民事仲立人の場合

民事仲立人も商人であるため，特約がなくとも営業の範囲内において他人のために行為をしたときは相当な報酬を請求することができる（商512条）。もっとも仲立人と同様，民事仲立人の媒介によって当事者間に契約が成立したことを要すると解されている。

判例・学説で争いがあるのは，半額ずつを負担するという定め（550条2項）が民事仲立人にも類推適用されるのか，つまり民事仲立人は媒介の委託を受けていない相手方に対しても報酬請求権を有するのかについてである。仲立人の場合において媒介の委託を受けていない相手方に対しても報酬を請求できる前提である，仲立人が負う両当事者の利益を公平誠実に図る義務の表れである諸義務を民事仲立人は負っていないことを理由に，類推適用を否定するのが通説である。これに対して——判例の理解の仕方を巡っても争いがあるが——判例

は，民事仲立人である不動産仲介業者が，媒介の委託を受けていない相手方のためにする意思をもって売買の媒介をしたときは商法550条2項の類推適用の余地があると考えているようである（最判昭44・6・26民集23巻7号1264頁）。もっとも，客観的にみて民事仲立人が媒介の委託を受けていない相手方のためにする意思をもって媒介をしたものと認められることを要し，たんに委託者のためにする意思をもってした媒介によって契約が成立し，その媒介の反射的利益が媒介の委託を受けていない相手方にも及ぶというだけでは足りないものとする（最判昭50・12・26民集29巻11号1890頁）。

▶▶2　費用償還請求権

特約がない限り仲立人は当事者に対して，媒介行為に要した費用を別途請求することはできない。費用相当分が報酬（仲介料）に含まれると解せるからである。民事仲立人についても同じである。

▶▶3　給付受領権限

当事者の別段の意思表示または慣習がない限り仲立人は，媒介した行為について当事者のために支払いその他の給付を受けることはできない（商544条）。仲立人は媒介という事実行為をするのみであり，契約当事者でもないし，契約当事者から代理権を授与されているわけでもないからである。契約当事者が仲立人に給付をしても，契約の相手方に対して債務の履行をしたことにはならない。民事仲立人についても同じである。

別段の意思表示は黙示であってもよい。氏名または名称の黙秘を命じた当事者は，仲立人に給付受領権限を与える黙示の意思表示をしたものと解せる。

★EXAM CHECK 11★

Q1　次の各文章の正誤を答えなさい。
　①結約書は契約書と法的性質が同じである。
　②仲立人が見本を受け取った場合には，目的物の品質をめぐる紛争が起こらないことが確実になるまで見本を保管する必要がある。
　③特約がなくとも仲立人は当事者に対して，媒介行為に要した費用を報酬とは別に請求できる。

Q2　次の問いに答えなさい。
　①仲介の形態を3つ挙げて，それぞれの法律関係について説明してみよう。
　②媒介の委託を受けていない当事者に対しても仲立人が報酬を請求できるのはなぜか。

★Topic—11　宅地建物取引業者（宅建業者）と仲立ち

　本書の主たる読者である学生さんにとって身近な仲立人・民事仲立人の例として不動産仲介業者（宅地建物取引業者）を挙げることができる。不動産仲介業については，宅地建物取引業の1つとして宅地建物取引業法（宅建業法）が詳細に規制している。免許制度を採用して行政による監督に服せしめるとともに，委託者・第三者（取引の相手方）を保護するためである。

　仲立ちについての一般的な規定である商法543条－550条が（商事）仲立ちに関する規定であり，民事仲立ちについてはこれらの規定の類推適用の可否が問題になるのに対し（→§2▶▶1【2】），宅建業法は（商事）仲立ち・民事仲立ち双方に等しく適用される。商法（仲立営業についての規定）と宅建業法は一般法と特別法の関係にあり，宅建業法は例えば次のような特則を置いている。自宅外学生（行為能力者である成年（民4条）と仮定）がアパートの部屋を賃借りするために，宅建業者に媒介を委託することを念頭に置いて説明してみよう（実際にはアパートオーナーからも媒介の委託を受けている場合が一般的であろう）。

　仲立契約（媒介契約）を学生と締結したときは（→§2▶▶2），宅建業者は法定の重要事項を記載した書面を作成して委託者（依頼者）である学生に交付する義務を負う（宅建業34条の2）。学生やアパートのオーナーをはじめとする取引の関係者に対して宅建業者は信義を旨とし，誠実にその業務を行う義務を負う（宅建業31条1項）。

　宅建業者の尽力が功を奏してアパートの部屋を貸そうとするオーナーが見つかったときは，学生とオーナーとの間で建物賃貸借契約が成立する前までに宅建業者は，宅地建物取引士をして法定の重要事項を記載した書面を当事者双方に交付して説明させる義務を負う（宅建業35条1項）。なお宅地建物取引士は，宅地・建物の取引の専門家である（宅建業15条）。宅地建物取引士資格試験に合格した者で，宅地・建物の取引に関する実務経験を有するものが，宅地建物取引士として都道府県知事の登録を受けることができる（宅建業18条）。宅建業者は事務所ごとに宅地建物取引士を置かなければならない（宅建業31条の3）。試験合格者に占める学生の割合は平成30年度11.0%である（試験実施機関（宅建業16条の2）である一般財団法人不動産適正取引推進機構のHP）。

　宅建業者の媒介によって建物賃貸借契約が成立したときは，法定の重要事項を記載した書面を契約当事者である学生とオーナー双方に交付する義務を宅建業者は負う（宅建業37条2項）。同契約が成立したときに宅建業者が受けとることができる報酬の額（消費税相当額を含む）には上限が設けられている。賃貸料（消費税相当額を含まない）の1月分の1.08倍に相当する金額以内である（宅建業46条，「宅地建物取引業者が宅地又は建物の売買等に関して受けることができる報酬の額（建設省告示1552号）」第4）。ほぼすべての宅建業者が「仲介手数料家賃1か月分」と謳っているのは，このような上限規制のためである。上限規制は強行法規であって，上限額を超えて報酬を受ける合意は超過部分については無効である（最判昭45・2・26民集24巻2号104頁）。

【多木誠一郎】

12章 ― 問屋営業
▶いわゆる問屋（とんや）のことではない

　問屋（といや）とは，自己の名をもって他人のために物品の販売または買入れをすることを業とする者をいい，その典型例は，商品先物取引法上の商品先物取引業者や各種市場である。問屋は，商人であり，問屋が行う売買は，付属的商行為となる。一般的に問屋（とんや）と呼ばれる卸売商は，商法上の問屋ではない。問屋は，仲立人や代理商とは異なるが，問屋業者は，仲立人を兼ねている場合が多い。

　問屋契約は，委任契約である。問屋は，代理権を伴うものではないが，他人に損益を帰属させるものであるから，問屋と委託者との間の関係については代理に関する規定が準用される。問屋は，委託者に対し，民法上の善管注意義務を負うほか，商法上，履行担保責任，指値遵守義務および通知義務を負い，報酬等請求権，介入権，供託・競売権および留置権を有する。もっとも，問屋による介入権の行使は，特別法により禁止されている場合がある。

　問屋は，他人のために行った売買により相手方に対して自ら権利を取得し義務を負う。しかし，問屋は，委託者の計算で売買を行うものであるから，問屋と委託者とは，経済的には一体である。そこで，委託者が相手方を欺罔して売買契約を締結させた場合にこれを当事者の詐欺と解することができ，また，相手方が売買契約の債務を履行しない場合に問屋は委託者に生じた損害を含めて賠償請求することができると解される。

　委託者は，問屋が破産した場合に問屋が取得した物品について取戻権を行使することができ，また，問屋が取得した物品について問屋の債権者が強制執行をかけてきた場合に第三者異議の訴えを提起することができると解される。もっとも，そのように解する法律構成については，争いがある。

▶§1── 総説

▶▶1 意義等

問屋（といや）とは，自己の名をもって他人のために物品の販売または買入れをすることを業とする者をいう（商551条）。自己の名をもってとは，自己が権利義務の主体になって，という意味であり，他人のためにとは，他人の計算で，すなわち他人に損益を帰属させる目的で，という意味である。物品には動産のほか有価証券も含まれると解されるが（最判昭32・5・30民集11巻5号854頁），振替株式となった上場株式等の「電子化された有価証券」が物品に含まれるか否かは微妙である。物品に不動産が含まれないことについては，争いがない。

問屋を利用することにより，委託者は，問屋の信用，ノウハウ等を利用して匿名でビジネスチャンスを拡大することができ，相手方は，委託者の信用や代理人の代理権を調査せずに安全・迅速に取引することができ，問屋自身も，自己の計算で転売を行うリスクを回避できる。

問屋の典型例は，商品先物取引法上の商品先物取引業者と魚市場等の各種市場である。なお，従来，金融商品取引法上の金融商品取引業者（証券会社）は，問屋の典型例とされてきたが，前述のように振替制度の下で電子化された株式等が物品といえるか，また，振替制度の中で証券会社が果たしている役割が取次ぎといえるかは問題であり，証券会社を問屋の典型例とみることは，現在では疑問がないではない。

▶▶2 商人性

自己の名をもって他人のために法律行為を行うことを取次ぎといい，それを引き受ける行為は，営業的商行為とされる（商502条11号）。したがって，取次ぎの引受けにより手数料を取得することを業とする問屋は，自己の名をもって商行為をすることを業とする者として商人であり（4条1項），問屋が行う売買は，附属的商行為（503条）となる。

▶▶3 卸売商，仲立人，代理商との相違

一般的に問屋（とんや）と呼ばれるところの自己の計算で物品を買い入れて転売を行う卸売商は，商法上の問屋ではない（大判明44・5・25民録17輯336頁）。トーハンや日本出版販売等のいわゆる出版取次と呼ばれる企業も，卸売商と解される。もっとも，出版取次業者は，出版元からの書籍の買取りに際し返品条

件を付させているため、その経済的機能は、商法上の問屋とほぼ同様である。ただし、卸売商が他人の計算で売買を行う場合もあり、また、問屋が自己の計算で売買を行うことも差し支えない（大判大10・5・4民録27輯866頁参照）。

問屋と、他人間の商行為の媒介をする仲立人（商543条）とは異なる。もっとも、例えば商品先物取引法は、商品先物取引業を「商品市場における取引（商品清算取引を除く）の委託を受け、又はその委託の媒介、取次ぎ若しくは代理を行う行為」等と規定しており（商取2条22項）、問屋業者は、仲立人を兼ねている場合が多い。

問屋は、売買の代理を行うこともあるが、特定の商人のためにその平常の営業の部類に属する取引の代理または媒介を行う代理商（損害保険代理店、旅行代理店等。商27条）とは異なる。

▶§2— 問屋と委託者との関係

▶▶1 問屋契約

商法552条2項は、問屋と委託者との間の関係について委任に関する規定（民643条以下）を準用する旨を規定する。しかし、問屋が他人のために物品の売買を引き受ける契約（問屋契約）は、委任契約にほかならない。その意味で、問屋と委託者との間において委任に関する規定は、準用されるのではなく、適用されると解される（最判昭31・10・12民集10巻10号1260頁）。

なお、商品先物取引法や金融商品取引法や「金融商品の販売等に関する法律」は、不確実な事項について断定的判断を提供する等の不当な勧誘等を禁止し（商取214条、金販4条）、適合性の原則（顧客の知識、経験、財産の状況および商品取引契約を締結する目的に照らして不適当と認められる勧誘を行って委託者等の保護に欠け、または欠けることとなるおそれがないようにすること。商取215条、金商40条1項）、契約締結前の書面の交付（商取217条、金商37条の3）、説明義務（商取218条、金販3条）等を規定する。これらの規制に違反した場合には、罰則があるほか（商取356条以下、金商197条以下）、不法行為（民709条）となりうる（証券会社の説明義務違反について東京高判平9・7・10判タ984号201頁、証券会社の適合性の原則違反について最判平17・7・14民集59巻6号1323頁参照）。

▶▶2 代理に関する規定の準用

【1】 緒説

委任と代理とは密接な関係にあるが，問屋は，自己が権利義務の主体になって物品の売買を行うものである。したがって，問屋の行為の（法律的）効果は，問屋自身に帰属し，問屋は，代理権を伴うものではない（前掲・最判昭31・10・12）。他方，問屋は，他人に損益を帰属させるものであるから，問屋と委託者との間の関係について代理に関する規定（民99条以下）が準用される（商552条2項）。

民法学においては，自己の名をもって他人のために取引を行うことを間接代理といい，問屋はその典型とされる。

【2】問屋が取得した物品の所有権の帰属

問屋と委託者との間の関係については，代理に関する規定が準用されるから，問屋が相手方から取得した物品の所有権は特別の移転行為なくして直ちに委託者に帰属すると解される（大判大12・12・4刑集2巻895頁）。ただし，委託者の指図に従わずに問屋が行った無断売買の効果は，委託者に帰属せず（最判平4・2・28判時1417号64頁参照），委託者は，その損益の帰属を否認することができる（最判昭49・10・15金法744号30頁参照）。

【3】問屋が委託者の指図に従った場合

法律行為の成立に影響を及ぼす事実の有無は，問屋を基準に決せられる。したがって，問屋が錯誤により相手方と売買契約を締結し，問屋に重大な過失がない場合，問屋は，売買契約を取り消すことができる（民95条1項・3項）。しかし，委託者の計算で売買を行う問屋と委託者との経済的一体性を考慮すると，この場合に問屋が錯誤に陥った委託者の指図に従い，委託者に重大な過失があるときには，この結論は妥当でない。そこで，問屋が委託者の指図に従った場合には，民法101条3項を類推適用し，法律行為の成立に影響を及ぼす事実の有無は，問屋に加えて委託者をも基準に決せられると解されている。

【4】復代理に関する規定の準用について

問屋について復代理に関する規定（民104条〜106条）が準用されるか否かが問題とされる。判例は，改正前民法107条2項（平成29年改正後民法106条2項参照）の準用について「民法107条2項は，その本質が単なる委任であって代理権を伴わない問屋の性質に照らし再委託の場合にはこれを準用すべきでない」と解しており（前掲・最判昭31・10・12），通説もこれを支持する。学説においては，民法104条・105条の問屋に対する準用を認める見解もあるが，近時は，問屋か

ら再委託を受けた者は問屋の履行補助者であり，復代理人と解すべきではないとして，それらの規定の準用を否定する見解が有力である。

▶▶3 問屋の義務・責任

【1】 善管注意義務

問屋契約は委任契約であるから，問屋は，委託者に対し善管注意義務を負う（民644条）。したがって，問屋は，委託者にとって最善の方法で取引をし，物品の保管等を行わなければならない。また，問屋は，取引の終了まで委託者の指図に従う義務を負い，この義務の発生には問屋の承諾を要しない（最判昭50・7・15判時790号105頁参照）。委託者の指図が不適切な場合には，問屋は，その変更を求める等の措置をとるべきである。

なお，商品先物取引法や金融商品取引法は，業者ならびにその役員および使用人は，顧客に対して誠実かつ公正に，その業務を遂行しなければならないと規定する（商取213条，金商36条）。

【2】 通知義務

問屋は，物品の売買を行ったときは，遅滞なく委託者に対しその旨の通知を発しなければならない（商557条・27条）。民法上の委任において受任者は，委任者の請求があるときは，いつでも委任事務の処理の状況を報告し，委任が終了した後は，遅滞なくその経過および結果を報告しなければならないとされる（民645条）にとどまるが，商法は，取引の迅速性に鑑み，これを変更したものである。

通知の内容については，商法に規定はないが，例えば商品先物取引法は，取引の成立の通知の内容について「成立した取引の種類ごとの数量及び対価の額又は約定価格等並びに成立の日その他の主務省令で定める事項」と規定する（商取220条本文）。

【3】 履行担保責任

問屋は，委託者のために行った売買につき相手方がその債務を履行しない場合には自らその履行を行う責任を負う（商553条本文）。受任者の債務は，結果債務ではなく手段債務であるが，履行担保責任は，委託者を保護し，問屋の信用を確保するための法定の特別責任といえる。

問屋が委託者に対して負う履行担保責任の内容と範囲は，相手方が問屋に対して負うものと同一であり，問屋は，委託者に対し同時履行の抗弁（民553条）等を対抗することができる。

ただし，別段の意思表示または慣習がある場合には，問屋は，履行担保責任を負わない（商553条但書）。例えば手数料が通常より安く設定されている場合には，そのような意思表示があるものと推定される。

【4】 指値遵守義務

委託者は，問屋に対し売買金額の指定を行うことができるが，問屋が委託者の指定した金額（指値）より低い価格で販売を行い，または高価で買入れを行った場合，委託者は，その損益の帰属を否認することができ，場合によっては損害賠償を請求することができる。しかし，この場合に問屋が自らその差額を負担するときは，その売買は，委託者に対して効力を生ずる（商554条）。

この場合に問屋が差額を負担しても，指値の不遵守による損害があるときは，委託者は，問屋に対し損害賠償を請求することができる。

▶▶4 問屋の権利

【1】 報酬等請求権

民法上，委任契約は，無償が原則であるが（民648条1項），問屋は，商人であるから，委託の実行後（民468条2項参照），委託者に対し相当な報酬を請求することができる（商512条）。また，問屋は，立て替えた費用を償還することができる（民650条1項，商513条2項）。

【2】 留置権

問屋は，委託者のために物品の売買を行ったことによって生じた債権の弁済期が到来しているときは，別段の意思表示があった場合を除き，その弁済を受けるまでは，委託者のために問屋が占有する物または有価証券を留置することができる（商557条・31条）。この留置権は，商人間の留置権（商521条）と同様に留置の目的物と被担保債権との関連性を要しない上，①債務者が商人であることを要しない点，②留置の目的物が商行為によって問屋の占有に属したことを要しない点および③留置の目的物が債務者の所有に属することを要しない点において，商人間の留置権よりも強力なものである。

【3】 介入権

問屋が物品の売買の委託を受けた場合に自ら買主または売主となること（介入権の行使，のみ行為）は，委託者にとって委託が迅速に実行されるという利益がある反面，利益相反となる可能性もある。しかし，物品について取引所の相場がある場合には，価格面では介入権の行使により委託者の利益が損なわれるおそれは少ない。そこで，法は，問屋が取引所の相場がある物品の売買の委託

を受けた場合に問屋に介入権の行使を認め，売買の代価は問屋が買主または売主となった通知を発した時における取引所の相場によって定めるものと規定する（商555条1項）。

この場合にも，問屋は，委託を実行したものと認められるため，委託者に対し報酬を請求することができる（商555条2項）。

もっとも，商品先物取引法は，取引を市場に集中させるため，商品市場における取引等の委託等を受けた商品先物取引業者による介入権の行使を禁止している（商取212条）。これに違反した場合，商品先物取引業者は，罰則を受けるが（商取363条8号），取引の私法上の効力については，取引所においてなされたとした場合に比し委託者の経済的利益を害することが明らかな場合にのみ否定すべきものと解される（東京高判昭44・8・29高民22巻5号637頁）。なお，平成16年改正証券取引法にも，同様の規定があったが，現在の金融商品取引法においては，介入権の行使は，商品関連市場デリバティブ取引等を除いて（金商40条の6）解禁されている。

【4】 供託・競売権

問屋が買入れの委託を受けた場合に委託者が買い入れた物品の受領を拒みまたはこれを受領することができないときは，問屋は，その物を供託し，または相当の期間を定めて催告をした後に競売に付することができ，問屋がその物を供託し，または競売に付したときは，遅滞なく買主に対してその旨の通知を発しなければならない（商556条・524条1項）。問屋は，損傷その他の事由による価格の低落のおそれがある物品については催告をしないで競売に付することができる（商556条・524条2項）。問屋が物品を競売に付したときは，その代価を供託しなければならないが，その代価の全部または一部を代金に充当することができる（商556条・524条3項）。

▶§3— 問屋・委託者と相手方との関係

▶▶▶1 総説

問屋は，他人のために行った売買により相手方に対して自ら権利を取得し義務を負う（商552条1項）。すなわち，問屋と相手方との関係は，通常の売買における売主と買主との関係と異なるものではなく，委託者は，問屋が行った売買により相手方と契約関係に立つものではない。したがって，委託者と相手方

は，互いに債務の履行を請求することはできず，抗弁（例えば，買入れの委託者が売主である相手方に対し金銭債権を有している場合における委託者の相手方に対する相殺の抗弁）を主張することもできない。また，知・不知または意思表示の瑕疵等の法律行為の成立に影響を及ぼす事実の有無も，委託者ではなく，問屋を基準に決せられる。

しかしながら，問屋は，委託者の計算で売買を行うものであるから，問屋と委託者とは，経済的には一体といえる。そのため，以下のような問題点がある。

▶▶2　問題点

【1】　委託者による相手方の詐欺

委託者が相手方を欺罔して売買契約を締結させた場合，これを第三者の詐欺と考えるならば，問屋が詐欺の事実について善意無過失のときは，相手方は，売買契約を取り消すことができない（民96条2項）。しかし，問屋の行為の損益は，委託者に帰属するものであるから，この結論は，妥当でない。学説においては，委託者の計算で売買を行う問屋と委託者との経済的一体性を理由として，この場合の詐欺を第三者の詐欺ではなく，当事者の詐欺と解する見解が有力である。

【2】　相手方の債務不履行

相手方が売買契約の債務を履行しない場合，委託者は，問屋に対し履行担保責任を追求することができない場合もある（商553条但書）。この場合，委託者は，契約の当事者ではないから，相手方に対し債務不履行責任を追求することができない。これに対し，この場合，問屋は，相手方に対し債務不履行責任を追求することができるが，問屋自身の損害額は，手数料相当額程度である。そこで，通説は，委託者の計算で売買を行う問屋と委託者との経済的一体性を理由として，この場合に問屋は委託者に生じた損害を含めて賠償請求することができると解している。

▶§4— 問屋の債権者と委託者との関係——問屋の破産等

▶▶1　問題の所在

問屋と委託者との間においては，代理に関する規定が準用されるから（商552条2項），問屋と委託者との間において問屋が相手方から取得した物品の所有権は，特別の移転行為なくして直ちに委託者に帰属すると解される（前掲・大判大12・12・4）。しかし，問屋の債権者と委託者との間において問屋が相手

方から取得した物品の所有権が問屋と委託者のどちらに帰属するかは，明らかでない。そのため，問屋が破産した場合に委託者は問屋が取得した物品について取戻権（破産62条）を行使することができるか，問屋が取得した物品について問屋の債権者が強制執行をかけてきた場合に委託者は第三者異議の訴え（民執38条）を提起することができるか，という問題が生ずる。

▶▶2　判例

判例は，問屋が破産した場合について「問屋が委託の実行として売買をした場合に，右売買によりその相手方に対して権利を取得するものは，問屋であつて委託者ではない。しかし，その権利は委託者の計算において取得されたもので，これにつき実質的利益を有する者は委託者であり，かつ，問屋は，その性質上，自己の名においてではあるが，他人のために物品の販売または買入をなすを業とするものであることにかんがみれば，問屋の債権者は問屋が委託の実行としてした売買により取得した権利についてまでも自己の債権の一般的担保として期待すべきではないといわなければならない。されば，問屋が前記権利を取得した後これを委託者に移転しない間に破産した場合においては，委託者は右権利につき取戻権を行使しうるものと解するのが相当である」と解している（最判昭43・7・11民集22巻7号1462頁）。

▶▶3　学説

判例が示す結論の妥当性については，現在ではほぼ異論がない。しかし，判例は，問屋の債権者と委託者との間において問屋が相手方から取得した物品の所有権が委託者に帰属する法律構成を示していない。そこで，その法律構成について以下のような学説がある。

①商法552条の問屋と委託者との間とは，問屋と相手方との関係に対する外部関係を意味し，問屋に対する債権者群も包含すると解する見解

②問屋と信託との類似性から，問屋が相手方から取得した物品は，問屋に対する一般債権の責任財産を構成しないと解する見解

③代金が前払いされているときは，問屋が相手方から取得した物品の占有は，先行的な占有改定（民183条）により直ちに委託者に移転すると解する見解

▶▶4　振替株式について

前掲・最判昭43・7・11の事案の物品は，株式であったが，現在の上場株式は，振替株式であり，振替口座に株式数の減少の記載または記録がされる加入者（社債株式振替2条3項参照）である譲渡人の振替の申請（社債株式振替132条）により，

譲受人が振替口座に株式数の増加の記載または記録を受けることにより譲渡される（社債株式振替140条）。

振替口座は，多層構造になっており，振替機関である証券保管振替機構に口座を開設できる加入者は，原則として他の者のために株式の振替口座を開設することができる口座管理機関（社債株式振替2条4項参照）である証券会社，銀行等（社債株式振替44条1項）に限定され（証券保管振替機構・株式等の振替えに関する業務規程18条3項），一般株主は，口座管理機関である証券会社等に振替口座を開設して加入者となる。

上のような制度においては，株式が証券会社に帰属することはないから，証券会社が破産しても，取戻権の行使という問題は生じない。

★EXAM CHECK 12★

Q1 次の各設問の正誤を答えなさい。
①問屋（といや）の典型例としてこれまで証券会社が挙げられてきたが，株式（株券）の電子化に伴い，理論的には必ずしも該当しない。
②問屋は，物品の売買を行ったときは，委託者が通知を求めた場合に限り，その旨通知をすればよい。
③問屋は，損傷その他の事由による価格の低落のおそれがある物品については，催告をしないで競売に付することができる。

Q2 次の各問いに答えなさい。
①委託者が相手方を欺罔して売買契約を締結させた場合，相手方は，売買契約を取り消すことができるか。
②相手方が売買契約の債務を履行しない場合，誰が相手方に対しどのような請求をすることができるか。
③問屋が破産した場合，委託者は，問屋が取得した物品について取戻権（破62条）を行使することができるか。

★Topic—12　山一證券の破綻

　株式が振替株式とされる以前の証券会社は，問屋の典型例といえたが，かつて野村證券等とともに日本の四大証券会社の一角をなしていた山一證券は，1997年に大量の簿外債務が発覚して破綻した。ここでは，山一證券株主代表訴訟事件(大阪地判平18・3・20判時1951号129頁)等から，その破綻の経緯を辿る。

　委託者が信託銀行に金銭を信託し，売買する有価証券の銘柄，数量，単価は委託者が決定し，信託終了時には原則として金銭が交付される信託契約を特定金銭信託（特金）というが，山一證券は，1980年代半ばころから，法人等の顧客に対し運用利率を保証する「にぎり」をしつつ，特定金銭信託において一任勘定で営業部門が事実上運用する「営業特金」を行っていた。

　「にぎり」や「営業特金」は，当時多くの証券会社が行っていたものであるが，「法人の山一」と呼ばれて特に熱心であった山一證券は，バブル経済の崩壊に伴って顧客が保有する有価証券に大量の含み損が発生し，顧客から損失補塡を迫られるようになった。そこで，山一證券は，顧客の有価証券の含み損を表面化させないため，顧客の決算期前後に企業間の市場外での直取引によりその有価証券を簿価で売却して買い戻す「飛ばし」を仲介するようになった。

　1991年ころ損失補塡問題を中心とした証券会社に対する批判が高まり，顧客から営業特金等の取引を解約したいとの意向が示された山一證券は，損失補塡を原則として禁止する改正証券取引法が施行される1992年1月1日までに含み損を抱えた有価証券を処理する必要に迫られた。大部分の顧客については，顧客においてその保有する有価証券の含み損を負担する形で営業特金等の取引の解約がされたが，「飛ばし」の受け皿として利用された数社が保有していた含み損を抱えた有価証券については，山一證券は，これを引き取って1200億円を超える含み損を抱えた。

　その後も山一證券の損失は拡大し，山一證券は，海外のペーパーカンパニーを利用するなどして損失を隠し続けたが，1997年11月22日，日本経済新聞朝刊に山一證券の簿外債務の存在に関する記事が掲載され，大蔵省の証券局長は，山一證券が2000億円を超える簿外債務を抱えていることを公表した。そして，山一證券は，同月24日，自主廃業に向け営業を休止することを決定し，大蔵省に営業休止届を提出した。

　山一證券は，従業員に東大・一橋大出身者が多い会社として知られていたが，約1万人いた従業員は，廃業に伴って会社を辞めざるをえなかった。学生諸君には，十分に会社を調査した上で就職活動に臨んでほしい（ただし，現在ある「山一證券株式会社」は別会社である）。

【田邊宏康】

13章— 準問屋・運送取扱営業
▶問屋に類する商行為類型

　問屋に関する規定が準用される準問屋（じゅんといや）とは，自己の名をもって他人のために販売または買入れ以外の行為をすることを業とする者をいう。準問屋は，商人であり，準問屋が行う売買は，附属的商行為（商503条）となる。

　運送取扱人とは，自己の名をもって物品運送の取次ぎを行うことを業とする者をいう。運送取扱人は，荷送人と運送取扱契約を締結し，これを受けて運送人と運送契約を締結する。一定の時点から，荷受人は，荷送人の権利義務を取得する。運送取扱人は，自己またはその使用人が運送品の受取り等に関する注意を怠らなかったことを証明しなければ，運送品の滅失等につき損害賠償責任を免れることができないが，高価品の滅失等および責任の消滅時効に関する特則がある。運送取扱人は，運送品を運送人に引き渡したときは，直ちにその報酬を請求することができるほか，留置権や介入権を有する。運送人の債権については，消滅時効に関する特則がある。第1運送取扱人が第1の運送の取次ぎを行うことと，荷送人の計算で第2運送取扱人に対し第2の運送の取次ぎを委託することを引き受け，数人の運送取扱人が相次いで運送の取次ぎを行うことを相次運送取扱いといい，この場合における運送取扱人の権利義務が定められている。

　準問屋に当たる広告の取次ぎは，一般に広告代理店と呼ばれる広告業者が行っている。広告主・広告業者間の契約には，広告主自身が制作した広告を広告媒体に露出することを依頼する広告取次の委託・引受契約と，広告の取次だけでなく広告の制作まで依頼する広告制作の委託・引受契約まで伴うものがあり，前者は委任であり，後者は請負である。広告業者・媒体（テレビ局，新聞社等）間の契約は，広告主の計算で媒体と広告を広告媒体に露出することを依頼する委託・引受契約であり，この契約は請負である。また，媒体の側から広告業者に対し広告の募集を委託する場合もあり，これは準委任である。広告業界にお

いては，広告業者の報酬を媒体社が支払う慣行がある。

▶§1── 総説

　準問屋（じゅんといや）には，問屋に関する規定が準用される（商558条）。準問屋とは，自己の名をもって他人のために販売または買入れ以外の行為をすることを業とする者をいう（558条）。問屋を定義する商法551条にいう「物品」以外の，不動産または有価証券化されていない権利の売買を取り次ぐ者は，問屋にも準問屋にも該当しない。もっとも，そのような者についても，問屋に関する規定を類推適用すべきものと解する見解も有力であり，そのように解する場合には，問屋と準問屋と問屋または準問屋以外の取次業者の三者を区別する実益は乏しくなる。

　自己の名をもってとは，自己が権利義務の主体になって，という意味であり，他人のためとは，他人の計算で，すなわち他人に損益を帰属させる目的で，という意味である。準問屋を利用することにより，委託者は，準問屋の信用，ノウハウ等を利用して匿名でビジネスチャンスを拡大することができ，相手方は，委託者の信用や代理人の代理権を調査せずに安全・迅速に取引することができる。

　取次ぎを引き受ける行為は，営業的商行為である（502条11号）。したがって，取次ぎの引受けにより手数料を取得することを業とする準問屋は，自己の名をもって商行為をすることを業とする者として商人であり（商4条1項），準問屋が行う売買は，附属的商行為（商503条）となる。

　運送取扱人も，準問屋の一種といえるが，商法は，物品運送の取次ぎの特殊性に鑑みて問屋と別に規定を置いている。

　以下では，運送取扱業と代表的な準問屋である広告業（東京地判平3・11・26判時1420号92頁参照）について説明する。

▶§2── 運送取扱業

▶▶1　緒説

　運送取扱人とは，自己の名をもって物品運送の取次ぎをすることを業とする者をいう（商559条1項）。運送取扱人は，準問屋の一種であり，問屋に関する

規定が準用される（商559条2項）。

近年は，荷送人と物品運送契約を締結し，他の運送業者（下請け業者）が行う運送を利用して運送を行う利用運送（下請け運送）が普及し，運送取扱営業の重要性は減少している。運送取扱営業は，貨物運送取扱事業法により認可制とされて各種の規制を受けてきたが，同法は，平成14年に改正され，その名称は，貨物利用運送事業法となり，認可制を含めて運送取扱営業に関する規制は撤廃された。したがって，現在では，誰でも自由に運送取扱営業を行うことが可能であり，実際にコンビニやインターネット通販会社が行っている。運送人や倉庫営業者が運送取扱人を兼営していることも多い。

▶▶2　運送取扱いの法律関係

運送取扱人は，委託者と運送取扱契約を締結する。運送取扱契約は，委任契約である。運送取扱人は，運送取扱契約を受けて運送人と運送契約を締結する。委託者は，運送品が引火性，爆発性その他の危険性を有するものであるときは，その引渡しの前に運送取扱人に対しその旨および当該運送品の品名，性質その他の当該運送品の安全な運送に必要な情報を通知しなければならない（商564条・572条）。

荷受人は，運送品が到達地に到着し，または運送品の全部が滅失したときは，物品運送契約によって生じた委託者の権利と同一の権利を取得するが（商564条・581条1項），委託者の権利は消滅しない。もっとも，荷受人が運送品の引渡しまたはその損害賠償の請求をしたときは，委託者は，その権利を行使することができなくなる（商564条・581条2項）。

契約当事者でない荷受人が運送取扱人に対する権利を取得することの法律構成については，運送取扱契約を第三者のためにする契約（民537条）と解する見解と運送取扱の特殊性から法が特に求めたものと解する見解が対立する。荷受人が運送品を受け取ったときは，運送人に対し運送賃等を支払う義務を負い（商564条・581条3項），これと委託者の債務とは，不真正連帯債務の関係に立つ。

▶▶3　運送取扱人の義務・責任

【1】善管注意義務

運送取扱契約は，委任契約であるから，運送取扱人は，委託者に対し善管注意義務を負う（民644条）。したがって，運送取扱人は，委託者にとって最善の方法で運送品の受取，引渡，保管，運送人または他の運送取扱人の選択等を行わなければならない。

【2】 損害賠償責任

　運送取扱人は，運送品の受取から荷受人への引渡しまでの間にその運送品が滅失しもしくは損傷し，もしくはその滅失もしくは損傷の原因が生じ，または運送品が延着したときは，これによって生じた損害を賠償する責任を負うが，運送取扱人がその運送品の受取，保管および引渡し，運送人の選択その他の運送の取次ぎについて注意を怠らなかったことを証明したときは，この限りでない（商560条）。

　なお，運送人の損害賠償の額については，その定額化に関する規定があるが（商576条），運送取扱人の損害賠償の額については，そのような規定はない。したがって，運送取扱人の損害賠償の額については，民法の原則（民416条）により決せられることとなる。

【3】 高価品の特則

　貨幣，有価証券その他の高価品については，委託者が運送を委託するに当たりその種類および価額を通知した場合を除き，運送取扱人は，その滅失，損傷または延着について損害賠償の責任を負わない（商564条・577条1項）。その趣旨は，高価品は滅失毀損のおそれが大きく，それにつき生じうる損害額が多額にのぼることから，運送取扱人にその種類および価額に応じた特別の配慮をさせ，損害が生じた場合の最高限度額を告知額に限定し，その限度額を運送取扱人に予知させて運送取扱人の営業を保護することにある（東京地判昭50・11・25判時819号87頁）。したがって，①物品運送契約の締結の当時，運送品が高価品であることを運送取扱人が知っていたとき，または②運送取扱人の故意または重大な過失によって高価品の滅失，損傷または延着が生じたときには，この特則は適用されない（商564条・577条2項）。この特則は，原則として運送品の滅失等についての運送取扱人の不法行為による損害賠償の責任についても準用される（商564条・587条）。運送取扱人の不法行為による損害賠償責任が免除される場合には，その被用者の不法行為による損害賠償責任も，被用者の故意または重大な過失によって運送品の滅失等が生じた場合を除き免除される（商564条・588条）。

　高価品とは，容積または重量の割に著しく高価な物品をいい，容積重量ともに巨大であって，その高価なことが一見明瞭な品種は，高価品には当たらない（最判昭45・4・21判時593号87頁）。貨幣と有価証券以外の高価品としては，絵画（東京地判平2・3・28判時1353号119頁参照）や宝飾品（最判平15・2・28判時1829号151頁

参照）等が挙げられる（高価品の特則に関する詳細は，14章参照）。

【4】 責任の消滅

運送品の滅失等についての運送取扱人の責任は，荷受人に対する運送品の引渡しがされた日（運送品の全部滅失の場合には，その引渡しがされるべき日）から1年以内に裁判上の請求がされないときは，消滅するが（商564条・585条1項。除斥期間），この期間は，運送品の滅失等による損害が発生した後に限り，合意により延長することができる（商564条・585条2項）。運送取扱人が更に第三者に対して運送取扱を委託した場合において，運送取扱人が荷受人に対する運送品の引渡しがされまたはされるべき日から1年以内に損害を賠償または裁判上の請求をされたときは，運送取扱人に対する第三者の責任に係る期間は，運送取扱人が損害を賠償または裁判上の請求をされた日から3か月を経過する日まで延長されたものとみなされる（商564条・585条3項）。この規整は，原則として運送品の滅失等についての運送取扱人の不法行為による損害賠償の責任についても準用される（商564条・587条）。運送取扱人の不法行為による損害賠償責任が免除される場合には，その被用者の不法行為による損害賠償責任も，被用者の故意または重大な過失によって運送品の滅失等が生じた場合を除き免除される（商564条・588条）。

▶▶4　運送取扱人の権利

【1】 報酬等請求権

運送取扱人は，運送品を運送人に引き渡したときは，それにより委託を実行した（民468条2項参照）ものと認められるから，直ちにその報酬を請求することができる（商561条1項）。運送取扱契約で運送賃の額を定めたときは，運送賃に運送取扱人の報酬が含まれていることが通常であるため，運送取扱人は，特約がなければ別に報酬を請求することができない（商561条2項）。また，運送取扱人は，立て替えた費用を償還することができる（商559条2項・552条2項，民650条1項）。

【2】 留置権

運送取扱人は，運送品に関し受け取るべき報酬，付随の費用および運送賃その他の立替金についてのみその弁済を受けるまでその運送品を留置することができる（商562条）。これにより問屋の留置権（商557条・31条）の準用（商559条2項）は排除されるが，商人間の留置権（商521条）の適用は排除されないと解される（東京高判昭58・9・27判タ515号154頁）。

この留置権においては，問屋の留置権や商人間の留置権と異なり，留置の目的物と被担保債権との牽連性を要するものとされているが，これは荷受人を不測の損害から保護するためである。

【3】 介入権

運送賃や運送方法は，一般的に定型化されていることから，運送取扱人は，自ら運送をすることができ，この場合には運送人と同一の権利義務を有する（商563条1項）。この場合，運送取扱人の権利義務も消滅せず，運送人の権利義務と併存する。運送取扱人が委託者の請求によって船荷証券または複合運送証券を作成したときは，自ら運送をするものとみなされる（商563条2項）。

【4】 債権の消滅時効

運送品の滅失等についての運送取扱人の責任が1年で消滅する（商564条・585条1項）ことから，運送取扱人の委託者または荷受人に対する債権も，これを行使することができる時から1年間行使しないときは，時効によって消滅する（商564条・586条）。

▶▶5 相次運送取扱い

【1】 広義の相次運送取扱い

広義の相次運送取扱には，以下の3つの形態がある。

① 下請け運送取扱い　運送取扱人が全区間の運送の取次ぎを引き受け，自己の計算で他の運送取扱人に全区間または一部区間の運送の取次ぎをさせる。

② 部分運送取扱い　数人の運送取扱人が独立して一部区間の運送の取次ぎを引き受ける。

③ 中間運送取扱い（狭義の相次運送取扱い）　第1運送取扱人が第1の運送の取次ぎを行い，委託者の計算で第2運送取扱人に対し第2の運送の取次ぎを委託することを引き受け，数人の運送取扱人が相次いで運送の取次ぎを行う。商法には，この形態に関してのみ規整がある。

【2】 中間運送取扱人の義務

中間運送取扱いの場合，後者（例えば第2運送取扱人）は，前者（例えば第1運送取扱人）に代わって前者の権利（立て替えた費用の償還，留置権等）を行使する義務を負う（商564条・579条1項参照）。この場合の前者とは，自己に運送取扱いを委託した直接の前者のみを指す。後者は，前者の権利を行使する一種の法定代理権を有するものと解される。

【3】 中間運送取扱人の権利

中間運送取扱いの場合に後者（例えば第3運送取扱人）が前者（例えば第2運送取扱人）または運送人に弁済したときは，前者（第1運送取扱人および第2運送取扱人）または運送人の権利を取得する（商564条・579条2項）。この場合の前者とは，直接の前者のみならず，すべての前者を指す。

▶§3— 広告業

▶▶1 緒説

広告は，広告主が商品について人々に関心を持たせて購入させるためにテレビ，新聞，雑誌，ラジオ，インターネット等の媒体に露出して商品の宣伝をするものである。広告の取次ぎは，一般に広告代理店と呼ばれる広告業者がこれを行っているが，電通や博報堂といった大手の広告代理店の業務は，きわめて多様化している。なお，広告「代理」店という名称は，広告業者とテレビ局等の媒体の密接な関係から慣用的に用いられている。

近年は，インターネット広告の伸張が著しい。インターネット広告には，さまざまな種類があるが，Yahoo!やGoogleなどの検索エンジンにユーザーがキーワードを入力して検索することにより対応した広告が表示されるリスティング広告とWebサイト上で画像ファイルを用いて表示されるバナー広告が代表的なものといえる。インターネット広告においては，その特性から広告代理店と媒体との間にメディア・レップと呼ばれる広告業者が介在するという特徴がある。

▶▶2 広告主と広告業者との関係

【1】 契約の性質

広告主・広告業者間の契約の性質については，例えば「広告主が広告業者に対して，広告主自身が制作した広告を広告媒体に露出することを依頼する広告取次の委託・引受契約と，広告の取次だけでなく広告の制作まで依頼する広告制作の委託・引受契約まで伴うものとが存し，前者の取次の委託の実質は委任といえ，後者の場合請負契約関係が成立するといえ」ると解する判例があり（大阪地判昭60・3・29判時1149号147頁），このような理解が一般的といえる。前者は，自己の名をもって他人のために販売または買入れ以外の行為を行う準問屋契約といえ，それについて問屋に関する規定が準用される（商559条2項）。後者は，

いわゆるAE（account executive）制と呼ばれるものであり，大手広告代理店における一般的な広告契約となっている。

【2】 基本契約と個別契約

広告主・広告業者間では，複数の継続的な取引が予定されているため，基本契約と個別契約がある。基本契約においては，取引の基本となる事項，将来の個別取引に共通する事項等が取り決められる。個別契約においては，発注年月日，依頼業務の件名，依頼業務の内容，数量，代金額，履行期等が取り決められる。

広告業界においては，契約書を取り交わさないケースも多いが，広告主が加盟する日本アドバタイザーズ協会と広告業者が加盟する日本広告業協会は，2009年に取引の合理化をはかり，業界内での契約の重要性・必要性をより広く周知・徹底するために「広告取引基本契約モデル案」を公表している。

【3】 基本契約の内容

上記「広告取引基本契約モデル案」においては，広告主が甲，広告業者が乙とされ，以下のような内容が取り決められている。

❶ 本契約の目的（1条）　本契約は，甲乙間の広告宣伝取引に関し，甲および乙が信義にのっとり誠実にこれを実行し，公正に取引をすることを目的とする。

❷ 報告および検査（7条）　甲は，個別契約に関する乙の履行状況について，いつでも乙に対して報告を求めることができる。この場合，乙は，速やかに書面・電子メールまたは口頭で報告しなければならない（1項）。

甲は乙の報告内容に疑義のある場合には，乙に対し速やかにその旨通知し，履行状況を検査することができる。検査方法については事前に両者が協議し定めるものとする。ただし乙が甲の疑義に異議があるときは，遅滞無く甲に申し出て，両者協議の上解決するものとする（2項）。

個別契約に関する乙の業務が完了したときは，乙は甲の定める期間内に完了報告をしなければならない（3項）。

乙は，個別契約を履行期に完了することができないとき，またはそのおそれが生じたときは，直ちに甲に通知し，その対応について両者協議するものとする（4項）。

❸ 検収（8条）　個別契約等で甲乙があらかじめ合意した仕様との不一致（以下，瑕疵という）があった場合には，甲は乙に対し乙の費用負担でその修補

もしくは代替物の給付を求めることができる。また，その結果として甲に損害が生じた場合には，甲は乙にその賠償を求めることができる（1項）。

甲は乙による納品後○日以内にその検査を行い，結果を直ちに書面・電子メールまたは口頭にて乙に通知する（2項）。

前項の期間に甲からの通知がないときは，成果物は甲の検査に合格したものとみなす。ただし，隠れたる瑕疵があった場合には，商法526条の規定に基づいて処理することに両者あらかじめ同意するものとする（3項）。

❹　遅延損害金（12条）　甲が乙に対する金銭支払債務の履行を怠ったときは，甲は支払期日の翌日から完済の日まで，年□□％の割合による遅延損害金を乙に支払うものとする。

❺　再委託（19条）　乙は，乙の責任において本契約または個別契約に基づく業務の全部または一部を第三者に再委託することができる（1項）。

前項の場合，乙は当該再委託先に本契約と同等の義務を遵守させる義務を負うものとする。また乙は前項の場合においても，本契約および個別契約で負う責任を免れることはできない（2項）。

❻　解約（22条）　甲または乙は，相手方に本契約および個別契約に違反する行為がある場合，相当の期間を定めてその是正を書面にて催告し，相手方がかかる違反を是正しない場合は，直ちに本契約および個別契約の全部または一部を解約することができるものとする（1項）。

甲または乙は，相手方に次の一にでも該当する事由が生じた場合には，催告することなしに直ちに本契約および個別契約を解約することができるものとする（2項）。

(1) 仮差押え，差押えもしくは競売の申立て，破産手続開始，民事再生手続開始，もしくは会社更生手続開始の申立てがあったとき，または清算に入ったとき。

(2) 租税公課を滞納して保全差押えを受けたとき。

(3) 支払いを停止したとき，もしくは手形または小切手の不渡りを発生させたとき。

(4) 手形交換所の取引停止処分があったとき。

(5) 信用に不安が生じ，または事業に重大な変化が生じたとき。

(6) 本契約および個別契約に基づく債務の履行が困難と認められるとき。

(7) 本契約および個別契約の履行に関し，役員，使用人もしくは代理人が不

正の行為をしたとき。

（8）正常な取引を行えず，または正常な営業ができない事由が生じたとき。

❼　危険負担（28条）　甲乙のいずれの責にも帰すことができない事由によって，甲に引き渡す前に生じた成果物の滅失，毀損等の損害については乙の負担とし，引渡し後に生じた損害については甲の負担とする。ただしその損害の発生時までに，本契約および個別契約の履行のために乙が要した費用の取扱いについては，両者協議して定めるものとする。

❽　損害賠償（29条）　甲または乙は，本契約および個別契約の不履行，または履行に付随した行為により，相手方に損害（合理的な範囲の弁護士費用を含む）を被らせたときは，これを賠償するものとする。

【4】　広告業者の債務不履行

広告業者の債務不履行を認めた判例としては，例えば，広告主より依頼された折込広告を新聞販売店に持ち込み配布を依頼する契約において広告業者は，広告主に対し提示した部数表に記載された新聞販売店取扱部数が実際の宅配部数とは異なること等を説明する義務があり，説明を怠った業者は，説明を受けていれば減らせた広告代金と印刷代金の損害について債務不履行責任を負うと判示した事例がある（大阪地判平15・5・15判時1671号83頁）。

▶▶3　広告業者と媒体との関係

【1】　契約の性質

広告業者は，広告主の計算で媒体（テレビ局，新聞社等）と広告を広告媒体（テレビ，新聞等）に露出することを依頼する委託・引受契約を締結する。この契約の性質については争いがあるが，一般に請負契約と解されている。

他方，媒体者の側から広告業者に対し広告の募集を委託する場合も多い。この契約は，準委任契約である。このように広告業者と媒体との関係は，きわめて密接であり，例えばインターネット広告においてYahoo!は，一部の広告業者を「正規代理店」として扱っている。

【2】　報酬

広告業界においては，広告業者の報酬を媒体社が支払う慣行がある。すなわち，媒体者は，媒体枠の価格を決定し，その価格に一定率を乗じた額（コミッション）を広告業者に支払う。実際には，媒体枠の価格が100万円で広告業者への報酬が15％とすると，85万円が広告業者から媒体社に支払われ，広告業者が広告主に100万円を請求するという形をとる。

なお，媒体枠の価格に一定率を乗じた額の報酬であるコミッションに対し，実際に広告会社がその担当業務を行った際の費用を基準として計算する報酬をフィーという。フィーは，広告主から広告業者に支払われる。

★EXAM CHECK 13★

Q1 　準問屋に関する以下の文章の正誤を答えなさい。
　①準問屋とは，自己の名をもって他人のために販売または買入れを行うことを業とする者をいう。
　②不動産の売買の取次ぎを行うことは，準問屋に該当しない。
　③広告業について問屋に関する規定は準用されない。

Q2 　運送取扱営業に関する以下の文章の正誤を答えなさい。
　①運送品が到達地に達した後は，荷受人は，運送取扱契約によって生じた荷送人の権利を取得し，荷送人の権利は消滅する。
　②運送取扱人は，問屋の留置権を行使することができない。
　③運送取扱人は，特約がないときは自ら運送を行うことができるが，この場合にも運送人と同一の権利義務を有するわけではない。

Q3 　広告主と広告業者と媒体の三者間の法律関係について説明しなさい。

★Topic—13　利用運送とサード・パーティー・ロジスティックス

近年は，運送取扱の重要性は減少し，これと同様の機能を有する利用運送が普及している。利用運送とは，「運送事業者の行う運送（実運送に係るものに限る。）を利用してする貨物の運送」であり（貨物利用運送事業法2条1項），その事業者は，運送取扱の場合と異なり，運送人としての責任を負担する。

貨物利用運送事業法において貨物利用運送事業は，第一種貨物利用運送事業および第二種貨物利用運送事業に分けられる（貨物利用運送事業法2条6項）。第二種貨物利用運送事業は，「他人の需要に応じ，有償で，船舶運航事業者，航空運送事業者又は鉄道運送事業者の行う運送に係る利用運送と当該利用運送に先行し及び後続する当該利用運送に係る貨物の集貨及び配達のためにする自動車（道路運送車両法（昭和二十六年法律第百八十五号）第二条第二項の自動車（三輪以上の軽自動車及び二輪の自動車を除く。）をいう。以下同じ。）による運送（貨物自動車運送事業者の行う運送に係る利用運送を含む。以下「貨物の集配」という。）とを一貫して行う事業」であり（貨物利用運送事業法2条8項），第一種貨物利用運送事業は，「他人の需要に応じ，有償で，利用運送を行う事業であって，第二種貨物利用運送事業以外のもの」である（貨物利用運送事業法2条7項）。両者の主要な相違点は，顧客の貨物をドア・ツー・ドアで運送する事業か否かという点であり，第一種が登録制であるのに対し，第二種は許可制であり，許可を得ずに経営した場合には3年以下の懲役または300万円以下の罰金が科せられる（貨物利用運送事業法60条1号）。

最近では，「サード・パーティー・ロジスティックス（3PL）」という言葉もよく耳にするであろう。国土交通省のホームページには，これにつき以下のような説明がある。

「3PL（third party logistics）とは荷主企業に代わって，最も効率的な物流戦略の企画立案や物流システムの構築の提案を行い，かつ，それを包括的に受託し，実行することをいいます。荷主でもない，単なる運送事業者でもない，第三者として，アウトソーシング化の流れの中で物流部門を代行し，高度の物流サービスを提供しております。

国土交通省では，新たな物流サービスである3PLの普及による物流効率化が地球温暖化問題への対応（CO_2排出量の削減），地域雇用の創出等の効果にかんがみ，3PL人材育成推進事業の実施，ガイドライン等の策定，物流効率化法や物流拠点施設に対する税制特例等による支援により，3PL事業を総合的に推進しているところです。」

利用運送業は，地味な印象もあるが，3PLの担い手であり，さらなる発展も期待されよう。

【田邊宏康】

14章— 運送営業
▶商取引を流通で支える業態
──点と点を線でつなぐ

　運送は，①物品および旅客の空間的な移動を実現する必要不可欠な手段として，②陸・海・空・宇宙を通して行われる，③空間的・地理的な障害の克服に資する（空間的障害を克服する究極の手段が無人航空機〔ドローン〕であり，その法的規制も重要な問題である。無人航空機〔重量200グラム以上〕は航空法の規制対象となるが，運送法の対象とはならない）。そして空間的な移動に際しては，物品の所有と占有が分離することから権利の移転をどのように行うか，また，様々なリスクが伴うことから，そのリスクが顕在化したとき関係者間でどのようにリスク（損害）を分配するかが問題となる。

▶§1— 総論

▶▶▶1　運送法の体系
【1】　法令

　運送はその対象により物品運送と旅客運送に分かれ，またその行われる地域・輸送手段により陸上運送，海上運送または航空運送に分かれる（すべて物品または旅客の運送であるが，商行為目的で航海の用に供する船舶によるものが海上運送，航空法2条1項に規定する航空機によるものが航空運送）。平成30年改正前商法（以下，改正前商法）は，まず陸上運送に関する総則規定を商行為編（第3編第8章）におき，その多くの規定を国内海上物品運送（海商編第4編第3章）や国際海上物品運送に準用する形をとり，航空運送については特別の私法規定を設けていなかった。平成30年改正商法（以下，改正商法）は，新たに航空運送についての規律を設けるにあたり，運送人・運送契約の意義について総則的規律を設け（商法596条），その上で，物品運送の規律を原則として陸上運送・海上運送・航空運送のいずれにも適用し，海上運送については，さらに特則的規律（第3編海商編）を設け

ている。

なお，船積港または陸揚港の少なくとも一方が日本国外である外航船によるものについては「1924年船荷証券統一条約」に沿う国際海上物品運送法が適用される（同法1条）。

【2】 運送約款

運送人の作成する運送約款は，契約の内容となる旨が公表されていれば，顧客がその存在または内容を知らない場合でも顧客を拘束することから（民548条の2，鉄道営業法18条の2など），運送契約の内容を決定する上で重要な役割を果たす。約款には国土交通大臣の認可に係らしめるもの（貨物自運10条，道運11条など）があるが，行政取締上・顧客保護上から国土交通大臣が定めて公示した「標準約款」を事業者が利用するときは認可を要しない（許可を受けたものとみなされる）とされることが多い（貨物自運10条3項，道運11条3項など）。

▶▶2 運送人の意義

改正商法は，運送営業の総則規定により，陸上，海上（湖川，港湾その他の海以外の水域を含む（商747条））または空中であるかを問わず，物品または旅客の運送を引き受けること（運送の引受け）を業とする者を「運送人」と定義した（商法569条1号。なお，国際海運2条2項，モントリオール条約40条〔契約運送人・実行運送人〕）。運送人には，船舶・鉄道・自動車などで実際に運送を行う「実運送人」と荷主と運送契約を締結し，他の「実運送事業者」（貨物利用運送事業法2条2項から5項まで）の運送事業を利用して荷主の貨物を運送する「貨物利用運送事業者」が含まれる。「運送の引受け」には，荷主の需要に応じ，有償で，利用運送（自らの運送機関を利用し運送を行う者（実運送事業者）の行う運送を利用して貨物を運送すること。貨物利用運送事業法2条1項）を行う「貨物利用運送事業」（貨物利用運送事業法2条6項から8項まで）が含まれる。運送人は運送の引受け（補

助商）を業とする者であり商人となる（商502条4号・同4条1項）。

▶▶▶3　各種運送の定義
【1】　物品運送と旅客運送
　物品運送契約は，運送人が，荷送人から物品を受け取り，これを運送して荷受人に引き渡すことを約するものである（商570条）のに対し，旅客運送契約は，運送人が，旅客（自然人）を運送することを約するものである（商589条）。相手方（荷送人・傭船者など）がその結果に対して運送賃を支払うことを約する諾成・不要式の契約で，請負契約の一種である点は両者に共通である。

【2】　物品運送の類型
　海上運送において，個品運送契約は，運送人が輸送手段を貸切ることなく個々の物品につき荷送人から運送を引き受ける契約（個々の「運送品」を運送契約の目的とする。商737条）で，定期便による運送で締結されるのに対し，貸切り形態の物品運送契約は，運送人が荷送人等契約の相手方に対して輸送手段を貸し切る（輸送手段の全部または一部を運送契約の目的とする）形態での物品運送契約で，通常，不定期便による運送で締結される。

　貸切り形態の物品運送契約のうち，積地・ロサンゼルス，揚地・横浜のように特定の港から特定の港まで単一または数回の特定の航海のために船舶を傭船者に貸し切るのが「航海傭船契約」（商748条）である。また，ファイナンス目的で船舶の所有者と賃借人との間で船体の賃貸借がなされ，裸傭船契約とも呼ばれるのが「船舶賃貸借契約」（商701条以下）である。賃借人が自ら船長・船員を選任監督し，船舶賃借人は，船舶の利用に関する事項について，第三者に対し船主と同一の権利義務をもつ（商703条1項）。さらに，船舶所有者または船舶賃借人が船長あるいは乗組員を配乗した特定の船舶を一定の期間相手方に利用させる契約一般が「定期傭船契約」（商704条）であり，狭義にはこれらの契約が特定の典型約款（Time Charter（1946 N. Y. Produce Exchange）など）を包括する契約として締結されているものを意味する。

▶§2— 物品運送

▶▶▶1　物品運送契約の意義と本質
　改正商法では，新たに物品運送契約の意義と成立要件を定める規定が置かれた。すなわち，物品運送契約は，運送人が荷送人からある物品を受け取り，こ

れを運送して荷受人に引き渡すことを約し，荷送人がその結果に対してその運送賃を支払うことを約することによってその効力を生ずる（商570条）。荷送人が運送賃支払義務を負うことを前提に，運送人が荷受人から運送賃を受け取ることを認めるものが着払の事例と理解される。なお，郵便事業の独占と郵便物の運送について，郵便法4条，76条，国際海運17条参照。

▶▶2　荷送人の地位
【1】　荷送人の義務
❶　送り状の交付義務等　　運送状に関する規律（改正前商法570条）に代えて，送り状の交付義務が定められた。荷送人は，運送人の請求があるときは，運送人に対し一定の事項を申告しなければならず（申告義務），これを記載した書面を交付またはこれを記録した電磁的記録（電子メールやファックス等）を提供（申告の方法）しなければならない（商571条，海上運送および国内航空運送にも適用）。送り状の記載事項として，改正前商法の運送状の記載事項に，荷受人に知らせる情報として重要とされる荷送人の氏名および発送地が加えられる一方で，運送状の作成地および作成年月日が削除された。

❷　危険物に関する通知義務　　改正前商法には，危険物の運送を委託する荷送人の通知義務について特段の規定はなく，信義則上，荷送人がそのような義務を負い，これに違反した場合には荷送人が債務不履行または不法行為に基づく損害賠償責任を負うと解されるにとどまっていた。しかし，すでに船舶や航空機による輸送の安全性確保の観点から，公法上は危険物に関する通知は義務付けられており（船舶安全法28条，危険物船舶運送及び貯蔵規則17条，航空法86条および同法施行規則194条〔火薬類（花火）の航空機による輸送が問題となった事案について，国土交通省航空局政策統括官「航空貨物輸送に係る安全対策研究会報告書」（平成21年3月31日，平成22年9月13日改定）参照〕参照），現代社会における危険物の多様化やその取扱いの重要性に鑑みて，商法上，新たに運送品が危険性を有するもの（引火性，爆発性など）であるときは，運送品の安全な運送に必要な情報を通知しなければならないとする規定が新設された（商572条）。荷送人に通知義務違反があった場合の法的効果について，現代社会における運送の安全性を強調する立場から厳格な責任（無過失責任）を支持する見解がある一方で，封印されたコンテナの運送を引き受けた者が自らが荷送人として実際の運送を下請運送人に委託するなどの場合に過失がないこともありうることに配慮して過失責任を支持する見解とがある。

商法上は何ら規定されておらず，民法の一般原則に従い，荷送人が申告義務に違反した場合の責任は過失責任と解される。

【2】 荷送人の権利——運送の中止等の請求

①船荷証券が発行されない場合において，運送人は運送中，荷送人の指図（運送の中止その他の処分を請求しうる権利）に従うことを要する（指図権または運送品処分権）（商580条前段）。もっとも，この処分権は，運送人が引き受けた本来の義務に本質的な変更を加えるものであってはならず，例えば新たな営業所への運送を求めるような運送到達地の延長を請求することはできない（新たな運送契約の締結を要する）。運送人は，運送の割合に応じた運送賃や荷送人の指図に従い処分に要した費用の弁済を請求することができる（商580条後段）。

運送品が到達地に達したときは，荷受人は運送契約による荷送人の権利を取得するので，運送の中止や運送品の引渡しを請求することができる（商581条1項）。荷送人は運送品が到達地に到達しただけでは当然に処分権を失うわけではなく，荷受人が引渡しを請求して初めて消滅する（商581条2項）。他方，改正前商法では，運送品の全部が滅失したために到達地に達しないときは，荷受人は，運送契約上の権利を取得しないため，荷送人からその譲渡を受けた上で，運送人に対し運送契約上の責任を追及する必要があったところ，改正商法は，荷受人は，運送契約によって生じた荷送人の権利と同一の権利を取得することとした上，荷送人の権利と荷受人の権利との優先関係について，荷受人が損害賠償の請求をしたときは，荷受人の権利が優先し，荷送人は権利を行使することができないとした（商581条1項・2項）。

②船荷証券が作成された場合には，荷送人と荷受人の地位は証券所持人の地位に吸収され「荷送人」は「船荷証券の所持人」と読み替えられる（商768条。§3▶▶1参照）。

▶▶3 運送人の権利・義務

【1】 運送人の権利

❶ 運送賃の請求時期　運送の法的性質は請負契約の一種と解されており，運送賃は目的物の引渡しと同時に支払わなければならないところ（民633条本文），実務上，運送賃は掛払い（後払い）とされることが多く，到達地における運送品の引渡しと同時に支払う義務を負うものとされた（商573条・581条3項）。また，「運送品が不可抗力によって滅失・損傷」したときは，運送人は運送賃を請求することはできない（すでに一部を受け取っていたときは返還しなければな

らない)(商573条2項)。当該規定は「当事者双方の責めに帰することができない事由によって債務を履行することができなくなった」とき，債権者は反対給付の履行を拒むことができる点(民536条1項，危険負担)を明確化したものである。

❷ 運送人の留置権　運送人は，運送品に関して受け取るべき運送賃，付随の費用および立替金についてのみ，その占有する運送品の上に留置権(商574条)および運輸の先取特権(民311条3号・318条)を有する。改正前商法は，運送人の留置権の被担保債権の範囲について，運送取扱人の留置権の被担保債権の規定を準用していたが(改正前商法589条・562条)，海上運送人の留置権に関する規律(改正前商法753条)を参考に，付随の費用(保管料等)を被担保債権に追加し，前貸金を削除した(報酬とは運送賃のことであり，前貸金とは委託者のために支出した費用のことである)。この留置権は，代理商・問屋の留置権(商31条・557条)とは異なり，民法上の留置権と同様(民295条)，目的物と債権との牽連関係を要する一方，債務者所有の物であることを要しない(商574条)。

❸ 運送品の供託および競売　運送人が速やかに運送品の引渡しを完了し，かつ，運送賃請求権を取得することができることが求められる。改正前商法では，陸上運送については，①荷受人不確知の場合，②運送品の引渡しに関して争いがある場合に，運送品の供託権および競売権を認め(改正前商法585条から587条まで)，他方，海上運送については，上記①の場合および③荷受人が運送品の受取を拒んだ場合に運送品の供託義務があり(改正前商法754条2項)，④荷受人が運送品の受取を怠った場合には，運送品の供託権(同条1項)が認められるなど，運送の態様によって規律が異なっていた。

改正商法は，物品運送についての総則的規律として，上記①③④に相当する場合に運送品の供託権を認める内容に整理統一した(商582条・583条)。すなわち，②の規律を削除して③に含まれるものとし，④の規律を「受け取ることができない場合(商583条)」と改めるとともに，運送人に物品供託の費用負担を強いるのは適切ではないことから，供託権に関する規律に改めた。荷受人不明の場合には，まずは運送品の供託を認め(商582条1項)，さらに荷送人に対し運送品の処分について指図を求めたのに，それが功を奏さないとき，また荷受人の側で受取を拒絶するか受け取ることができない場合には，受取を催告し，かつ，荷送人が相当の期間に指図しないときに運送品を競売することができる(商582条2項・583条。代金の供託を要する)。運送品に何らかの事由により価格の低

落のおそれがある場合には催告を要せず，競売に付することができる（商582条3項）。標準貨物自動車運送約款では，運送品が腐敗または変質しやすく急を要するときは，運送人が任意売却しうる旨の定めがおかれている（26条）。

運送人は，運送品を供託または競売に付したときは，遅滞なく，「荷送人」または「荷送人及び荷受人」に通知しなければならない（商582条5項・583条）。

❹　運送人の債権　運送人の荷送人または荷受人に対する債権は，これを行使することができる時から1年間行使しないときに時効によって消滅する（商586条）。運送人の債権につき1年の短期消滅時効を定める理由は，運送人の損害賠償責任について1年の短期消滅時効を定めたのに（商585条），運送人の権利が5年の消滅時効（改正前商522条，民166条1項）にかかるものとすれば，運送人の責任が消滅したにもかかわらず，その権利だけは依然として存続するという不公平な結果を生じるからである。

【2】運送人の義務

運送人は，善良な管理者の注意をもって（商595条）運送品を受取り，運送し，保管し，到達地において荷受人に引き渡す義務を負う（商570条・575条）。また，海上物品運送に関する特則として，運送品の船積みおよび積付けの義務（商737条），堪航能力担保義務（商739条），運送人または船長の船荷証券交付義務（商757条以下）を参照。

▶▶4　運送人の損害賠償責任

荷送人は，運送中に運送品の滅失，損傷または延着（以下「滅失等」，商578条1項）により損害が生じたことを立証すれば，運送人に対し損害賠償を請求することができ，運送人においてその使用人等が運送品の受取，引渡し，保管および運送に関し注意を怠らなかったことを立証すれば，責任を免れることを定めたものと理解されてきた（改正前商577条）。さらに，改正商法では，運送中に滅失・損傷の原因が生じ，引渡し後に損害が発生した場合も含まれることが明確化された（商575条本文）。この法則は，債務不履行に関する民法415条の解釈から導かれるが，レセプツム責任の沿革上の理由から，商法の規定の文言上，それが明らかにされている点に意義が認められる。

また，荷送人と運送契約を締結した利用運送人が，実際の運送を下請運送人である実行運送人に委託し，運送中に運送品の滅失等が生じた場合に，荷送人は，実行運送人に対しては，不法行為責任を追及することができる。このような場合において，実行運送人が契約運送人の荷送人に対する運送契約上の抗弁

を援用することができるかは見解が分かれる（国際海運16条3項は，運送人の被用者に限られると解されている）。

【1】 滅失・損傷

運送品の滅失または損傷の場合に運送人の賠償すべき額は，大量の運送品を扱う運送契約の性質に鑑み，賠償額を定型化し法律関係を簡明にするため，一般の債務不履行の場合と異なり，荷主の受けた損害に限られ，失われた利益には及ばず，かつ算定の基礎が法定されていた。すなわち，損害賠償の額は，運送人に故意または重大な過失がない限り，その引渡しがされるべき地（到達地）および時（「算定基準時」）における運送品の価額によって定め，滅失または損傷のため支払いを免れた運送賃その他の費用は賠償額から控除されることとされた（商576条）。滅失または損傷による実損害がこれを超える場合でも運送人の責任は法定額に制限される（責任範囲限定機能）一方，実損害が法定額に達しない場合にも，運送人は法定額を支払わなければならないと解されている。改正商法では，運送品の価額につき，運送品の市場価格・相場価格によることが明らかにされた（商576条1項，国際海運8条）。

改正前商法には，運送人の責任の限度額に関する規律（例えば，国内航空運送約款では，貨物一口につき3万円，宅配便約款では貨物一口につき30万円が一般的）は置かれておらず，商法に責任の限度額に関する規律を設けることも検討されたが，中小規模の荷主において新たに貨物保険を付する負担が生じ非効率であることなどを理由として最終的に取り上げられなかった。

【2】 延着

運送品の単なる延着の場合における損害賠償の額については，商法上，明示的には規定されておらず，民法416条により定まるとの見解が有力である。実務上は，このような場合の損害賠償の額について，運送賃の総額を上限とする旨の約款が多い。約款と同趣旨の任意規定を設けることも検討されたが，最終的には取り上げられず，約款に規定がある場合を除き，運送人は，一般の原則に従って積極・消極一切の損害を賠償しなければならない。

【3】 高価品に関する特則

改正前商法578条は，高価品について荷送人が運送を委託するにあたりその種類および価額を明告しないと運送人は全く損害賠償責任を負わないと定めていた（高価品としてはもとより普通品としても全く損害賠償責任を負わない）。運送人が高価品であることに対処する機会を奪う一方で，その賠償額が多額となるこ

とに配慮したのである。改正商法は，この規律を維持しながら（商577条1項），高価品につき種類および価額の通知（明告）がない場合でも，①運送契約の締結の当時，運送品が高価品であることを運送人が知っていたとき，②運送人の故意または重大な過失によって運送品の滅失等が生じたとき，運送人は免責されないことを明らかにした（商577条2項）。①は本条が運送人が予想外の巨額の賠償責任を負う結果となることに配慮したものであり，②は通知（明告）があれば防止できた損害ではないからである。②との関係では，運送業者が自動車の荷台の後部扉の開閉確認を怠った，いわゆるうっかり事例が問題となる。学説上批判も有力であるが，運送人に重大な過失が認められる場合（最判昭55・3・25集民129号339頁），運送人は，通知（明告）をしなかった荷送人に対する損害賠償責任を免れない。

　高価品とは，容積または重量の割に著しく高価な物品をいうとされ（最判昭45・4・21判時593号87頁），容積重量ともに巨大でその高価なことが一見明瞭な品種である場合は高価品に当たらない。また，物品の種類だけを告げ，価額を告げない場合でも，種類の通知（明告）により当然におおよその価額を知りうる場合には，高価品の通知（明告）があったと解される。具体的にある物品が高価品であるかを判断することに困難が伴うことも少なくない。裁判例では，パスポート7冊が運送委託されたが途中で紛失した事案において，パスポートは各人にとって貴重品であるが，それ自体として交換価値があるものでないとして高価品とは認められなかった。交換価値のないものについては，再調達価格で判断するという考え方もあるが，高価品を運送委託する際に必要とされる通知（明告）において，再調達価格を告げなければならないとすることには困難を伴う。そのため，実際には規程や約款で高価品の範囲を具体的に定めている場合が多い（鉄運程28条，標準貨物自動車運送約款9条）。

【4】 責任の消滅

❶　**責任の特別消滅事由**　運送品の損傷または一部滅失についての運送人の責任は，荷受人が異議をとどめずに（留保をなさずに）運送品を受け取ったときに消滅する（商584条1項本文）。運送品の全部滅失の場合には適用がない。この規律は，売買の規律（商526条（商人以外の買主に検査義務なし），改正前民570条・566条3項，民566条本文）と比較して荷受人の不利益に過ぎ，その合理性には疑問も呈されているが，運送営業の大量反覆性や証拠の保全の困難さ等が本条の趣旨として挙げられる。改正前商法では，さらに運送賃その他の費用を支払っ

たときに消滅する旨を定めていたが（改正前商588条1項本文），実務上，運送賃は掛け払い（後払い）とされることが多く，運送賃等の支払いを運送人の責任消滅のための要件とする合理性はなく，要件から削除された。「異議をとどめず」とは，運送品の損傷または一部滅失のあることおよび方式いかんを問わずその概要を通知しないことをいう。

　ただし，運送品に直ちに発見することのできない損傷または一部滅失があった場合において，①荷受人が引渡しの日から2週間以内に運送人に対してその通知を発したとき，または，②運送品の引渡しの当時，運送人が損傷または一部滅失のあることを知っていたとき，運送人の責任は消滅しない（商584条1項但書，同2項）。②の要件にいう「悪意」の意味について争いがあったところ，故意に損害を生ぜしめ，または故意に損害を隠ぺいしたという意味ではなく，毀損または一部滅失を知って引渡したと解する判例の立場（最判昭41・12・20民集20巻10号2106頁）が採用された。

　また，荷送人との間で運送契約を締結した者（元請運送人）が実際の運送を下請運送人に委託した場合に，元請運送人が下請運送人に通知をするために必要な期間を確保し，元請運送人による下請運送人に対する求償を可能にするため，求償権に係る除斥期間は延長されたものとみなされる（商584条3項。国際海運14条3項参照）。

　❷　時効　　改正前商法では，運送品の滅失等についての運送人の責任は，運送人に悪意のある場合を除き，荷受人が運送品を受け取った日（全部滅失にあっては引渡しがされるべき日）から1年の消滅時効に服するとされた（改正前商589条・566条）。改正商法は，改正前国際海上物品運送法14条の規定を参考に，①運送品の受取から1年以内に裁判上の請求をしなければ運送人の責任は消滅し（除斥期間，商585条1項），②この期間は損害発生後に限り合意によって延長することができ（同条2項），③下請運送人に対する求償を可能にするため，求償権に係る除斥期間は延長されたものとみなされる（同条3項）。

【5】 不法行為責任との関係

　❶　運送人の不法行為責任　　運送品が運送人または履行補助者の責めに帰すべき事由によって滅失等（滅失・損傷の原因が生じた場合を含む）した場合，運送人は債務不履行責任を負う一方で（商575条，改正前商577条），その滅失等は運送品の所有権の侵害という事実を伴うため，不法行為を構成すべき要件が存在することから，両請求権の関係が問題となる。

両請求権の関係について，二つの要件・効果において差異があることから，2つの請求権は別個の権利であり，その選択に従って荷主（荷送人，荷受人または船荷証券所持人）に権利行使を認めることが被害者である債権者の保護に資するとする見解（請求権競合説）と両法規はいわば一般法と特別法の関係に立ち，特別法たる契約法（契約関係は特別な人的結合と信頼を基礎とし，一般社会関係とは異なった特別な性質）が一般法たる不法行為法の規定を排除して優先的に適用されるべきであるから，荷主は運送人の契約責任だけを追及することができ，債務不履行に基づく請求権だけを行使できるとする見解（法条競合説）が対立する。

現在の判例は，請求権競合説の立場をとる（最判昭44・10・17判時575号71頁）。この場合において，商法577条（改正前商法578条）などの規定は契約責任の免除に関する規定であって不法行為責任には適用されないとすると，国際海上物品運送法20条の2のような規定（免責および責任制限に関する規定が不法行為に基づく損害賠償請求にも適用される）がない場合，荷主が「損害賠償額の定型化」「高価品免責」「責任の消滅」等の規定の適用を免れるため，不法行為に基づき運送人の責任を追及することになりかねない。最高裁も，荷受人が運送人に対して宅配便約款での責任限度額を超える額の不法行為責任を追及した事案（最判平10・4・30判時1646号162頁）において，責任限度額の定めが，運送人の荷送人に対する不法行為責任にも適用されることが当事者の合理的な意思に合致するとしたうえで，荷受人が，少なくとも宅配便によって荷物が運送されることを容認していたなどの事情が存するときは，信義則上，責任限度額を超えて運送人に対して損害の賠償を認めることはできないとの判断を示した。

改正商法は，前掲・最判平成10・4・30の立場を受けて，運送契約に基づく運送人による運送を容認していない荷受人の場合でない限り，運送品の滅失等についての運送人の（荷送人または）荷受人に対する不法行為による損害賠償の責任に「損害賠償額の定型化（商576条）」「高価品免責（商577条）」「責任の消滅（商584条）」などの規定が適用されることとした（商587条，国際海運16条1項）。

❷　履行補助者の不法行為責任　　判例は，運送品が運送人の履行補助者の過失によって滅失等が生じた場合に，その履行補助者自身が荷主に対して直接に不法行為責任を負うことを肯定したうえで，運送人が契約責任を追及された場合に援用できる法定の抗弁事由は，不法行為責任を追及された運送人の履行補助者自身はこれを援用できないとする（最判昭44・10・17判時575号71頁）。しかし，履行補助者が法的・経済的に密接に運送人と結びついていることに照らすと，

その不利益は経済的に運送人に帰属することになる。そこで，運送人の指揮監督のもとに事業を行うか否かで区別し，下請運送人のような独立契約者は，荷主に対して独立に不法行為責任を負うと解する見解がある。

改正商法は，運送品の滅失等について運送人の損害賠償責任が免除・軽減される場合には，運送人の被用者に悪意・重過失がある場合を除き，運送人の責任が免除・軽減される限度において，運送人の被用者の荷送人または荷受人に対する不法行為による損害賠償の責任も免除・軽減されることにした（商589条，国際海運16条3項）。

国際海上物品運送では，海上運送人の履行補助者の過失により運送品に滅失等が生じ，荷主から履行補助者が不法行為に基づく損害賠償請求をされた場合に備えて，船荷証券には，当該荷主の請求に対し履行補助者が海上運送人が有すると同じ抗弁を対抗できる旨を規定する条項（「ヒマラヤ条項」）が置かれる（当該条項の有効性に疑義は生じない）。

【6】 免責約款

運送人は法律上様々な責任を課せられているが，このような責任を減免するため，運送人は運送約款に各種の特約条項（「免責約款」）を設けている。例えば，軽過失による損害については責任を負わない旨の約款（過失約款），保険に付せられた危険によって生じた運送品の損害について運送人は責任を負わない旨の約款（保険利益享受約款）などがある。これらの特約の効力について，相手が知りながら告げなかった事実がある場合には担保責任につき免責特約の効力を認めない旨の規定（民572条）や海上運送人の責任に関する免責約款を禁止する旨の規定（改正前商739条, 786条, 国際海運11条）がある。商法上，旅客運送の場合（商591条）や商法739条2項を別とすれば，他の領域における問題と同様に，一般論としては，運送企業の保護および荷主（荷送人・荷受人）の利益の両面から利益衡量して，不当に顧客の利益を制限すると認められる免責約款は，民法548条の2以下，消費者契約法10条（顧客が一般消費者の場合），公序良俗あるいは信義則などの原則に照らして，あるいは無効となり，あるいはその適用範囲を制限されることになろう（不知約款の効力について，15章「倉庫営業」を参照）。

▶▶5 荷受人の地位

【1】 荷受人の権利

運送品の物理的な移動に伴い，到達地における運送品を受け取る者が必要となる。商法および国際海上物品運送法は，運送契約の当事者ではない荷受人の

権利義務について規定するが，船荷証券が作成・交付される場合は，証券所持人に運送品の処分権（商761条）や引渡請求権（商764条）が与えられ，さらに荷送人または荷受人の権利義務等に関する規定（商581条・582条2項・587条）は適用されない（商768条，国際海運7条）。

荷受人は運送契約の当事者ではないが，運送の進行に応じて，一定の権利を有し義務を負う（商581条）。すなわち，①運送品が到達地に到着する前は，荷受人は運送人に対し何らの権利を有しておらず，②運送品が到達地に到着したときに，荷受人は荷送人の権利と同一内容の権利を取得し（商581条1項），運送人に対して運送品の引渡しを求め，またはその指図をなすことができる。もっとも，この段階では，荷送人の権利は消滅せず，かつ荷送人の権利が荷受人の権利に優先すると解され，さらに進んで，③運送品が到達地に到着したのち荷受人がその引渡を請求したときは，荷送人の権利は消滅する（荷受人の権利が荷送人の権利に優先する）（商581条2項）。

改正前商法によれば，「運送品の全部が滅失した」とき（＝到達なし），荷受人は運送契約上の権利を取得しないため，荷送人から権利の譲渡を受けない限り，運送人に対して債務不履行に基づく損害賠償を請求することができなかった。しかし，国際売買の契約条件で用いられるCIFやFOBでは，船積時に危険が買主に移転することから，荷送人（売主）は運送品の運送中の滅失について運送人の責任を追及するインセンティブを有さず，また，荷受人が荷送人から運送契約上の損害賠償請求権の譲渡を受けることも容易ではない。そこで，改正商法は，運送品が到達地に到着したときに加え，運送品の全部が滅失した場合でも，荷受人は運送契約によって生じた荷送人と同一の権利を取得することとした上で，荷受人が引渡・損害賠償を請求したときは，荷受人の権利が優先し，荷送人はその権利行使ができないことにした（商581条1項2項）。

運送契約の当事者ではない荷受人がなぜこのような権利を取得することができるのか，どのように法律構成するかについては争いがある。一般には，当事者の意思表示に基づくことが強調され，運送人と荷送人との間で荷受人を受益者とする「第三者のための契約（民537条）」が締結されたとする説明がある。しかし，①受益者に権利を付与するのみではなく義務を負担させること，②受益の意思表示（民532条3項）が要求されないことに鑑みて，荷受人の地位を完全に説明する法律構成とはいえない。そこで，空間的な障害の克服を目的とする運送関係においては，発送地と離れた到達地において運送品の受取り等を担

当しうる特殊な資格者が，いわば荷送人の身代り・延長ないし荷送人との人格の融合として要求されざるを得ないことから，法律によって定められた特殊の地位とする理解が，運送関係における荷受人の地位の実質を踏まえた法律構成であるように思われる。

【2】 荷受人の義務

荷受人が運送品を受けたとったときは，運送人に対し運送賃その他の費用を支払う義務を負う（商581条3項。改正前商583条2項。海上物品運送に関する特則として，商741条・768条）。運送契約の当事者ではない荷受人が運送人に対して支払義務を負うのは，契約の効果によるものではなく，法律の規定によるものと解される。荷受人がこの義務を負う場合にも，荷送人はその義務を免れるわけではなく，両者の義務は不真正連帯の関係で併存する。

▶▶6 複合運送と相次運送（通し運送）

相次運送とは，広義では，同一の運送品につき，数人の運送人が相次いで陸上運送をする場合をいう（商579条1項）。これには，①数人の運送人が各自独立して特定区間の運送を順次引き受ける場合（部分運送），②一人の運送人が全区間の運送を引き受け，その全部または一部について他の運送人を使用する場合（下請運送），③数人の運送人が共同して全区間の運送を引き受け，その内部において各自の担当区間を定める場合（共同運送），④荷送人と最初の運送人との間に全区間にわたる契約が締結され（各運送人は一通の通し運送状によって運送を引き継ぐ），その後の運送人がそれぞれ荷送人のために運送にあたる場合（連帯運送）がある。これらの運送において，後の運送人は，前の運送人に代わってその権利（留置権など）を行使する義務を負い（商579条1項），後の運送人が前の運送人に代わって弁済したときは後の運送人は，前の運送人の権利（運送賃など）を取得することができる（同条2項）。

改正前商法579条は，各運送人が運送品の滅失，毀損または延著について連帯して損害賠償の責任を負うことを規定する。広義の相次運送のうち，①は個別の運送契約があるのみであり，②における他の運送人は履行補助者に過ぎないし，③にあっては商法511条の適用によって当然に連帯性が認められることから，本条は，④連帯運送の場合にのみ適用されるものと解されてきた（大判明45・2・8民録18輯93頁および学説）。本条は海上運送にも準用されていたが（改正前商法766条），陸上と海上の間の海陸相次運送（通し運送）にも類推適用が認められるかは見解の対立があった。

このような内容は改正商法にも受け継がれ（商579条3項），海上運送のみならず，航空運送にも準用されることが明確になった（同条4項）。また，争いのあった海陸相次運送（通し運送）への類推適用の有無について，今日では異なる運送手段の相次運送の実例が乏しいことを踏まえ（中間試案の補足説明・第2の5(4)），新たに複合運送の概念を導入することにより概念の整理が図られた。すなわち，陸上運送，海上運送または航空運送のうち2つ以上の運送を一つの契約で引き受けた場合（複合運送）における運送品の滅失等について，各運送において滅失等の原因が生じた場合に当該区間ごとに適用される法令・条約の規定に従うこととされた（商578条1項）。また，陸上運送であってその区間ごとに異なる2つ以上の法令が適用される場合（トラック運送と鉄道運送の組み合わせなど）にも，一つの契約で引き受けたときに複合運送となることが明確化された（同条2項）。運送の態様いかんを問わず，数人の運送人の関与が前提となるのが相次運送であり，運送の態様（運送手段）が二つ以上の組み合わせとなるのが複合運送である。

　もっとも，事故発生区間が不明の場合に運送人の責任をどう考えるかについて立法的な手当てはなされなかった。そのため，まずは総則的な規定の適用を検討することになるが，実際にはこれまで通り約款による対処が求められることになる。JIFFA（国際フレイトフォワーダーズ協会）の国際複合一貫運送約款22条では，発生区間の証明がない場合，滅失または損傷は海上運送中に発生したものとみなし，運送人は国際海上物品運送法等の規定する範囲で責任を負うものとされる。

▶§3— 運送証券

　これまで運送証券については，陸上運送における貨物引換証の規定（改正前商法572条から575条までおよび584条）が預証券の質入証券・倉荷証券・船荷証券に準用される建付け（改正前商法604条・627条・776条，国際海運10条）となっていた。しかしながら，近時，貨物引換証や預証券・質入証券（複券主義）の利用は見当たらないため，これらに関する規律は削除され，倉庫営業の倉荷証券（商605条・607条等）や海上物品運送の特則としての船荷証券（商761条・764条等。Bill of Lading, B/Lという），複合運送証券（商769条）として直接に規律されることになった。以下では，船荷証券の基本的な特質についてみた上で，実

務上利用されることの多い「保証渡し」,「Surrender B/L」,「海上運送状（Sea Waybill）」について取り上げる。

▶▶1 船荷証券, 複合運送証券の特質

運送人（船会社）と荷送人との間で交わされた運送契約に基づき, 物品が運送のために荷送人から運送人に引き取られるか, または船積みされた場合に, 荷送人の請求があれば運送人によって発行される書面であり, 運送契約の「証拠」, 輸送を委託された貨物に対する船会社の正式な「受取証」, そして陸揚港において証券の正当な所持人に運送品を引き渡すことを約した「有価証券」である。物品運送は, 保管中の物品の場所的移動に関する営業であるが, 運送中であるという障害を克服して物品の売買・担保等を可能にする法的手段として船荷証券の意義が認められる。

❶ 証拠　1隻の船で何百件という荷主の荷物を引き受ける個品運送契約（通常, 定期船）においては, 運送契約書を取り交わさず, B/Lが個品運送契約書の性格を有することになる。B/Lの表面及び裏面の約款を含め, B/Lに記載されている事項が運送契約の内容を示すことになる。

❷ 受取証　B/Lに記載された貨物も運送人が実際に受け取ったこと, または船積みしたことを証明する書面である。しかし, 例えば, コンテナ運送では, 荷送人が貨物を詰めてドアにシールしたうえで運送人が受け取り, 運送の完了時に運送人から荷受人にそのまま引き渡されることが多く, このような場合, 運送人はB/L記載の荷物を確認することはできない。荷送人の申告が間違っていた場合の運送人の責任について, 商法760条参照。

❸ 有価証券　海上運送において, 運送品の引渡請求権を表章する有価証券である。船荷証券が表章する権利の移転および行使に証券の占有・交付が必要とされ, 有価証券に該当する。記名式のときでも, 裏書を禁止する旨を記載しない限り, 裏書によって譲渡することができる（商762条, 法律上当然の指図証券）。

船荷証券は, 原因関係たる運送契約上の権利を表章する証券で要因（有因）証券（非設権証券）であり, 法定の事項を記載し, 運送人または船長が署名しなければならない要式証券である（商758条）。船荷証券が発行された場合には, 証券と引換えなければ運送品の引渡しを運送人に請求することはできず（商764条, 受戻証券性）, さらに運送に関する事項について, 運送人と善意の証券所持人との間においては, 船荷証券の定めるところによる（商760条, 文言証券性）。

文言証券性との関係では，いわゆる空券（くうけん）および品違いの場合の法律関係が問題となる（→この点につき，**15章倉庫営業「§5 倉庫寄託中の物品の処分を可能にする制度」を参照**）。また，運送に関する処分（所有権の移転・質権の設定など）は船荷証券によってしなければならず（商761条，処分証券性），船荷証券を引渡したときは，その引渡しは運送品の上に行使する権利（所有権・質権）の取得について，運送品の引渡しと同一の効力を有する（商763条，引渡証券性）。

▶▶2 **船荷証券の問題点**

【1】 船荷証券の危機

　船荷証券は，海上運送において，荷為替取引，信用状取引，CIF売買等の国際取引において重要な役割を果たしてきたが，第二次大戦後の船舶の高速化などの技術革新に伴い，荷受人のB/Lの入手が貨物の到着よりかなり遅れる「船荷証券の危機」と呼ばれる状況が発生し，保証渡しやSurrender B/Lといった取引慣行が生まれた。現段階では関係書類の簡素化・標準化の一環として，貨物の引渡しを円滑に行うための方法として海上運送状（Sea Waybill（SWB））が利用されるようになっている。

【2】 船荷証券の紛失

　また，運送品の引き取りについて，船荷証券が手元にないという意味では「紛失」も未着と変わらない。この場合に，船荷証券を無効とするため，有価証券無効宣言公示催告の手続が認められているが（非訟事件手続法118条），無効判決を得るのに5か月から8か月を要するため，あまり利用されていない。そこで，運送人は，荷送人の要請により，銀行保証上の提供を受け，船荷証券の再発行を受けるか，または保証渡しと同様に，船荷証券と引換えでなく運送品の引渡しが行われる。

▶▶3 **保証渡し**

　船荷証券の到着の遅れはもちろん，その盗難・紛失さらには荷為替取引において船荷証券を受けだせない場合などの事情で荷受人である買主が船荷証券を入手できない場合に，運送人が，後日の紛争に備えて，運送品の荷受人の取引銀行を連帯保証人とする保証状（Letter of Guarantee, L/G）の提供を受けた上で，船荷証券と引換えでなしに運送品の引渡しを行う慣例のことを保証渡しという。運送品が目的地に到着しているにもかかわらず，船荷証券が未着のために引渡しを受けられないと，荷受人にとって滞貨料の支払いや運送品の劣化などの不利益が生ずるほか，運送人にとっても保管料が嵩むなどの不利益が生ずる。

このような事態に対処するために保証渡しが行われる。

保証渡しの効力については，かつて強行法規（公序良俗）に反するものとして無効と解されたが，その後，判例（大判昭5・6・14法律新聞3139号4頁）は商慣習として有効であることを確認し，以後の判決はいずれもこれに従っている。学説も，船荷証券の受戻証券性について，船荷証券と引換えに運送品を引渡すべき義務を運送人に課したものではなく，証券と引換えでない引渡請求を拒絶できること（引渡拒絶権）を定めたものと解している。保証状による保証渡しが適法であるとしても，運送人の代理店が，船荷証券と引換えでなしに貨物を荷受人に引渡した場合，運送人は，自己またはその使用する者が運送品の引渡しに注意を怠ったことにより生じた運送品等の滅失について，船荷証券を所持していた銀行に対して損害賠償責任を負う（東京地判平8・10・29金法1503号97頁）。

▶▶▶4 元地回収（Surrender B/L）

運送人から船荷証券が発行されるが，船積地で荷送人が荷受人の代わりにそれらに裏書して運送人に返却（元地回収）すると，運送人は一通を手元に残してあとの二通にsurrendered（引渡済み）などのスタンプを押して荷送人に戻す（スタンプを押された二通は無効となる）。有価証券としての船荷証券が一切流通せず，貨物は荷揚地において船荷証券と引換えでなしに引き渡される。

実務では，船荷証券が必ずしも必要でない取引（親子会社間の取引など）の場合に多く用いられている。Surrender B/Lは，運送人から荷送人への交付，それを前提とする荷受人への交付ならびに荷受人等による運送人への提示・交付が性質上当然に予定されている（平成30年改正前）国際海上物品運送法6条の有価証券に当たらない（東京地判平20・3・26海事法研究会誌216号61頁）。そうすると，荷受人は貨物が到達地に到着してはじめて権利を取得することになる。

▶▶▶5 海上運送状（Sea Waybill）

貿易取引が，海外の子会社との間による場合などは，紛失・遅滞のリスクのある有価証券としての船荷証券を用いる取引である必要はなく，貨物の「受取証」および運送品の「証拠」としての機能を有する書面で足りる（有価証券ではない）。この書面が海上運送状である。荷受人は，荷物の引渡しを受ける際，荷受人が海上運送状に記載された荷受人であることを証明する必要があり，この証明があれば，海上運送状の提示は不要である（受戻証券ではない）。

船荷証券と海上運送状の双方が交付されることは想定されていない（商757条

3項・770条3項)。運送品について海上運送状が交付(電磁的方法による提供も可)されているときは(商770条)、荷送人や傭船者は船荷証券の交付を請求することはできないし、逆もまた然りである。海上運送状には船荷証券に記載するのと同じ事項が記載される(同条2項)。

▶§4— 旅客運送

▶▶1　旅客運送契約

　旅客運送について、新たに航空運送の規定を設けるにあたり、物品運送と同様に、陸上運送・海上運送・航空運送に共通する旅客運送の総則的規律が設けられた。すなわち、旅客運送契約は、運送人が旅客(自然人)を運送することを約し、相手方がその結果に対して運送賃を支払うことを約することによって効力を生じ(商589条)、請負契約(民632条以下)の一種に属する。運送の対象が旅客(自然人)であり、その受取・保管・引渡という問題を生じない点で物品運送とは異なる。旅客が運送の対価として運送賃を支払うことを約する諾成・不要式の契約であり、乗車券の発行は契約の成立要件ではない。しかし、実際には、各種の乗車券が利用されるのが一般的であり、最近では、ICカード乗車券(Pasmo(パスモ)、Suica(スイカ)など)の利用が普及している。ICカード乗車券による旅客運送の契約は、駅において乗車の際に改札機等による改札を受けた時に成立するが、定期乗車券に係る運送契約は、定期乗車券を発売した時に成立する(PASMOに関する約款：ICカード乗車券取扱規則(鉄道)第4条、東日本旅客鉄道株式会社ICカード乗車券取扱規則第20条参照)。

▶▶2　乗車券の法的性質——金銭代用証券か、運送証券を表章する有価証券か？

【1】無記名式乗車券

　通常、無記名式の乗車券(普通乗車券)は、特定区間の個別的運送についてが通用期限付無記名証券(民520条の20)であり、特別の事情のない限り、乗客は自由に譲渡しうるものであって、その引渡しによって運送請求権が移転する。その場合でも運送開始・改札の後においては、譲渡性を失い、運送人は特定の旅客に対してのみ運送債務を負担する。乗車後に社内で発売される乗車券は、運送賃の支払を証明する証拠証券に過ぎない。

【2】記名式乗車券(定期乗車券)

　記名式の定期乗車券は、通用期限および通用区間を特定した包括的運送契約

上の債権を表章するが，一般に旅客の資格や利用目的を限定したもので譲渡性はなく（民520条の19），また運送上の債権行使に乗車券の提示が必要とされるが，それは集団的・大量的な権利行使を確実かつ容易ならしめるために，証券自体の提示を要するという有価証券と同様の技術を利用したにとどまり，免責証券性および証拠証券性を有するにすぎないと解される。

【3】 回数乗車券

市電の運賃が値上げされた際，値上げ前に発売された回数乗車券の所持人が差額の支払いなく乗車できるかをめぐって争われた事件において，判例は，回数乗車券を発売した時点で運送契約もしくはその予約が存在する（回数乗車券が運送請求権を表章する有価証券的性質を有する）ことを否定し，運送賃の支払を証明し運送賃に代用される一種の票券であると解した上で，購入後運賃値上げのあったときは，値上げ分を支払わなければならないとした（大判大6・2・3民録23輯35頁）。多数説は，無記名式の回数乗車券の性質について，その発行により包括的運送契約が成立し，あるいは旅客運送契約の予約が成立し，契約上の権利あるいは本契約を締結すべき債権を表章する有価証券であると解しているが，回数乗車券の有価証券的性質を認めたとしても追加支払を必要とする契約解釈は可能である。乗車区間・通用期間の特定の有無などの事情を考慮して当事者の意思を探求すべきであろう。

【4】 実務上の取扱い

最近の消費税率改定に伴う運賃改定の場面が参考になる。すでに保有している，あるいは旅客運賃改定前に買い求めた乗車券等（定期乗車券，回数乗車券）は，発券・購入が運賃改定前であれば，改定後であっても有効期間内は別途運賃を支払うことなしに乗車することができる（東京メトロ運賃改定など）。市バスの回数券では差額の支払いを要する場合がみられるが，一般的には，表示の有無を問わず有効期限・有効区間が定められている場合には，差額の支払いを要しない。

▶▶3 旅客運送人の責任

【1】 旅客に対する責任

❶ 旅客の損害に関する責任　旅客の運送人は，自己またはその使用人が運送に関して注意を怠らなかったことを証明しない限り，旅客が「運送のために」受けた損害を賠償する責任を免れることはできない（商590条）。これは債務不履行の一般原則を確認したものである。旅客が「運送のために」受けた損害とは，生命身体上の損害のみならず，被服の損害や延着損害を含み，また財

産的損害のほか精神的損害を含む。旅客が受けた損害の賠償請求権は、旅客が死亡したときに相続人が相続することはともかく、被害者固有の慰謝料請求権が相続の対象となるかについて争いがあったが、現在は相続を認めるのが判例（最判昭42・11・1民集21巻9号2249頁）および学説の立場である。

❷ 損害賠償額　従来、旅客の損害賠償の額を定めるに当たり、裁判所は被害者およびその家族の状況を斟酌しなければならないと規定されていた（改正前商法590条2項）。生命身体上の損害（被服、延着によるものを除く）に限定されるが、これにより損害賠償の範囲を定める際に問題となる当事者の特別事情の予見可能性を問わずに、被害者の家族の状況（被害者の収入や家族構成）を斟酌することができた（民416条2項の例外）。しかし、現在の裁判実務では、被害者と家族の状況が斟酌されており、結論に変わりはないことから、改正前商法590条2項は削除された。

❸ 運送人の責任に関する片面的強行規定　運送人の責任について、運送人に有利な特約は無効とする、いわゆる片面的強行規定は、従来、海上運送のみに置かれていたところ（改正前商786条1項・739条）、旅客の人命尊重の見地から、三種の運送形態の総則的規律として、旅客の生命・身体上の損害に係る運送人の責任を免除または制限する特約を無効とする規定が設けられた（商591条1項）。ただし、大規模な地震のような緊急時に記者等を輸送する場合あるいは妊婦・重病人を輸送する場合などに配慮し、運送人と旅客との間の特約を有効とする余地を残している（同591条2項各号）。

【2】 手荷物の損害に対する責任

旅客の運送人および被用者は、旅客より引渡しを受けた手荷物（託送（受託）手荷物）については、運送賃を請求しないときでも、物品運送契約の運送人および被用者と同じ責任を負う（商592条1項2項）。一定期間引き取りのない託送（受託）手荷物は、これを供託しまたは競売することができる（同592条3項〜6項）。

なお、日本の鉄道から託送手荷物は姿を消したが、航空機・高速バス・離島航路では、客室の狭さ・保安上の理由から、乗客の手荷物を預かるのが常態である。同伴する愛玩動物（飼いならされた小犬、猫、小鳥等）については受託手荷物として運送の引受け対象となる（無料手荷物許容量の適用を受けず、別途料金を支払う必要がある）。

旅客より引渡しを受けない手荷物（携帯手荷物）の滅失・損傷については、旅客自身が管理しているため、運送人は自己またはその使用人に故意または過

失があったことを旅客が証明した場合に限り，損害賠償の責任を負うに過ぎない（商593条1項）。身の回り品も旅客自身の管理下にあるから携帯手荷物に含まれる（同593条1項カッコ書き）。また，受託手荷物に関する責任とのバランスを考慮して，損害賠償の定額化の規定（商576条1項）や運送人の損害賠償責任の消滅（商584条・585条）などの規定が準用される（商593条2項）。

★EXAM CHECK 14★

Q 次の各文章の正誤を答え，誤りがある場合には正しい内容に改めなさい。

①荷送人は，送り状の交付義務のほか，運送に必要ないかなる情報も提供する義務を負わない。

②船荷証券が発行されていない場合，運送品の全部が滅失したために運送品が到達地に達しないときでも，荷受人は，運送契約によって生じた荷送人の権利と同一の権利を取得し，その権利を行使するときは荷送人の権利に優先する。

③運送人は，運送中に運送品の滅失または毀損の原因が生じ，その引渡し後に損害が発生した場合は損害賠償責任を負わない。

④荷送人が高価品の運送を委託するにあたり，その種類および価額を通知しないとき，運送人は，高価品としてはともかく，普通品としての損害賠償責任を免れない。

⑤荷受人は運送契約の当事者ではなく，運送品の全部が滅失したときは，荷送人から損害賠償請求権の譲渡を受けない限り，運送人に対する債務不履行責任を追及することはできない。

⑥船荷証券は，原因関係たる運送契約上の権利を表章する要因証券であるとともに，運送に関する事項について，運送人と証券所持人との間においては船荷証券の定めるところによる文言証券性を有する。

⑦判例によれば，たとえ船荷証券の到着が遅れる場合でも，船荷証券と引換えでなしに運送品の引渡を行うことは違法であり，その効力は無効である。

⑧判例によれば，回数乗車券を値上げ前に購入した場合，その後に運賃の値上げがなされたとしても，回数乗車券の所持人が乗車の際に差額の支払をする義務はない。

⑨旅客が運送のために受けた損害には，生命身体上の損害のみならず，被服の損害や延着損害を含むが，精神的な損害は含まれない。

⑩旅客の生命・身体上の損害に係る運送人の責任を免除しまたは制限する特約は無効となる。

★Topic—14　運送営業と運送取扱営業の違い

　表題前者の運送営業はクロネコヤマトとか佐川急便など，イメージしやすいであろう。運送すべき物品を販売店から受け取り，目的地まで運び，相手方（消費者・購入者）に手渡す。実家から段ボール箱一杯の地元の物を受け取り，都会で暮らす子供に当該段ボール箱を手渡す。BtoCだけでなく，BtoBにおいても，運送事業者は流通の重要な担い手である。一方，運送取扱営業は問屋と同じ12章で扱ったように，理論上は問屋と同じく自己の名で委託者である荷主の計算（すなわちお金は荷主負担）により，適切な運送人を選んで運送契約の締結などをする。ただし，運送に関係する業種であるから，運送営業に近い業種であって，準問屋とはせずにわざわざ一つの業種扱いとなっている。

　運送取扱営業は，実務上あまり行われていないこと，また，運送人（運送事業者）や倉庫業者が運送取扱営業を兼ねていることは本文でも述べたところであるが，典型例の1つとしては，港湾運送事業が挙げられる。食料だけでなく，様々な原材料のほとんどを外国に頼っている中継貿易国の日本にあっては，諸外国からの窓口としての港が重要性を帯びる。

　港にあっては，海に浮かぶ船と陸との間のやりとり，荷主・荷送人と港との物品運送など，異なる作業が複雑に関連しており，運送人が全てを実行できる場合もあるであろうが，一部のみ（例えば陸上での物品運送）しかできない場合もある。この場合に，どの業者に別の作業を委ねるのかなどを専門知識を用いて，差配するのが，運送取扱営業ということになる。

　なお，運送取扱営業は物品運送の取次ぎに限られ，旅客運送の取次ぎに関しては準問屋の一種ということになる。旅行会社と呼ばれる例えばJTBや近畿日本ツーリスト（正確にはKNT-CTホールディングス（株）グループ各社）は，旅行業法に基づく旅行業等を営む者に該当し，旅行業とは，旅行者のために運送・宿泊サービスを提供する者との間で取次ぎをする行為が含まれる（旅行業法2条各号参照）。

【道野真弘】

15章— 倉庫営業
▶流通面でも保管面でも商取引を支える

　「物を預かる」場合のうち，寄託を受けた物品の倉庫における保管を行う営業が倉庫営業であり，商品流通における時間的な障害を克服する重要な機能を果たす。寄託物の保管をめぐり，寄託者，受寄者，倉庫証券所人がどのような権利を有し，義務を負うか，さらに寄託物（商品）の滅失または損傷について，だれがどのような責任を負うか（リスク分配）が問題となる。また，倉庫寄託中の物品の処分との関係では，倉荷証券に加えて，荷渡指図書の利用が問題となる。

▶§1— 倉庫営業の意義

▶▶1　倉庫営業

　倉庫営業は，大量の商取引が行われる場合に，商品が生産されてから消費されるまでの時間的な障害を克服することによって他人間の財貨の移転を媒介する重要な役割を果たす（補助商）。倉庫を利用することにより，商人が自ら商品を保管するよりもはるかに安全かつ低廉な保管や商品の需給の調節が容易になるばかりか，倉庫証券の利用によって，倉庫に保管中の物品の円滑な処分・金融のための担保化という利益を享受することもできる。

　倉庫営業は，生産と消費を結ぶ産業として国民生活の基盤を支える公共性の高い産業であり，倉庫営業の適正な運営を図るべく，倉庫業法が制定されている。倉庫営業を行おうとするものは，国土交通大臣の登録を受けなければならず（倉庫3条），例えば，倉庫の施設・設備が一定の施設設備基準（倉庫6条1項4号）を満たさないこと，事業を適切に管理運営するための倉庫管理責任者を選任できると認められないことは登録拒否事由に該当する。

　最近の倉庫営業は，単なる「物の保管」にとどまらず，仕分けや流通加工（商品に付加価値をつける作業を行ったり，複数の商品（未完成品）を倉庫に集約したうえ

倉庫営業の種類

普通倉庫 6種類	1～3類倉庫	設備・構造基準により1類，2類，3類の3つのグレードに分かれる。建屋型の倉庫。
	野積倉庫	鉱物，木材，自動車などのうち，雨風にさらされてもよいものを保管する倉庫。柵や塀で囲まれた区画。
	貯蔵槽倉庫	袋や容器に入っていない小麦，大麦，トウモロコシなどのバラ状の貨物，糖蜜などの液状貨物）を保管する倉庫。サイロやタンク。
	危険品倉庫	消防法が指定する危険物や高圧ガスなどを保管する倉庫。
冷蔵倉庫		冷凍食品など10℃以下で保管することが適切な貨物の保管。
水面倉庫		原木等の水面保管。新木場貯木場が有名。
トランクルーム		家財，美術骨董品，ピアノ，書籍など個人の財産を保管する倉庫。
特別の倉庫		災害の救助その他公共の福祉を維持するため物品の保管。

[参照] 倉庫規3条，一般社団法人日本倉庫協会HP「倉庫業について」

で完成品へと組み立てる）等も行うなど多機能化・複雑化が進展しており，倉庫を中心とした幅広い物流サービスの提供に展開しつつある。

利用者が料金を支払って非商品を預ける，あるいは保管するスペースを賃借りするビジネスは，サービス内容や形態により，①倉庫業法に基づき倉庫営業者が運営する「トランクルーム（倉庫型）」（荷物の補償義務を伴う寄託契約），②空きビルや空室を改装してスペースを貸し出す「レンタル収納型」，③遊休地などの屋外にコンテナを並べて貸す「コンテナ型」（荷物の補償義務のない貸借契約）に分かれる。トランクルームサービスは，倉庫営業者が国土交通省認定のトランクルームを活用して，荷物・家財など（約款上，「特定物品」とよばれ，商品として販売されないもの）を預かるサービス（個人利用）である。トランクルームサービスは事業の安定性が高いが，「賃料滞納」と「荷物の置き去り」のリスクがある。置き去りにされた荷物は簡単には処分できないし，「寄託責任」の有無をめぐってクレームが発生するリスクもある。レンタル収納型およびコンテナ型がいわゆる「場所貸し」のサービスであるのに対し，トランクルームサービスは荷物保管に特化したサービスを提供する。レンタル収納は，主に不動産事業者が手掛け，屋内に収納スペースを提供するサービスであるのに対し，コンテナ型は屋外におけるコンテナもしくは鋼製物置を収納スペースとして提供する。

▶▶2 倉庫営業者の意義

倉庫営業者とは，他人のために物品を「倉庫」に「保管」することを事業とするものをいい（商599条。運送・加工（クリーニング業）などで一時的に物を保管する状況が生ずるが，保管を目的とするものではなく，倉庫業にはあたらない），物品の

寄託の引受け（商502条10号）を業とすることから，商人に該当する（商4条）。

倉庫とは，「物品の滅失若しくは損傷を防止するための工作物又は工作を施した土地若しくは水面であって，物品の保管の用に供するもの」と定められている（倉庫2条）。保管の用に供される工作物であれば足り，必ずしも屋根のある建物であることを要せず，石置場のような空地や貯木場のような水面であっても倉庫に該当する。

▶§2── 倉庫寄託契約の意義と性質

倉庫寄託契約とは，倉庫営業者が寄託者のために物品を倉庫に保管することを約する契約である。倉庫寄託契約は，民法上の寄託契約の一種であり，倉庫営業者の権利・義務については，寄託に関する民商法の一般規定の適用がある。倉庫寄託契約の締結の方式は，法律上は無方式であるが，実際には，倉庫寄託約款（標準倉庫寄託約款（甲，発券倉庫営業者向け）と標準倉庫寄託約款（乙，非発券倉庫営業者向け））に基づく取引として行われ，例えば，寄託者は，貨物の寄託にあたり，必要事項を記載した貨物申込書を提出することが求められている（標準倉庫寄託約款8条）。

平成29年改正前民法657条は，寄託契約を要物契約として規定し，従来，多数説は，倉庫寄託契約は民法上の寄託契約の一種であるから要物契約であって，寄託者が倉庫営業者に寄託物を引き渡すことによって成立すると解していた。その後，学説および実務では，倉庫寄託契約は諾成契約であるとの理解が有力になり，平成29年改正民法は寄託契約を受寄者による物の「保管」と「返還」の合意に基づく諾成契約と整理した（要物契約でない寄託契約が拘束力を有する。民法657条）。倉庫寄託契約についても，倉庫営業者は，寄託の引受けを業とするものであり，寄託の引受けは，寄託物の引渡し前から存しうる行為であって，倉庫営業者は寄託者に対し，寄託を受ける準備をする義務を生ずるとともに，寄託物の引渡しを請求する権利を取得する。また，寄託者は受寄者が寄託物を受け取るまでは，契約の解除をすることが認められる（民657条の2第1項前段）。

倉庫営業者は入庫（寄託物の受取）に当たり，「寄託者の承諾」を得て，寄託者の費用で，受寄物の内容の検査をすることができる（約款12条）とされているが，検査が容易でないことや品質・価格に影響を及ぼすことに鑑み，検査権が実際に行使されることは少ないといわれる。

▶§3— 倉庫営業者の義務

▶▶1 保管義務

　倉庫寄託契約は，寄託契約の一種であり，当該物品に適した倉庫において，寄託物について善良な管理者の注意をもって必要な保存・管理をなすことを要する。倉庫寄託契約では，倉庫営業者の能力や倉庫の設備などが契約の基礎となると考えられるので，特約または慣行がない限り，他の倉庫営業者に保管の下請けをさせることができない（民658条2項）。もっとも，実務上，やむを得ない事由があるときは，寄託者または証券所持人の承諾を必要とせず，倉庫営業者の費用で他の倉庫営業者に受寄物を再寄託することができるとされる（標準倉庫寄託約款18条。なお，トランクルームサービスでは，寄託者の同意を得ることが要件とされる。標準トランクルーム標準約款16条）。

　保管義務を履行するにあたり，国土交通大臣の許可を得た倉庫営業者（発券倉庫業者）は，倉庫証券を発行する場合には，寄託者が反対の意思を表示しない限り，寄託者のために当該受寄物を火災保険に付さなければならない（倉庫業法14条）。約款ではより一般的に付保する旨の定めが置かれている（標準倉庫約款32条，トランクルーム標準約款26条）。また，寄託者が知っている場合を除き，寄託物について権利を主張する第三者が受寄者に対して訴えを提起し，または差押え，仮差押えもしくは仮処分をしたときは，受寄者は，遅滞なくその事実を寄託者に通知しなければならず（民660条1項本文），寄託者の指図がない限り，寄託者に対しその寄託物を返還しなければならない（同660条2項）。

　保管期間の定めがあるとき，やむを得ない事由がなければ，倉庫営業者はその保管期間内は寄託物の引取りを寄託者に対して請求することができない（民663条2項）。他方，保管期間の定めがないときは，受寄者はいつでも寄託物の返還ができるのが原則であるが（民663条1項），商品の現実の需要があるまで保管するという倉庫営業者の経済的な機能を考慮し，寄託者の利益を保護する趣旨で，やむを得ない事由があるほか，寄託物入庫の日から6か月を経過した後でなければ寄託物の返還をすることができない（商612条）。約款では，特約がなければ，保管期間を3か月とし，倉庫営業者の承認を得て更新することができるとする（標準倉庫約款20条）。トランクルームの場合も，原則として保管期間は3か月であるが，寄託者から解約の申入れがない限り自動的に更新され

る（トランクルーム標準約款17条）。

▶▶2　倉荷証券交付義務

倉庫営業者は，寄託者の請求により，寄託物の倉荷証券を交付しなければならない（商600条，標準寄託約款13条）。倉庫（倉荷）証券とは，倉庫寄託契約に基づく寄託物の保管を証明するとともに，寄託物返還請求権を表章する有価証券である（後述の§5参照）。なお，発券倉庫業者でない業者について，標準寄託約款14条参照。

▶▶3　点検・見本摘出等の要求に応じる義務

寄託物は商取引の対象となるので，寄託者または倉荷証券が発行された場合の倉荷証券所持人は，倉庫営業者の営業時間内は，いつでも，寄託物の点検若しくはその見本の提供を求め，またはその保存に必要な処分をすることができる（商609条）。倉庫営業者には単純な認容義務ではなく，相当の協力をする義務が生ずる。

▶▶4　倉庫営業者の寄託物の返還義務

倉庫営業者は，保管期間の定めがあるときでも，寄託者の請求があれば寄託物を返還する義務があるが（民662条1項），倉荷証券が発行されている場合には，その証券所持人の請求により，その所持人に対してのみ寄託物の返還義務を負い，その証券と引換えでなければ寄託物の返還に応ずる必要はない（商613条，受戻証券性）。寄託者が倉荷証券により寄託物の質入れをなした場合には，その債務の弁済期前に寄託物の一部出庫を請求することはできないところ，寄託者の商取引の便宜のため，質権者に不利益を及ぼさない範囲で寄託物の一部出庫を認めている（商614条）。

なお，実務上，倉庫営業者が証券と引換えでなく寄託物を返還する「空渡し」または「保証渡し」が行われるが，寄託物を受け取った者以外の者から証券の提示があった場合には，倉庫営業者は債務不履行に基づく損害賠償責任を負わなければならない。

▶▶5　帳簿の備付け・記入の義務

倉庫営業者は，倉荷証券を（再）発行した場合や寄託物の一部を返還した場合には，帳簿に一定の事項を記載すべきものとされている（商602条・608条・614条後段）。本条による記入の義務は証券発行を前提とし，交付された証券の状況を明らかにして，後日の紛争に備えるための義務で，公法的な性質を帯びるものと解される。

▶▶6　倉庫営業者の損害賠償責任

【1】　倉庫営業者の損害賠償責任

　倉庫営業者は，自己またはその使用人が寄託物の保管に関し注意を怠らなかったことを証明しなければ，寄託物の滅失または損傷について損害賠償の責任を免れることはできない（商610条）。本条は，無過失についての立証責任が倉庫営業者にあることを明らかにする任意規定であり，使用人の故意・過失についても責任を負うことを含め，債務不履行に関する民法の一般原則として認められるところである。

　もっとも，消費者保護の観点からこれと同趣旨を定める標準トランクルームサービス約款（30条）を除き，標準倉庫寄託約款では，損害が倉庫営業者またはその使用人の故意または重過失により生じたことを寄託者側（損害賠償を請求しようとする者）が立証しない限り，倉庫営業者は損害賠償の責任を負わない旨の定めが置かれている（約款38条）。この理由として，入庫に当たり，倉庫営業者は寄託者の承諾を得て内容を検査することができるにとどまる一方で（約款12条），寄託者側に寄託物の点検・保存行為が許容されていること（約款23条）等が指摘される。

　寄託物の保管に関する倉庫営業者の責任が限定されることから，寄託物の滅失・損傷のリスクに対して保険で対処するニーズは大きい。倉庫営業者は，寄託者が反対の意思を表示しない限り，寄託者のために受寄物を火災保険に付すことが要求され（倉庫14条），実務上，約款により，倉荷証券の発行の有無にかかわらず倉庫営業者が適当とする保険者の火災保険（保険金額は受寄物の寄託価額（約款33条））に付すものとれている（約款32条）。

【2】　内容不知約款の効力

　倉庫営業者は，「受寄物の内容を検査しないときは，その内容と証券に記載した種類，品質又は数量との不一致については，責任を負わない」旨を約款に定め（約款14条），証券面に内容不知の表示をする。このような証券面上に内容不知文言を記載した場合における特約の効力について，判例は，寄託物の内容を検査することが容易ではなくまたは検査するとその品質・価格に影響を及ぼすことが明らかな限りにおいて有効と解する立場をとっている（最判昭和44・4・15民集23巻4号755頁参照）。判例の立場を前提とすると，内容の検査が容易であるにもかかわらず，寄託者の承諾が得られないために内容検査を行わなかった場合，約款の不知文言の効果が認められて倉庫営業者が免責されることはない

と解される。

【3】 責任の特別消滅事由

寄託物の損傷または一部滅失についての倉庫営業者の責任は，寄託者または倉荷証券の所持人が異議をとどめないで寄託物を受け取り，かつ，保管料等を支払ったときは，倉庫営業者が寄託物の損傷または一部滅失について悪意でない限り，消滅する（商616条1項本文，同条2項）。ただし，寄託物に直ちに発見するとができない損傷または一部滅失があった場合に，寄託者または証券所持人が引渡しの日から2週間以内に倉庫営業者に対してその旨の通知を発したときは消滅しない（同条1項但書）。

【4】 短期消滅時効

寄託物の滅失または損傷についての倉庫営業者の責任に係る債権は，倉庫営業者が寄託物の滅失または損傷について悪意であった場合を除き（商617条3項），寄託物の出庫の日（全部滅失の場合には倉荷証券の所持人に対する「通知の日」）から1年間行使しないときは時効によって消滅する（商617条1項2項）。

▶§4— 倉庫営業者の権利

▶▶1 保管料請求権

商法上，倉庫寄託契約において，寄託物の一部出庫の場合を別とすれば（611条但書），倉庫営業者は寄託物出庫の時以後でなければ，保管料および立替金その他寄託物に関する費用（保管料等）の支払を請求することができない（商611条本文）。もっとも，倉庫寄託契約において，保管料等の支払が入庫時と定められているとき，当事者間での特約を無効と解する必要はない（標準倉庫寄託約款第48条〔寄託者又は証券所持人の支払義務を定める〕参照）。

本来，寄託契約の当事者は寄託者と受寄者であって倉荷証券所持人は契約外の第三者である。物品運送においては，運送契約の当事者ではない荷受人が運送品を受け取ったときに運送賃支払債務を負担する旨が法定されているが（商581条3項・商741条），寄託契約についてはそのような法律の規定は存しない。そこで，倉荷証券が発行されている場合に，寄託契約外の第三者である証券所持人が保管料その他の費用の支払義務を負うかが問題となる。

学説では，受寄物を買い受けて所有権を取得するとともに，証券所持人の意思に基づき，倉荷証券の裏書譲渡を受けることによって倉荷証券上の権利義務

を承継した（保管料・手数料等を支払う債務を引受けた）との理解が一般的であるが，判例は，「倉荷証券に寄託物の記載のほか，なお保管料等寄託物に関する費用は証券所持人が負担するものとする趣旨の文言の記載がある場合，第三者が裏書譲渡によりその倉荷証券を取得したときは，特段の事情のないかぎり，各当事者間に，その所持人が記載の文言の趣旨に従い右費用支払の債務を引受けるという意思の合致あるものと解するを相当とする」との判断を示した（最判昭32・2・19民集11巻2号295頁）。

倉荷証券の所持人と倉庫営業者との間の寄託に関する法律関係は，倉荷証券の定めるところによるから（商604条），倉荷証券に記載されている範囲で証券所持人が倉庫営業者に対し保管料等の債務を負担することになる。

▶▶2　**倉庫営業者の留置権・先取特権**

倉庫営業者の債権については特別の留置権は認められておらず，民商法の一般規定による留置権（民295条，商521条）および動産保存の先取特権（民法320条）が検討されるべきことになる。倉庫営業者は商人であるから（商502条10号・4条），寄託者が会社であるような場合において，寄託者が約定の期日に保管料を支払わないとき，寄託者の支払を促すため，寄託物の返還請求に対して商事留置権に基づき寄託物を留置することができる（商521条）。

▶▶3　**供託権および競売権**

倉庫営業者は，保管期間が満了したときは，受寄物を引き渡す権利があり，その際に引き取られない寄託物について供託権・競売権などが認められる。すなわち，寄託者・証券所持人（以下，寄託者等）が受領（受取）を拒みまたは受領する（受け取る）ことができない場合，さらに約款では倉庫営業者の過失なくして寄託者また証券所持人を確知することができない場合に，保管物を供託し，また相当の期間を定めて催告した後に（価格の低落のおそれがある物は無催告で）競売に付したうえで（商615条・524条1項・2項），寄託者側に通知する（以上につき，標準倉庫寄託約款29条・30条）。

なお，実務上，競売に代えて任意売却が行われる場合には，売却代金について優先弁済受領権が認められる（約款31条2項）。

▶§5── 倉庫寄託中の物品の処分（譲渡・質入）を可能にする制度

▶▶1　倉荷証券

　従来，寄託物についての所有権移転のための預証券および質権設定のための質入証券（複券主義）と倉荷証券を合わせて倉庫証券と総称していたところ，日本では，実際の倉庫取引ではもっぱら倉荷証券が利用され，複券発行の例はほとんどないことからその規律は削除され，平成30年商法改正により，倉荷証券に関する規律（単券主義）に一本化された。

　倉荷証券（商600条以下）は，それ単独で，寄託契約から生じる倉庫営業者に対する寄託物返還請求権を表章した有価証券（要因（有因）証券）であり，債権証券に属する。倉荷証券は，法律上当然の指図証券（商606条）であり，要式証券（商601条）・受戻証券（商613条）であることについては，船荷証券の場合と変わらない。また，倉荷証券には，倉庫営業者と所持人との間において，寄託に関する事項は，証券の定めるところによるという債権的効力（文言証券性）が認められ，倉庫営業者は倉荷証券の記載が倉庫寄託契約上の事実と異なることをもって善意の所持人に対抗することができない（商604条，なお民520条の6）。また，引渡証券性（商607条）・処分証券性（商605条）が認められる（→船荷証券の項を参照）。

　このうち，倉荷証券の文言証券性との関係で，倉庫営業者が有効な寄託契約に基づいて寄託者から寄託物を受け取ったという原因関係がないにもかかわらず，倉荷証券を発行した場合（＝空券）と倉庫営業者が受け取った寄託物と倉庫営業者が倉荷証券に記載した寄託物が相違する場合（＝品違い）の法律関係が問題となる。すなわち，倉荷証券は，倉庫営業者が寄託者から寄託物を受領した後に，寄託者の請求により倉庫営業者が発行するもので，寄託契約上の寄託物引渡請求権を表章すべき有価証券（＝要因（有因）証券）であるため，要因性と文言性との関係をどう理解するかが問題となる。

　判例は，空券の場合には，有因性を重視して，倉庫営業者が寄託物を受け取っていることが証券成立の前提条件であって，これを受け取らないで作成した証券は無効であり，これにより損害を被った者があるときは，証券を発行した倉庫営業者は不法行為による損害賠償責任を負うとする（大判昭13・12・27民集17巻2848頁〔貨物引換証の事例〕）。これに対し，品違いの場合には，文言性を重

視して，品違いの倉庫証券を発行した倉庫営業者は，証券に記載した物品の引渡をなしえないときは，不可抗力による場合のほかは，証券所持人に対しては債務不履行に基づいて損害賠償責任を負うべきものとする（大判昭11・2・12民集15巻357頁〔質入証券の事例〕）。

他方，学説上，①空券の場合には当然に証券は無効であり，品違いの場合にも倉庫営業者は受け取った物を引渡せば足りるとして有因性を重視する立場，②証券の作成行為自体が有効であれば，空券・品違いの場合を問わず，証券所持人は記載された寄託物の引渡請求権を有するとして文言性を重視する立場，③有因証券であることと証券の善意の取得者の保護とは別問題であるとし，禁反言の原則の適用により，証券作成者は善意の第三者に対して完全な証券記載の外観に従って責任を負うとする立場がある。倉荷証券の文言証券性については，次のように理解すべきであろう。すなわち，倉荷証券は，寄託契約上の権利を表章する証券であり，実質的には要因（有因）証券であるが，かかる権利と証券上の記載とが相違する場合には，善意で取得した証券所持人を保護するため，証券上の権利の存在・内容が記載文言によって確定され，倉庫営業者は反証により契約上の権利義務を主張することはできないが，証券所持人は反証により契約上の権利を行使しうるとして，要因（有因）証券に補充的に文言証券性を認めたとする理解である。

▶▶2　荷渡指図書

今日実際に倉荷証券が利用されるのは，商品取引所の上場商品の受渡し等限られた場合であり，寄託物の譲渡には，むしろ荷渡指図書が用いられることが多い。荷渡指図書は，物品の保管者に対して引渡しを指図する書面であり，①倉庫営業者が自己の被用者・履行補助者宛てに発行し，荷渡指図書の所持人に対して商品を引き渡すよう指図するもの（自己宛），②寄託者が倉庫営業者に充てて発行し，荷渡指図書の所持人に対して引渡しをするよう指図するものであって，倉庫営業者の副署があるもの（他人宛），③②のうち，倉庫営業者の副署のないもの（他人宛）の三類型ある。一般に取引では，売主等の物品の寄託者が，倉庫営業者に物品を寄託したまま，倉庫営業者（物品の保管者）宛に，書面に記載された者に対して寄託物の引渡しを指図する形式のもの（他人宛）が利用される。荷渡指図書は，書面に記載された者に寄託物の受領権限を付与する書面であり，多数説は，①②の書面につき，物品の引渡請求権を有することは肯定するが，荷渡指図書の引渡が物品の上に行使する権利につき，物品の引渡し

と同一の効力を有すること（＝引渡証券性，商607条（倉荷証券）・763条（船荷証券））を否定する。③の書面は，保管者が指図に従って引渡しをすれば免責される免責証券に過ぎないと解されている。

問題は，いまだ買主が購入物品の現実の引渡を受けないとき，売主（寄託者）が保管者に対して荷渡指図書を提示したことにより指図による占有移転（民184条）が生じたことを理由に，物品の善意取得（即時取得）（民192条）が認められるかである。判例は，食肉輸入業者が倉庫営業者宛に発行した荷渡指図書の事案において，売買当事者間において寄託者台帳の名義変更によって目的物の引渡が完了したものとして処理することが広く行われていたことを認定したうえで，寄託者台帳上の寄託者名義の変更により，豚肉につき売主から占有代理人を倉庫営業者とする指図による占有移転を受けることによって，買主は民法192条による占有を取得したものであると認めた（最判昭57・9・7判時1057号131頁）。荷渡指図書の引受けにより占有移転が生じるという論法ではなく，一定の業界・地域における取引慣行を前提としながら，指図による占有移転を認めた。一般に，倉庫営業者による寄託者台帳の名義変更があれば，指図による占有移転（目的物の引渡と同視すべき事実）を認めてよいと解されている。

★EXAM CHECK 15★

Q　次の各文章の正誤を答え，誤りがある場合は正しい内容に改めなさい。
①倉庫とは，保管の用に供される土地の工作物である必要があり，水面倉庫，ましてや空中倉庫は倉庫に該当しない。
②倉庫寄託契約は，要物契約であり，物の引渡がない限り，法的拘束力を有しない。
③寄託者または倉荷証券所持人は，倉庫営業者またはその使用人の故意・過失を証明して，寄託物の滅失・損傷についての損害賠償を請求しなければならない。
④判例によれば，いわゆる内容不知約款の定めに基づき，倉庫営業者が免責される余地はない。
⑤判例は，倉荷証券の効力について，いわゆる空券の場合には無効であり，品違いの場合には有効であるとの立場をとるものと解される。

★Topic—15　スペースの有効活用
——アマゾン（Amazon）の空飛ぶ倉庫と水平倉庫

　倉庫の広さは物理的に限られているから，倉庫の無駄なスペースを削減し，保管効率を高めることが求められる。その場合，すべての業務改善の第一歩は，①倉庫内の整理整頓，つまりレイアウトロケーションの重要性にある。どこにどんな商品を配置するか（倉庫内の棚やラックの配置）。頻繁にピッキングされる商品を手前に配置するとか，一筆書きのように作業スタッフが回れるように棚を配置することができれば，スタッフの歩く時間と距離を短縮することができる。さらに，倉庫では占有する床面積と実際に運用することができる床面積に違いが生じることは避けられないところ，通路や資材置き場，仮置き場などの設置（いわゆる動線管理）によって有効スペースは限られてしまうから，レイアウトの効率を上げる必要がある。また，②在庫管理システムの活用がある。在庫管理システムなどを導入し，在庫の見える化を実現し，需要の予測などを適切に行うことで，必要な在庫が明確になり，不要な在庫を保管する必要から解放される（過剰在庫の回避）。このほか，③商品を保管する棚や梱包材などの最適化することが考えられる。商品の大きさや種類に応じて棚の大きさを変更したり，梱包材などを適切なサイズに変更することが効率改善につながる。

　このような限られたスペースの有効活用という点では，アマゾンの相次ぐ斬新な試みが興味を惹く。

　空きスペースがあれば，土地であれ，空中であれ，水中であれ，倉庫として活用することが考えられる。現に，ドローンによる配達に力を入れるアマゾン（Amazon）は，ドローンが普及した先を見越して，いわゆる空飛ぶ倉庫（空中倉庫，floating warehouse）の特許を申請していたことが明らかになった。空飛ぶ倉庫は，高度4万5千フィートで待機し，需要の高い商品の在庫を完備し，注文が入ったら配達ドローンがデリバリー先の顧客のもとに向かうという。地上にある倉庫が上空に浮かび，車での配達がドローンに置き換えられるわけである。倉庫自体を飛行船にして飛ばすコストなどを考えるとその実効性に疑問もわいてくるが，配送スピードや人手にかかるコストなど配送の課題を解決するのみならず，道路が寸断された場合など大規模災害時の活躍が期待されるという（遠藤奈美子ブログ・Amazonの「空中倉庫」＆「ドローン配送」でネット通販の未来）。さらに，アマゾンは，通常の倉庫では最上部の棚から天井までの間に無駄なスペースがあることから，深いプールを作り，商品を沈めて保管する（水中倉庫）というアイデアまで有している。

　本文で述べた通り，倉庫に該当するには土地の工作物や水面であることが前提だとすると，現段階では，わが国において「空中」倉庫や「水中」倉庫を法律上の倉庫と認めることはできないと考えられる。

【柳　明昌】

16章— 場屋営業
▶人が集まる場所を提供する業態

　旅館・ホテル・浴場などに代表される場屋（じょうおく）営業では，多数人の来集に適する設備が設けられ，不特定多数の人が出入りする。施設利用のため一定の時間そこに滞在することから，場屋営業者には，客の物品の保管・管理を伴うことが多い。場屋営業者が寄託を受ける場合もあれば受けない場合もあり，寄託物や携行品の盗難・紛失の場合に，場屋営業者がいかなる範囲で，どのような責任を負うかが問題となる。

▶§1— 場屋営業者の意義

　商法502条7号は，「客の来集を目的とする場屋における取引」を営業としてするときに商行為とする旨を規定する。商法は，客の来集を目的とする場屋営業やそこでの取引が何であるかについて特別の規定を置いていない。場屋営業は，公衆の来集に適する物的・人的設備を有し，多数の客がこれを利用すべく出入し，しかもある程度時間的にそこにいる点で共通するが，場屋営業・場屋取引の種類が多く，その内容が業態によって異なるため，一つの取引として定型的な規制を加えることは技術的に困難であるからとされる。

　商法上，場屋営業の例として，旅店（ホテル（洋式），旅館（和式），簡易宿泊所など（旅館業法2条参照）），飲食店，浴場が列挙されているが（商596条1項），これ以外に，そもそもどのような営業形態が場屋営業にあたるかが問題となった事案として，次のようなものがある。美容業における美容契約の債務不履行に基づく損害賠償請求権が商行為によって生じた債権であるか（期間5年の消滅時効にかかるか）が問題となった事案において，場屋取引とは客をして一定の設備を利用させることを目的とする取引を意味すると解されるところ，美容院においては客に設備を利用させるという関係にあるものではなく，場屋営業に含まれないとした（東京地判平2・6・14判時1378号85頁）。また，ゴルフ場が場屋営

業に該当するかについて，一般的に利用が可能な施設であると認められるから，公衆の来集に適する人的・物的施設を設け，客にこれを利用させるものとして，場屋営業に該当することを認めた（東京高判平16・12・22金商1210号9頁。より限定的な説示として，名古屋地判昭59・6・29判タ531号176頁参照）。さらに，ガソリンスタンド営業については，ガソリン等の販売，洗車等の請負をその営業とするのであって，顧客にその設備を利用させる関係にないから，場屋営業に含まれないとした（東京高判平14・5・29判時1796号95頁）。

場屋営業という範疇により規定を設ける立法は，ロエスレル商法草案以来のものであるが，対象を宿泊契約等に限定する諸外国に共通した立法例と比較すると異例な規律であり，立法論としては，宿泊機関の責任という形で規律の範囲を限定しつつ，業務内容にふさわしい，内容のある規定を置く旨が提案されている（債権法改正の基本方針【3.2.11.19】（宿泊契約に伴う寄託等に関する宿泊役務提供者の責任）参照）。

▶§2— 場屋営業者の責任

▶▶1 総説

客との間になされる基本的取引行為は，業態によって異なる。例えば，旅館・ホテル業では，典型契約として規定されていない宿泊契約（混合契約）があり，これに伴う諸々の義務，すなわち，生命・身体の安全を確保する義務（構造上・消防法，急病等の際に適切な措置を講ずる義務），清潔な部屋を提供する義務，安全な料理を提供する義務（旅館の調理場で料理された料理は旅館の「製造物」，製造物責任法（PL法）の適用対象），付随義務・安全配慮義務として，身の安全を配慮する義務などを場屋営業者（旅館・ホテル）が負うことはいうまでもない。

商法は，場屋営業者（従来，場屋の主人とよばれた）の負う責任について，客から「寄託を受けた」場合と客から特に寄託を受けていない物品の滅失または損傷に分けて規定する（商596条）。場屋営業については，旅館業法，公衆浴場法，興行場法など営業に関する行政的規制に関する法律があるが，商法は，場屋営業に物品の保管・管理を伴うことが多いことに着目した規定（第9章（寄託）第1節）を置いている。つまり，客が一定の時間施設にとどまることから，その間における顧客財産の保護を図るとともに，場屋営業の信用維持を図るものと解される。

▶▶2　客から寄託を受けた物品の場合

　場屋営業者が，客から寄託を受けた物品の滅失または損傷については，それが不可抗力によって生じたものであることを証明しない限り，損害賠償責任を免れることはできない（商法596条1項，改正前商法594条1項）。旅店主が盗賊と結託して客の荷物を奪うことの多かったローマ時代の旅店主のレセプツム（receptum）責任を踏襲したもので，場屋営業者が物品を受領したことに基づいて法律上当然に課せられる結果責任である。解釈論としては，「客」「不可抗力」の意義とともに，あるいはそれ以上に物品についての「寄託の有無」が重要な問題となる。

【1】「客」の意義

　客とは，場屋取引における設備利用者のことであるが，客観的にみて設備を利用する意思で場屋に入ったと認められれば足り，必ずしも場屋の利用を内容とする契約を結んだものである必要はなく，また現実に設備を利用したかどうかを問わない。

【2】「寄託の有無」

　場屋営業者が，物品の滅失または損傷につき不可抗力によることを証明しない限り重い結果責任を負わされるのは，客から物品の寄託を受けた場合である。また，客が高価品（▶▶4参照）について場屋営業者の損害賠償責任を追及しうるのは，客がその旨を通知（明告）したことに加えて寄託した場合である（商597条）。いずれの場合も「寄託の有無」が重要な争点となる（営業者が商人であることを前提とすれば，商法595条（改正前商法593条）の適用を検討する余地がある）。寄託は，他人のために物の保管をなすことを目的とする契約であり，その成立のためには，目的物を保管する債務を負う旨の合意をすることが必要となる。

　例えば，旅館・ホテルの駐車場に宿泊客が自動車を駐車している間に，①自動車が盗難にあい，その車内には高級ゴルフクラブなどの高級品が置かれていた場合，②駐車場前面の丘陵が豪雨で崩落して自動車が土砂をかぶって破損した場合に，旅館・ホテルが寄託を受けたことを前提に宿泊客に対する責任を負うか否かが問題となる。いずれの場合も，旅館・ホテルが自動車を保管する状態になったこと，つまり自動車に対する支配が旅館・ホテルに移ったといえるかが重要であり，保管の対象が自動車の場合には，旅館・ホテルに鍵を預けたか否かがその重要な判断要素の一つとされている（高知地判昭51・4・12判時831号96頁，東京地判平8・9・27判時1601号149頁など）。これと同様に，旅館・ホテル

の客室内にある貸金庫に入れていたお金が盗まれた場合でも，貸金庫は宿泊客の便宜のために設置され，それを使用するか否かは宿泊客の自由であり，旅館の意思とは無関係に金庫に保管した財布などを自由に出し入れできる。そうだとすると，宿泊客の携帯品につき，旅館に不注意がある場合の責任（商596条2項）はともかく，貸金庫内の物は旅館の支配下にあるとはいえず，寄託契約が成立したとはいえない（東京高判昭62・8・31判時1253号60頁参照）。

　ゴルフ場のクラブハウス内にある貴重品ロッカーの中から銀行キャッシュカードなどが入った財布が盗まれた場合に，財布等の管理を目的とする寄託契約が利用客との間に成立するか否か，具体的にはロッカー内の保管物に対するゴルフ場営業者の占有の有無が問題となる。使用の有無が利用客の判断に任されていること，使用操作は利用客自らが行い，営業者はロッカー使用の有無や使用された場合の内容物を把握していないことなどの事情は，寄託契約の成立を否定する事実となりうる（東京高判平16・12・22金判1210号9頁）。

　ガソリンスタンド内に自動車を駐車し，ときにその利用対価を支払うことがあっても，ガソリンスタンド営業者が事実上の好意として自動車を置いていくこと（自己の支配領域内へ他人が物を置くこと）を許容していたにすぎないとみられる場合には，物の保管を内容とする積極的な債務負担の合意があったとは評価できない（前掲・東京高判平14・5・29，原審である東京地判平13・10・19判時1796号97頁以下）。

【3】「不可抗力」の意義

　不可抗力の意義については，事業の外部から発生した出来事で，その発生を通常予測できないものと解する立場（客観説）がある。これに対し，ローマ時代と現代では時代が異なること，運送人・倉庫営業者の責任との均衡を根拠に，事業の性質に従い，最大の注意を尽くしてもなお避けられない危害であると解する立場（主観説）がある（運送営業に関する改正前商法576条にいう「不可抗力」と同義〔当事者の責に帰すべからざる事由〕と解する）。

　多数説は，特定事業の外部から生じた事故であって，通常必要と認められる予防方法を尽くしてもなお防止することができない危害（折衷説）の意味に解している。折衷説は，厳格なレセプツム責任の趣旨を汲むものと解され，場屋営業者は，単に自己または使用人の無過失を証明しただけでは責任を免れることはできない。例えば，宿泊客の寝たばこが原因の火災により，他の宿泊客のブランド品などが焼失してしまった場合，旅館の営業自体から失火したもので

はなく，宿泊客の寝たばこという営業外からもたらされた失火で，旅館の営業自体から失火したものではないので，旅館の消火設備が完備していれば焼失を免れることができたなどの事情がない限り，不可抗力によると考えてよい。

▶▶3 客から寄託を受けない物品の場合

客が特に寄託しないで自ら場屋内に携帯した物品であっても，場屋営業者は，自己またはその使用人（雇用関係の有無を問わず，事実上使用する者であれば家族も含まれる）の不注意によって生じた滅失または損傷について損害賠償責任を負う（商596条2項）。荷物について寄託契約は成立しておらず，場屋営業者は契約責任を本来負うものではなく，また，不法行為責任を当然には負うものではない。この責任は，場屋営業の性質上，客と特殊な関係に立つことから認められた付随的な法定責任と解される。場屋営業者本人またはその使用人の不注意（過失による善管注意義務違反）についての立証責任は客が負うと解される。場屋営業者が寄託を受けた場合と比較すると，客に重い立証責任が課されている。

▶▶4 高価品に関する特則

貨幣，有価証券その他の高価品については，客がその種類および価額を通知（明告）して寄託した場合でなければ，場屋営業者は，その物品の滅失または損傷によって生じた損害を賠償する責任を負わない（商597条）。そもそも高価品の寄託を受けていない場合には，その保管責任が発生していないので，場屋営業者が仮に知っている場合にも責任を負わないことはいうまでもない。

寄託が認められる場合，高価品であることの通知（明告）がなされることによって，場屋営業者に，高価品に適する保管方法をとらせ，損害の発生を未然に防止する機会を与える（特別の注意を尽くす機会を与える）ためである。いわゆる種類および価額の通知（明告）の有無の判断にあたっては，場屋営業者に寄託を引き受けるかどうかを決めさせ，適切な保管方法をとらしめる程度の通知（告知）があれば十分であると解される。そうだとすると，場屋営業者が，具体的な物品の種類あるいは金額について客から直接に伝えられていなくても，貴重品（預かり）袋を預けるか（金品を入れて預けるのが通常），単に美術品であることだけではなく，ルノアールやゴッホの絵のように種類の通知（明告）によりおおよその価額を知りうる場合には，通知（明告）はあったか，それと同視すべきと解される。

しかしながら，客から高価品である旨通知されなかった場合に，場屋営業者が，全く責任を負わないということに当然になるわけではない。寄託された車

の種類形態等（歯医者の所有するベンツ）から，通常そのような車の中におかれているであろうと考える物品が，駐車場管理者の善管注意義務違反により，車の盗難に伴い盗まれた場合に，当該物品の滅失または損傷による損害について賠償責任を負うとした例がある（東京地判平元・1・30判時1329号181頁）。高価品であることを通知（明告）したことに基づく賠償責任ではなく，駐車場管理者の善管注意義務違反と因果関係のある損害（ゴルフクラブ，ゴルフシューズ等の損害）と認められた。

「高価品」の通知(明告)を欠いた場合、場屋営業者が高価品としてはもとより、普通品としても賠償する責任を負わず、結局は完全に賠償責任を負わないことになる点は運送人の責任（商577条）と同様に考えればよい。その他の「高価品に関する特則」については，14章§2▶▶4参照。

▶▶5 責任減免の特約

場屋営業者に関する商法の規定は強行規定ではなく，客との間で特約を結べば，その責任を軽減・免除することはできる。しかし，場屋営業者が客の携帯品について責任を負わない旨を一方的に場屋内に表示しただけでは，減免の特約は成立せず，その責任を免れることはできない（商596条3項）。また，場屋営業者または使用人に故意または重過失がある場合にまで責任を減免するような特約は，公序に反し（民90条）無効と解される。なお，事業者に悪意または重大な過失がある場合は，「責任の一部を免除する条項」であっても，無効となる（消費者契約法8条1項2号・4号参照）。

判例は，ホテルのベルボーイが客室まで運搬するために宿泊客から受け取った宝飾品入りの荷物を別の段ボール箱を発送する手続をしている間に盗取されたという事案において，あらかじめ種類および明告のない貴重品等について15万円を限度として損害を賠償する旨の約款条項(損害賠償義務の範囲制限条項)は，ホテル側に故意または重大な過失がある場合には適用されないと判断した（最判平15・2・28判時1829号151頁）。これに反する解釈は，著しく衡平を害するものであって，当事者の通常の意思に合致しないことを理由として挙げている。

実務上，判例の立場に沿った運用がなされている。訪日外国人旅行者が安心して宿泊できる施設として一定のサービスレベルが保証された旅館・ホテルの登録基準・手続を定めた国際観光ホテル整備法（昭和24年法律第279号）11条の規定によるモデル宿泊約款15条2項但書は，「宿泊客からあらかじめ種類及び価額の明告のなかったものについては，当ホテル（館）に故意又は重大な過失

がある場合を除き，〇〇万円を限度として当ホテル（館）はその損害を賠償します。」と定めている。

▶▶6　短期消滅時効

　場屋営業者の責任に係る債権は，物品の一部滅失または損傷の場合，寄託物を返還し，または客が携帯品を持ち去った後1年間行使しないときは，時効によって消滅する（商598条1項）。物品の全部滅失の場合には，1年の期間は，客が場屋を去った時から起算される（同条1項カッコ書）。また，場屋営業者に悪意があった場合には，短期消滅時効の規定は適用されず（同条2項），場屋営業者の責任は，一般民事時効の原則により権利を行使することができることを知った時から5年の時効によって消滅する（民166条1項1号）。ここにいう悪意とは，寄託物に故意に損害を生ぜしめ，あるいは滅失・損傷を故意に隠蔽した場合をいうと解される。

▶§3── 「民泊」に関する規制

　場屋営業の対象として中核的な位置づけの旅館・ホテル営業との関係で注目に値するのが，シェアリングエコノミーの流れの中で登場した，住宅の空き部屋やマンションの一室を利用して旅行者を宿泊させるいわゆる民泊である。本来，この民泊は「宿泊料を受けて宿泊させる営業」（旅館業法2条2項から4項まで）にあたるならば，旅館業の営業許可を受けなければならないはずである（同法3条本文）。旅館業法は，多数の人の集合・出入りする場所の衛生上の取締まりは軽視することのできない問題であるので，統一的な法律を制定してその徹底・強化を図る趣旨で，昭和23年に施行された。当時，戦後の混乱期で衛生状態が悪く，不特定多数の人が出入りする旅館は感染症の温床であった。そこで衛生管理が当時の最優先課題とされ，旅館・ホテル等の設備や衛生の基準が定められた。

　しかし，自宅の空き部屋やマンションの一室を対象とする民泊が，旅館業法の定める旅館・ホテル営業の許可要件を充たすことは容易ではない（旅館業法上，住居専用地域での営業は禁止される，適当な数の便所の設置が求められるなど）。そこで，観光立国の推進（急増する訪日外国人観光客のニーズや大都市部での宿泊需給の逼迫状況への対応）や地域活性化（地域の人口減少や都市の空洞化により増加している空き家の有効活用）を実現するため，国家戦略特区での特区民泊や従来の旅館

業法の緩和などが認められてきたが，日本にある民泊施設の多くは無許可のまま運営されているのが実情であった。国家戦略特区での特区民泊はエリアが限定されていることや最低宿泊日数が定められているなどの限定があり，従来の旅館業法の緩和も抜本的な問題解決とはいえない面があった。

　このような状況の中，多様化する宿泊ニーズに対応して普及が進む民泊サービスの健全な普及を図るため，ホテル・旅館を対象とする既存の旅館業法とは別の法制度（旅館業法の特則）として，住宅を活用したサービスを提供する制度が新たに整備された。「住宅宿泊事業法」（2017年6月9日成立，同年10月27日公布，2018年6月15日施行。以下「新法」）の定める民泊ルールがそれである。この制度の対象とする民泊は，住宅を活用した宿泊の提供と位置付けられ，既存の旅館・ホテルと法律上異なる「住宅」として扱い得るよう年間提供日数上限（180日以内）が設定され，この要件を超えた営業行為は，旅館業法の許可対象となる。また，住宅専用地域でも実施可能であり，特区民泊のように2泊3日以上の最低宿泊日数は要件とはされておらず，住宅を1日単位で利用者に利用させることが認められる。

　新法は，住宅宿泊に関する事業を「家主居住型（ホームステイ）」と「家主不在型」とに区別した上で，住宅宿泊事業者（住宅提供者），住宅宿泊管理業者（管理者），住宿泊仲介業者に対する規制を課し，適正な管理や安全面・衛生面を確保しつつ，行政が民泊サービス提供者を把握する仕組みを構築することをその骨子とする。

　住宅宿泊事業とは，旅館業法上の営業者以外の者が宿泊料を受けて住宅に人を宿泊させる事業であって，人を宿泊させる日数が1年間で180日を超えないものである（法2条3項）。住宅宿泊事業者は，都道府県知事への届出をして住宅宿泊事業を営む者であり（法2条4項），これには住宅内に居住しながら住宅の一部を利用者に利用させる家主居住型と，提供者が不在の間に住宅を利用させ，国土交通大臣の登録を要する（法22条1項）管理者に管理を委託することが求められる家主不在型とがある。

　住宅宿泊管理業は，住宅宿泊事業者から委託を受け，報酬を対価として，住宅宿泊事業の適正な実施のために届出住宅の維持保全を行う事業である（法2条5項・6項）。住宅宿泊事業者や住宅宿泊管理業者に法令違反が疑われる場合や感染症の発生時など必要と認められる場合には，行政庁による報告徴収・立入検査，法の定める業務を怠った場合の業務停止命令，（管理者の）登録取消し

（以上につき、法16条・42条）や事業の廃止（法16条）の対象となる。

　住宅宿泊事業者と宿泊客をマッチングさせるのがAirbnb（エアビーアンドビー）に代表される住宅宿泊仲介業であり、観光庁の登録を受けてそれを営む者が住宅宿泊仲介業者である（法2条8項～10項）。住宅宿泊仲介業者は、①宿泊者のため、代理して契約を締結し、媒介し、または取次ぎをすること、②住宅宿泊事業者のため、代理して契約を締結し、または媒介をする行為が認められる（法2条8項）。仲介業者は、その業務の適正な遂行のための措置(不当な勧誘の禁止（法57条）、住宅宿泊仲介契約の契約締結前の書面交付義務（法59条）など）を講じることが義務づけられる。民泊の広がりや運用状況にもよるが、住宅宿泊によって宿泊客が損害を被った場合に、宿泊契約の当事者ではない住宅宿泊仲介業者を含め、だれがどのような法理に基づいてその損害を賠償する責任を負うかが重要な問題となる。

★EXAM CHECK 16★

Q 次の各文章の正誤を答え、誤りがある場合には正しい内容に改めなさい。

①場屋営業者は、客から寄託を受けた場合と受けない場合とで同一内容の責任を負う。

②場屋営業者が客から寄託を受けたといえるかどうかの判断にあたっては、物の占有・支配がどちらにあるかが重要な判断要素となる。

③客との間で場屋営業者の責任を減免する内容の特約を結べば、場屋営業者に悪意がある場合でも責任を免れることができる。

④場屋営業者の責任については、運送人や倉庫営業者の場合のような特別の責任消滅事由は規定されていない。

⑤住宅宿泊事業法は、いわゆる民泊について、既存の旅館・ホテルと法律上異なる「住宅」として扱いうるよう設計している。

★Topic—16　商法（会社法）に見る「歴史」

　本章では「場屋」営業を取り扱ったが，場屋という用語を日常生活で用いたことのある人は少ないであろう。辞書によれば，古い中国の任官試験で用いた会場のことだとか，あるいは芝居小屋という解説がなされていると同時に，法律用語としての場屋（営業）の解説がある。

　30年ほど前の商法には，商業使用人として「番頭」や「手代」という用語が用いられていた。現行法は，さすがにこれらの用語は用いていないが，「支配人」という役職名は一部の業界では現在でも用いられていることもあり，健在である。

　問屋の読みを「といや」とするか「とんや」とするかで意味が異なることは第12章で取り上げたが，いずれの読み方であっても，現代においては，馴染みは薄いかもしれない。ただ，例えば大阪の松屋町には，今でも人形や花火など玩具類の問屋が並んでいる。

　言葉は生き物であるから，その意味が少しずつ変化することは否定できない。法律用語は，なるべく誰もが同じ意味で理解できる必要があるから，古いまま用いることは，（動植物の学術名が現在でもラテン語表記であるがごとく）意味が変容しないという点で許容されるべきである。とはいえ，あまりにも現代社会にマッチしない用語を用いるのは法律の理解を妨げるので，現代語化は欠かせない。

　なお，場屋の意味については本文を参照願いたいが，番頭，手代は現代で言えば部長や課長，係長に該当する。支配人は支店長や営業本部長などが該当するが，この点は05章を参照いただきたい。ちなみに，卸問屋（おろしどんや）は，メーカー（製造業者）とスーパーなど流通業者をつなぐ存在であり，自己の名，自己の計算において取扱商品を入手し，流通業者に転売する卸売業者である。「といや」としての機能を有することもあるが，基本は「とんや」ということになる。

【道野真弘】

▶参考文献ガイド

※なお，★印文献は，平成30年商法改正をフォローアップしている。

▶▶商法総則・商行為法　関連
近藤光男『商法総則・商行為法〔第8版〕』（有斐閣，2019年）★
青竹正一『商法総則・商行為法』（信山社，2019年）★
弥永真生『リーガルマインド商法総則・商行為法〔第3版〕』（有斐閣，2019年）★
江頭憲治郎『商取引法〔第8版〕』（弘文堂，2018年）
川村正幸・品谷篤哉・酒井太郎『コア・テキスト商法総則・商行為法』（新世社，2019年）★
藤田勝利・北村雅史編『プライマリー商法総則・商行為法〔第4版〕』（法律文化社，2019年）★
落合誠一・大塚龍児・山下友信『商法Ⅰ－総則・商行為〔第6版〕』（有斐閣，2019年）★
北村雅史編『商法総則・商行為法』（法律文化社，2018年）★
田邊光政『商法総則・商行為法〔第4版〕』（新世社，2016年）
山下眞弘『やさしい商法総則・商行為法〔第三版補訂版〕』（法学書院，2015年）
藤田勝利・工藤聡一編『現代商取引法』（弘文堂，2011年）
片木晴彦『基本講義　商法総則・商行為法〔第2版〕』（新世社，2003年）
神作裕之・藤田友敬編『商法判例百選』（有斐閣，2019年）★

▶▶商法総則のみ　関連
森本滋編『商法総則講義〔第3版〕』（成文堂，2007年）
関俊彦『商法総論総則〔第2版〕』（有斐閣，2006年）
鴻常夫『商法総則〔新訂第5版〕』（弘文堂，1999年）
大隅健一郎『商法総則〔新版〕』（有斐閣，1990年）
服部栄三『商法総則〔第3版〕』（青林書院新社，1983年）
田中誠二『全訂商法総則詳論』（勁草書房，1976年）

▶▶商行為法のみ　関連
森本滋編『商行為法講義〔第3版〕』（成文堂，2009年）
平出慶道『商行為法〔第2版〕』（青林書院，1989年）
西原寛一『商行為法』（有斐閣，1978年）
大隅健一郎『商行為法』（青林書院新社，1969年）

▶事項索引

▷あ

暗号資産	118
インコタームズ	114
ウィーン売買条約（CISG）	114
運送取扱い	143
──人	143
相次──	147
中間──	147
営業	39
主観的意義の──	39
客観的意義の──	39
営業所	39
営業譲渡（事業譲渡）	41
詐害的（濫用的）──	47, 50

▷か

開業準備行為	25
会計帳簿	86
会社法	5, 198
会場運送状	171
仮想通貨	118
管理会計	83
企業	2
企業会計	83
──原則	85
寄託	191
基本的商行為	16
協同組合	28
倉荷証券	185
経済法	4
減価償却	87
検査・通知義務	109
高価品	145, 193
広告業	148
広告代理店	148
公告方法	82
小切手法	5
国際取引	113

▷さ

財務会計	83

場屋営業	189
自助売却権	107
支配人	52
表見──	60
純資産	88
商業使用人	51
商業帳簿	86
商業登記	73
──簿	74
──の絶対的記載事項	75
──の相対的記載事項	75
不実の登記	79
表見代表と登記	79
登記官の権限	76
商行為	
絶対的──	2, 16, 17, 93
営業的──	16, 19, 93
附属的──	16, 22, 95
──の代理	97
──の委任	98
商号	29, 37
──真実主義	30
──自由主義	30
──単一の原則	31
──の登記	32
──権	32
商慣習法	6, 8
商事契約	99
──の申込み	99
──承諾	99
商事自治法	7
商人	14
固有の──	15, 23
擬制──	15, 24
商法	1, 198
形式的意義の──	1
実質的意義の──	1
──企業法説	2, 14
──商的色彩説	2
──の特色としての公示主義	9
──の特色としての外観主義	9
──の特色としての開示主義	10

消滅時効	103
乗車券	172
倉庫営業	177
相次運送	167

▷た

貸借対照表	88
代理商	65
代理店	65, 72
宅地建物取引業者	130
諾否通知義務	99
仲介業	121
定期売買	108
手形法	5
電子債権	118
電子取引	115
問屋	132
準――	143
トランクルーム	178

▷な

名板貸	34
仲立人	123
――の結約書作成・交付義務	125
――日記帳	126
――の見本保管義務	125
民事――	123, 128
荷渡指図書	186
のれん（暖簾）	87

▷は

必要経費	91
複合運送	168
――証券	168
普通取引約款	7
船荷証券	168
物品保管義務	99
物品運送	156
――の運送人	158
――の荷受人	165
――の荷送人	157
法源	6
法定利息	101
保管・供託義務	110
保険法	5

▷ま

民泊	195
家主居住型	196
家主不在型	196
民法	3, 13

▷や・ら

有価証券	103
流質契約	101
（商事）留置権	102
旅客運送	172
レセプツム責任	191
労働法	4

▶判例索引

▷大審院

大判明33・11・7民録7輯10巻42頁…………… 43
大判明44・5・25民録17輯336頁……………… 132
大判明45・2・8民録18輯93頁………………… 167
大判明45・2・29民録18輯148頁……………… 100
大判大4・12・24民録21輯2182頁……………… 7
大判大5・6・7民録22輯1145頁………………… 20
大判大6・2・3民録23輯35頁…………………… 173
大判大10・5・4民録27輯866頁………………… 133
大判大11・12・8民集1巻714頁………………… 30
大判大12・12・4刑集2巻895頁…………… 134, 138
大判大14・2・10民集4巻56頁…………………… 26
大判昭4・9・28民集8巻769頁…………………17, 93
大判昭6・4・24民集10巻289頁………………… 26
大判昭6・7・1民集10巻498頁…………………… 19
大判昭10・12・9民集14巻2031頁……………… 93
大判昭11・2・12民集15巻357頁……………… 186
大判昭12・3・10新聞4118号9頁……………… 100
大判昭12・11・26民集16巻1681頁………… 21, 94
大判昭13・8・1民集17巻1597頁……………… 98
大判昭13・12・27民集17巻2848頁…………… 185
大判昭14・12・27民集18巻1681頁…………… 100
大判昭15・3・12新聞4556号7頁……………… 65
大判昭17・9・8新聞4799号10頁……………… 89
大判昭18・7・12民集22巻539頁…………… 20, 92

▷最高裁判所

最判昭29・6・22民集8巻6号1170頁…………… 62
最判昭29・10・7民集8巻10号1795頁………45, 46
最判昭30・7・15民集9巻9号1069頁…………… 62
最判昭30・9・29民集9巻10号1484頁………22, 96
最判昭31・10・12民集10巻10号1260頁
　……………………………………………… 133, 134
最判昭32・2・19民集11巻2号295頁………… 184
最判昭32・3・5民集11巻3号395頁…………… 56
最判昭32・5・30民集11巻5号854頁………… 132
最判昭32・11・22集民28号807頁……………… 62
最判昭33・6・19民集12巻10号1575頁………… 26
最判昭35・12・2民集14巻13号2893頁……… 110
最判昭36・10・13民集15巻10号2320頁……… 47
最判昭36・11・24民集15巻10号2536頁……… 18
最判昭37・5・1民集16巻5号1031頁…………… 61
最判昭37・12・25民集16巻12号2430頁……… 40
最判昭39・3・10民集18巻3号458頁…………… 62
最判昭40・9・22民集19巻6号1600頁………41, 42
最判昭41・1・27民集20巻1号111頁…………… 35
最判昭41・12・20民集20巻10号2106頁…… 163
最判昭42・4・28民集21巻3号796頁…………… 78
最判昭42・11・1民集21巻9号2249頁……… 174
最判昭43・4・24民集22巻4号1043頁………… 97
最判昭43・7・11民集22巻7号1462頁……… 139
最判昭43・10・17民集22巻10号2204頁……… 61
最判昭43・12・24民集22巻13号3334頁……… 76
最判昭43・12・24民集22巻13号3349頁……… 78
最判昭44・4・3民集23巻4号737頁…………… 57
最判昭44・4・15民集23巻4号755頁………… 182
最判昭44・6・26民集23巻7号1264頁……124, 129
最判昭44・8・29判時570号49頁……………… 108
最判昭44・10・17判時575号71頁…………… 164
最判昭45・2・26民集24巻2号104頁………… 130
最判昭45・4・21判時593号87頁…………145, 162
最判昭45・10・22民集24巻11号1599頁…… 128
最判昭47・2・24民集26巻1号172頁………… 26
最判昭47・3・2民集26巻2号183頁………45, 46
最判昭48・10・5判時726号92頁……………… 24
最判昭48・10・30民集27巻9号1258頁……… 98
最判昭49・3・22民集28巻2号368頁…………… 78
最判昭49・10・15金法744号30頁…………… 134
最判昭50・6・27判時785号100頁………… 21, 95
最判昭50・7・15判時790号105頁…………… 135
最判昭50・12・26民集29巻11号1890頁…… 129
最判昭51・2・26金法784号33頁……………… 97
最判昭52・12・23民集31巻7号1570頁……… 36
最判昭52・12・23判時880号78頁……………… 78
最判昭54・5・1判時931号112頁……………… 56
最判昭55・3・25集民129号339頁…………… 162
最判昭57・9・7判時1057号131頁…………… 187
最判昭58・1・25判時1072号144頁…………… 36
最判昭59・3・29判時1135号125頁…………… 62
最判昭61・11・18判時1225号116頁………… 62
最判昭63・10・18民集42巻8号575頁………… 24

202

最判平2・2・22集民159号169頁 ·················· 64
最判平4・2・28判時1417号64頁 ·················· 134
最判平10・4・30判時1646号162頁 ··············· 164
最判平15・2・28判時1829号151頁 ······· 145, 194
最判平16・2・20民集58巻2号367頁 ······ 45, 46
最判平17・7・14民集59巻6号1323頁 ········· 133
最判平18・6・23判時1943号146頁 ················ 24
最判平20・2・22民集62巻2号576頁 ····· 16, 96
最判平20・6・10金判1302号46頁 ········· 45, 46
最判平20・7・18刑集62巻7号2101頁 ··········· 86
最判平23・12・15民集65巻9号3511頁 ······ 102
最決平26・1・17税務訴訟資料264号順号12387
 ··· 91

▷ 高等裁判所

大阪高判昭43・5・23判時521号55頁 ············ 94
東京高判昭44・8・29高民22巻5号637頁 ··· 137
大阪高判昭53・11・30判夕378号148頁 ········ 27
東京高判昭58・9・27判夕515号154頁 ······ 146
東京高判昭62・8・31判時1253号60頁 ······ 192
東京高判平8・5・28高裁民集49巻2号17頁
 ·· 102
東京高判平9・7・10判夕984号201頁 ······· 133
東京高判平11・7・23判時1689号82頁 ······ 103
東京高判平14・5・29判時1796号95頁
 ·· 190, 192
大阪高判平16・5・25判時1863号115頁 ······· 86
東京高判平16・12・22金商1210号9頁
 ·· 190, 192
東京高判平24・9・19判時2170号20頁 ········ 91

▷ 地方裁判所

横浜地判昭50・5・28判夕327号313頁 ········ 70

高知地判昭51・4・12判時831号96頁 ······· 191
大阪地判昭54・6・29金商583号48頁 ·········· 70
大阪地判昭58・11・15労民集35巻6号669頁
 ·· 95
名古屋地判昭59・6・29判夕531号176頁 ··· 190
大阪地判昭60・3・29判時1149号147頁 ···· 148
東京地判平元・1・30判時1329号181頁 ····· 194
東京地判平2・3・28判時1353号119頁 ····· 145
東京地判平2・6・14判時1378号85頁
 ·· 94, 189
東京地判平3・11・26判時1420号92頁 ······ 143
東京地判平4・10・28判時1467号124頁 ···· 110
東京地判平8・9・27判時1601号149頁 ····· 191
東京地判平8・10・29金法1503号97頁 ······ 171
東京地判平9・12・1金商1044号43頁 ········ 96
東京地判平10・10・5判夕1044号133頁
 ·· 110, 112
東京地判平10・10・30判時1690号153頁 ···· 70
東京地判平10・11・26判時1682号60頁 ···· 110
大阪地判平11・3・19判時1688号169頁 ····· 96
東京地判平13・10・19判時1796号97頁 ···· 192
大阪地判平15・5・15判時1671号83頁 ····· 151
大阪地判平18・3・20判時1951号129頁 ···· 141
東京地判平18・9・5判夕1248号230頁
 ·· 110, 112
東京地判平20・3・26海事法研究会誌216号
 61頁 ·· 171
東京地判平21・3・6裁判所Web ················ 112
東京地判平23・1・20判夕1365号124頁 ···· 110
東京地判平25・11・21裁判所Web ············· 112

ネオ・ベーシック商法1

商法入門／総則／商行為

2019年9月10日　初版第1刷印刷
2019年9月20日　初版第1刷発行

編著者　道野　真弘
発行所　（株）北大路書房
　　　　〒603-8303　京都市北区紫野十二坊町12-8
　　　　電　話　（075）431-0361（代）
　　　　ＦＡＸ　（075）431-9393
　　　　振　替　01050-4-2083

企画・編集制作　秋山　泰（出版工房ひうち：燧）
装　丁　　　　　上瀬奈緒子（綴水社）
印刷・製本　　　（株）太洋社

ISBN 978-4-7628-3066-2　C1332　Printed in Japan ©2019
検印省略　落丁・乱丁本はお取替えいたします。

・JCOPY 〈(社)出版者著作権管理機構　委託出版物〉
本書の無断複写は著作権法上での例外を除き禁じられています。
複写される場合は，そのつど事前に，(社)出版者著作権管理機構
（電話 03-5244-5088, FAX 03-5244-5089, e-mail: info@jcopy.or.jp）
の許諾を得てください。